네이티브 영어회화
이디엄 사전

네이티브 영어회화 이디엄 사전

지은이 이창수
펴낸이 정규도
펴낸곳 (주)다락원

초판 1쇄 발행 2022년 8월 15일
초판 2쇄 발행 2022년 11월 10일

총괄책임 허윤영
책임편집 김은혜
교정·교열 김민주
영문감수 Jonathan Davis
디자인 하태호
전산편집 이현해
이미지 shutterstock

다락원 경기도 파주시 문발로 211
내용문의: (02)736-2031 내선 522
구입문의: (02)736-2031 내선 250~251
Fax: (02)732-2037
출판등록 1977년 9월 16일 제406-2008-000007호

값 20,000원

ISBN 978-89-277-0162-0   13740

www.darakwon.co.kr
다락원 홈페이지를 방문하시면 여러 도서의 상세한 출판 정보와 함께 동영상
강좌, MP3 자료 등 다양한 어학 정보를 얻으실 수 있습니다.

자주 쓰는 관용표현을
한 권에 담은

네이티브 영어회화
이디엄 사전

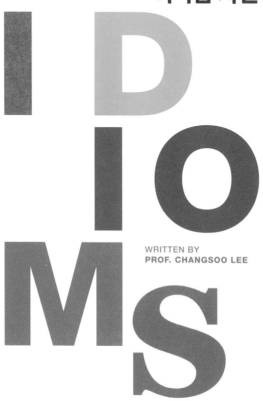

IDIOMS

WRITTEN BY
PROF. CHANGSOO LEE

🔖 DARAKWON

「네이티브 영어표현력 사전」과
「동사 중심 네이티브 영어표현력 사전」을 본 독자들에게서
'예문에 나온 이 표현은 무슨 뜻이에요?
왜 사전에 나온 단어 뜻이랑 해석이 다른가요?'라는
질문을 정말 많이 받았습니다.
이 질문에 대한 해답은 '이디엄'입니다.

이디엄이 뭔가요?

이디엄의 사전적 의미는 '둘 이상의 단어들이 연결되어 그 단어들이 가지는 제 뜻 이외의 특별한 의미를 지니는 말로 관용구/관용어/숙어라고도 한다'입니다. 예를 들어 live it up 같은 표현을 말하지요. 이 표현은 단어 그대로 '그것을 위로 가게 살다'라고 해석하면 안 됩니다. 관용적으로 '신나게 놀다'라는 의미로 쓰는 표현이기 때문이죠. 그래서 이디엄은 표현 전체를 통으로 익히지 않으면 이해하기 어렵습니다.

왜 이디엄을
배워야 할까요?

인간 언어는 문자적(literal) 표현 영역과 비유적(metaphorical) 표현 영역으로 이루어져 있습니다. finger를 my finger(내 손가락)라고 하는 것은 문자적 영역이고, She fingered him as the murderer.(그녀는 그를 살인범으로 지목했다.)라고 하면 비유적 영역으로 넘어갑니다. 이디엄 역시 폭넓게 정의하면 이런 비유적 표현이라고 할 수 있습니다. 1980년 George Lakoff와 Mark Johnson은 「Metaphors We Live By」라는 책에서 비유적 표현을 사용하지 않고는 생각도 할 수 없고 일상 대화도 불가능하다고 주장했습니다. 이 책은 이디엄과 같은 비유적 표현이 우리가 살아가는 필수 생존 수단임을 강조하였고 언어학계에 큰 반향을 일으켰습니다.

이디엄을 영어에서 맛을 내는 '양념' 정도로 생각하는 사람도 있을 것입니다. 하지만 네이티브는 일상에서 이디엄을 아주 많이 쓰기 때문에 영어 단어와 표현, 문법을 잘 알아도 이디엄을 모르면 네이티브의 말을 100% 이해하지 못하는 경우가 반드시 발생합니다. 특히 미국 드라마나 외국 방송을 제대로 이해하려면 자주 쓰는 이디엄을 반드시 알아야 합니다. 문화적/언어적 차이에서 오는 오해를 줄이고 영어로 의사소통을 제대로 하기 위해 이디엄은 필수 항목인 것이죠.

어떤 이디엄을
알아야 할까요?

'현재' 영어권에서 사용되는 표현을 학습해야 학습 효과가 좋겠죠. 일반 영어 사전이
나 이디엄 사전에는 50~70년대에나 쓰던 사실상 죽은 표현까지 모두 수록되어 있습
니다. 반면 미드에서 흔히 접할 수 있는 최신 표현은 누락된 경우도 많지요. 그래서
이 책에는 현 시점에 미국에서 가장 많이 쓰는 필수 이디엄만 간추려 수록했습니다.
오랜 시간 통번역사로 활동하면서 체득한 노하우와 수집한 자료를 토대로 활용 빈도
가 높고 꼭 알아두어야 할 이디엄을 선정하였습니다. 이 책을 다 읽고 나면 미국 드
라마나 영화를 보다가 알아듣지 못했던 표현이 들리기 시작하는 경험을 하게 될 것
입니다.

이디엄을 어떻게 공부해야
실전에서 잘 쓸 수 있을까요?

이디엄만 달달 외워서는 실전에서 그것을 활용하기가 생각보다 어렵습니다. 제가 이
책을 쓰게 된 목적이 여기에 있습니다. 대부분의 영어 이디엄 표현사전은 이디엄을
나열하는 것에 그칩니다. 그래서 이디엄 따로, 일반 표현 따로 학습해야 하죠. 이런
방식으로는 두 표현을 바로 연결할 수 없고, 실제 상황에서 이디엄을 활용하기도 어
렵습니다. 그래서 저는 하나의 의미별로 이디엄과 일반 표현을 함께 묶어서 익혀야
한다고 주장합니다. 이 책은 상황에 따라 일반 표현과 이디엄을 자유자재로 골라 사
용할 수 있도록 구성되었습니다.

이 책을 활용할 때는 예문의 상황을 머릿속에서 이미지화해서 기억하는 것을 추천합니다. 그래야 앞뒤 문맥과 상황을 상상할 수 있기 때문에 딱 하나의 상황에 얽매이지 않고 언제든 자유롭게 활용할 수 있는 진짜 회화 능력이 길러집니다.

이 책에는 이디엄을 언제 어떤 상황에서 쓰는지 한눈에 알 수 있도록 만든 예문과 대화가 수록되어 있습니다. 여기에서 이디엄은 물론이고 다양한 생활영어 표현도 배울 수 있습니다. 이것을 따라 읽는 연습을 하면 여러 문장을 연이어 말할 수 있는 능력이 생깁니다. 하나의 예문과 대화에 단 하나의 이디엄만이 아니라 다른 이디엄도 녹아 있기 때문에 자연스럽게 복습 효과도 기대할 수 있습니다. 때문에 때로는 대화문이 조금 길고 어렵게 느껴질 수도 있습니다. 하지만 짧고 간단한 문장만 말한다면 여러분의 영어 실력은 크게 향상되기 어렵습니다. 이 책을 다 공부한 학습자가 길고 복잡한 이야기도 할 수 있게 되기를 소망하면서 고심하며 대화문을 썼습니다. 여러 번 따라 읽고, 대화에 나오는 여러 표현을 머릿속에 입력해 두세요.

Rome wasn't built in a day.(로마는 하루아침에 세워진 것이 아니다.)라는 말을 들어 보셨을 겁니다. 영어 공부는 100m 달리기가 아니라 42.195km를 달리는 마라톤입니다. 당장 눈앞에 보이지 않지만 결승선을 향해 한 걸음 한 걸음 내딛는 것이 결국은 시간과 비용을 절약하며 가장 효율적으로 영어를 학습하는 길입니다. 독자 여러분이 행복하게 영어 마라톤 경주를 완주하길 응원합니다!

저자 이창수

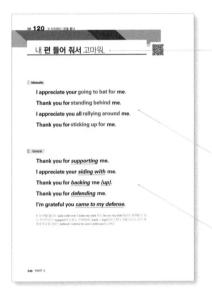

■ 표제문

아래에 나오는 영어 문장을 가리고, 한국어 표제문을 어떻게 영어로 바꿀지 먼저 적어 보세요. 내가 쓴 답을 실제 문장과 비교하면서 공부하면 더 효과가 좋습니다.

■ Idiomatic

표제문을 이디엄으로 표현한 문장을 보고 네이티브 표현법을 배울 수 있습니다.

■ General

같은 말을 일반 표현으로는 어떻게 말하는지도 확인하세요.

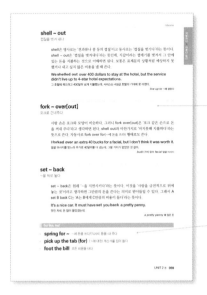

■ Idioms

각 이디엄의 유래와 활용법을 배우고, 여러 생활 영어 표현이 녹아 있는 생생한 예문과 대화를 읽으면서 뜻을 확실히 익히세요. 설명을 읽으면서 각 이디엄을 사용하는 맥락을 파악하게 되고, 적재적소에 활용할 수 있게 됩니다.

■ Get this, too!

주제와 관련 있는 추가 표현도 함께 배울 수 있습니다. 이 코너에 나오는 이디엄 표현에 대한 설명과 예문은 다락원 홈페이지에서 다운로드받으세요. (darakwon.co.kr)

▶ 이디엄과 일반 표현 동시 학습

Idiomatic	표제문을 네이티브가 '이디엄'으로 표현하는 방법
General	표제문을 네이티브가 '일반적'으로 표현하는 방법

영어 이디엄은 범위가 넓기 때문에 딱 잘라서 이건 이디엄이고 저건 아니라고 말하기 어렵습니다. 그래서 이 책에는 단어만 봐서는 뜻을 알기 어렵거나 설명이 필요한 이디엄을 Idiomatic(이디엄적인)으로 분류하고 자주 사용하는 빈도대로 수록했습니다. General (일반적인)에 속한 표현 역시 이디엄으로 분류되는 경우가 있으니 두 표현을 자로 잰 듯이 나눠서 구분할 필요는 없습니다.

▶ 영어회화의 핵심인 구동사도 이디엄에 포함

keep to yourself 혼자 조용히 지내다

▶ 표기 없음 <Longman Dictionary>
▶ idiom <Cambridge Dictionary>

keep to처럼 '단어가 두 개 이상 연결되어 기본 뜻만으로는 해석이 되지 않고 다른 새로운 의미를 갖는 것'을 구동사라고 합니다. 이 책에는 구동사를 활용한 이디엄도 많이 수록되어 있습니다. 혹시 어떤 표현을 사전에서 찾았을 때 구동사(phrasal verb) 표기만 있고, 이디엄 표기가 없다고 해도 너무 신경 쓰지 마세요. 모두 알아야 할 관용적인 영어 표현이니까요.

▶ 자연스러운 한국어 해석 제시

Why don't you take it slow?

직역 당신은 그것을 천천히 취하는 게 어때요?
의역 너 그거 천천히 하는 게 좋겠다.

이 책에서는 영어 단어 하나하나를 직역하기보다 한국어로 들었을 때 자연스러운 방향으로 영어 문장을 해석했습니다. 자연스러운 한국어 표현으로 시작해서 네이티브 영어 문장을 만들어낼 수 있는 단계에 도달하도록 연습합시다.

PART 3 능력

PART 4 상황 · 반응

UNIT 10 상황

UNIT 11 입장 · 반응

UNIT 12 말하기

PA

RT₁

일상생활

DAILY LIFE

DAILY ROUTINE

UNIT

1

DAILY ROUTINE

하루 일과

일어나!

Idiomatic

Get out of bed!

You get yourself out of bed!

You drag yourself out of bed!

Rise and shine!

General

Wake up!

Get up!

▶ '잠에서 깨다'는 영어로 **wake up**이고, '잠자리에서 일어나다'는 **get up**이다. 그래서 예를 들어 '한밤중에 잠에서 깼어'라고 말하고 싶다면 **I woke up in the middle of the night.**이라고 하고, '너 오늘 아침에 몇 시에 일어났어?'라는 말은 **What time did you get up this morning?**이라고 한다.
참고로 **wake up[get up] on the wrong side bed**(침대에서 잘못된 쪽으로 일어나다)는 '기분이 안 좋아 보이다'라는 뜻이다. 잠자리에서 잘 일어나야 하루를 기분 좋게 시작할 수 있는데, 그러지 못하면 기분이 안 좋을 수밖에 없을 것이다. 이렇게 생각하면 이 표현의 의미를 이해하기 쉽다.

get out of bed
침대 밖으로 나오다

이 표현은 get up과 동일하게 '잠자리에서 일어나다'라는 뜻이다. bed 앞에 the를 붙이면 침대 밖으로 나오는 물리적인 '동작'을 말하게 되므로 구분해서 써야 한다.

A How did you like the hotel you stayed at?

B Great. One of the things I liked about the hotel was their beds. They were so comfortable I didn't want to **get out of bed** every morning.

A 묵었던 호텔은 어땠어요?

B 좋았어요. 그 호텔에서 좋았던 것 중 하나가 침대였어요. 너무 편해서 매일 아침마다 일어나기 싫더라고요.

You look like you just **got out of bed**.
방금 잠에서 깬 몰골이네.

comfortable 편안한

get[drag] *oneself* out of bed
자신을 침대에서 나오게 하다[끌어내다]

이 표현은 일어나기 힘들거나 일어나기 싫은 상황에서 쓴다. get 대신에 drag(끌어내다)를 넣으면 더 억지로 일어난다는 의미가 전달된다.

This morning I could barely **get myself out of bed**.
나 오늘 아침에 정말 간신히 일어났어.

Rise and shine.
일어나서 빛나야지.

이 표현은 명령문으로만 쓴다. '해가 떠서 세상을 빛나게 하는' 것처럼, 잠에서 깨어나 힘차게 하루를 시작하라는 뜻이다.

잘 잤다~!

Rise and shine, sleepyhead. We have a lot to do today, so you'd better get a move on.
빨리 일어나, 잠꾸러기야. 우리 오늘 할 일이 많으니까 서둘러야 돼.

sleepyhead 잠꾸러기
get a move on 서두르다

나 가서 **씻을게**.

Idiomatic

I'm going to go freshen up.

I'm going to go get in the shower.

General

I'm gonna go *wash up*.

I'm gonna go *clean up*.

I'm going to go *take a shower*.

I'm going to go *take a bath*.

▶ '씻다'는 영어로 **wash up** 또는 **clean up**이라고 한다. **clean up**은 주로 몸에 묻은 흙 같은 것을 씻어낸다고 할 때 쓴다. 씻는 것을 세분화해서 '샤워하다'는 **take a shower**, '목욕하다'는 **take a bath**라고 한다. 그래서 '나 빨리 샤워 좀 할게'라는 말은 **I'll take a quick shower.**라고 한다. 참고로 표제문에서 '가서'를 나타내는 **go**는 생략할 수도 있다.

freshen up
상쾌하게 하다

깨끗하고 신선한(fresh) 느낌이 들도록 '씻는다'는 뜻이다. 오래된 표현이지만 중장년층이나 여성들이 많이 사용한다.

I just got back from running, so I need to freshen up first. Why don't I meet you at the bar, say, in twenty minutes?
나 방금 뛰고 와서 일단 좀 씻어야 돼. 바에서 만나면 어떨까, 한 20분 정도 후에?

say ~ 정도, 대략

get in the shower
샤워 안으로 들어가다

이 표현은 take a shower(샤워를 하다)와 비슷하지만 '샤워'라는 공간 안에 '들어가는' 것이 좀 더 강조된다. 밖에서 놀다가 흙투성이가 된 아이를 본 부모는 Go get in the shower.(가서 샤워해.)라고 말할 것이다. get 대신 jump를 넣어 말하면 샤워 부스 안에 뛰어 들어가서 '빨리' 씻고 나오는 느낌을 낼 수 있다.

A   Hi, it's Jimmy. Did I catch you at a bad time?
B   No, not at all. I just got home and was about to **get in the shower.** What's up?

A   안녕, 나 지미야. 지금 너 통화하기 어려워?
B   아냐, 괜찮아. 나 방금 집에 들어와서 샤워하러 들어가려던 참이었어. 어쩐 일이야?

Just give me ten minutes to jump in the shower and put on some clothes.
나 빨리 샤워하고 옷 입고 나올 테니까 10분만 기다려 줘.

catch 때마침 만나다/하다

너 잘 차려입었네.

Idiomatic

You're (all) decked out.

You're dressed to kill.

You're dressed to the nines.

General

You're *(all) dressed up*.

▶ 멋지게 치장하거나 옷을 잘 차려입은 것은 영어로 **be[get] (all) dressed up**이라고 한다. 부사 **up**에는 '완전히'라는 뉘앙스가 있기 때문에 패션에 대해 말할 때 쓰면 차려입었다는 느낌을 전달할 수 있다. 또한 여기에 **all**을 붙이면 완벽하게 차려입은 느낌이 더 강조된다.
관용표현으로는 **decked out**이나 **dressed to kill**이 '잘 차려입다'를 나타낸다. 그 외에도 미드에 **be[get] dressed to the nines**라는 표현이 대사로 종종 나오는데, 여기서 **to the nines**는 '완벽하게'라는 뜻이다.

(all) decked out
멋지게 치장한

deck는 decorate(치장하다)와 같은 뜻이다. deck ~ out이 '~을 치장하다'라는 말이기 때문에, 수동태인 decked out은 '치장된'이 된다. deck는 명사일 때 집 앞에 설치된 목제 테라스를 뜻하는데, 크리스마스에 테라스가 멋지게 치장된 모습을 연상해서 기억하자. decked out은 사람뿐만 아니라 장소/자동차에도 쓴다.

A Wow, look at you, **all decked out**. Going someplace special?

B Yes. Some members from the Book Club and I are going out for a night on the town. We're going to have a ball.

A 와, 당신 어쩜, 아주 멋지게 빼입었네요. 어디 특별한 데 가나 봐요?

B 네, 북클럽의 회원들과 함께 저녁에 번화가로 놀러 나가요. 신나게 놀 거예요.

night on the town 시내 번화가에서 저녁 시간 보내기 *have a ball* 즐거운 시간을 갖다

dressed to kill
죽이는 옷을 입은

여기서 to kill은 특별한 의미 없이 강조하는 표현이다. 한국어 속어에도 '죽여 준다/죽인다'라는 말이 있는데 그와 비슷하게 생각하면 된다.

It was the fanciest restaurant I'd ever been to. Most people were **dressed to kill**, and it made me feel like I was underdressed.

거기는 내가 가 본 식당 중 가장 고급스런 곳이었어요. 대부분의 사람들이 멋지게 치장을 하고 있어서 내가 초라하다는 느낌을 받았어요.

underdressed 경우에 안 맞게 격식 없는 차림인

dressed to the nines
9까지 옷을 입은

숫자 9는 가장 멋있는 제복을 입었던 영국의 99 보병 연대를 뜻한다는 설이 있다. 그래서 이 표현을 '멋지게 잘 차려 입은'이라는 뜻으로 쓴다.

A I'm going to dinner at Aria tonight, and I was wondering about their dress code.

B Some go there, **dressed to the nines**, but I've also seen people dressed casually.

A 나 오늘 저녁에 아리아 식당에 가는데, 거기 복장 분위기를 모르겠어.

B 어떤 사람들은 잘 차려입고 가기도 하는데 편하게 입은 사람도 봤어.

dress code 복장 규정

그는 자기 방을 **치웠다.**

Idiomatic

He cleaned up **his room.**

He tidied up **his room.**

He straightened up **his room.**

General

He *cleaned* **his room.**

He *cleared* **his room.**

▶ '치우다'를 청소한다는 뜻으로 본다면 **clean**, 물건을 정리한다는 뜻으로 본다면 **clear**라고 한다. 또는 **sweep the floor**(바닥을 쓸다)나 **scrub the toilet**(화장실 변기를 문질러 닦다), **dust the furniture**(가구 위의 먼지를 털다)처럼 구체적으로 말할 수도 있다.
관용표현 역시 '치우다'를 다양하게 나타내고 있으니 설명을 잘 읽고, 적당한 상황에서 써 보자.

clean ~ up
〜을 깨끗이 하다

clean만으로도 '청소하다'라는 뜻이지만 up을 붙이면 더 철저하게 청소한다는 느낌을 줄 수 있다. 부사 up에는 '끝까지/완전히'라는 뉘앙스가 있기 때문이다.

I'm going to hire a cleaning service to clean up the apartment before the new tenant moves in.
새로운 세입자가 들어오기 전에 청소 업체를 불러서 아파트를 청소하려고 해.

The kid is old enough to make his own bed and clean up his own room.
그 아이는 스스로 자기 침대를 정돈하고 자기 방을 치울 정도의 나이가 되었다.

tenant 세입자
make one's bed 자고 난 자리를 정돈하다

tidy ~ up
〜을 말끔하게 정리하다

tidy는 '(복장이) 단정한/(방/자리가) 정돈된'이라는 형용사이자 '~을 단정하게 정돈하다'라는 뜻의 동사다. 동사로 쓸 때는 관용적으로 뒤에 부사 up을 붙인다. 이 표현은 '정리하다/청소하다' 두 가지 의미가 있다. 목적어는 tidy up 사이나 뒤에 나올 수도 있고, 목적어가 없이 자동사로 쓰기도 한다.

A Would you like us to help clean up before we leave?
B No, it's OK. You've got a long ride ahead of you. I'll **tidy up** later.

A 저희가 떠나기 전에 치우는 것 좀 도와드릴까요?
B 아니요, 괜찮습니다. 갈 길이 멀잖아요. 나중에 제가 치울게요.

ride (탈것을) 타고 가기

straighten ~ up
〜을 직선이 되게 정렬하다

straight는 '직선으로/똑바로'란 뜻이다. 여기서 나온 동사인 straighten은 비뚤어진 것을 '직선이 되게 하다'라는 뜻인데, 비유적으로 '정리하다/청소하다'라는 의미로도 쓴다.

Do you mind helping me straighten up the room before the guests arrive?
손님들이 도착하기 전에 방 정리하는 것 좀 도와줄 수 있어요?

난 그만 **자러 가야겠다.**

Idiomatic

I guess I'm gonna hit the sack.

I'm going to turn in (for the night).

General

I think I'm going to *go to bed*.

I'm gonna *go to sleep*.

Well, I'm *off to bed*.

▶ '잠을 자러 가다'는 일상적으로 **go to bed** 또는 **go to sleep**이라고 말한다. 사용 빈도는 **go to bed**가 훨씬 높다. **go** 대신에 '떠나'라는 뜻의 부사 **off**를 써서 **off to bed**(침대로 떠나)라고도 한다. 이 표현은 아이들에게 '자, 이제 자러 가야지'라고 할 때 **Now, off to bed.**와 같은 식으로도 많이 쓴다. **gonna**는 **going to**를 빠르게 발음한 것으로 구어에서 많이 쓰는 표현이다.

hit the sack

자루를 때리다

이 표현은 20세기 초에 건초를 가득 채운 자루로 매트리스를 만들던 것에서 유래했다. 즉, '잠자리에 들다'를 매트리스를 몸으로 때린다(hit)고 표현한 것이다. sack(자루)은 hay(건초)로 바꿔도 되는데, 사용 빈도는 hit the sack이 hit the hay보다 더 높다. 참고로 '잠자리에 눕다'는 hit the pillow(베개를 때리다)라고 한다. 가령, '나는 눕자마자 잠들었다'는 I fell asleep the second my head hit the pillow.라고 한다.

It's been a rough day, so I'm going to hit the sack early.

오늘 힘든 하루였어서 난 좀 일찍 자야겠어.

I'd better go hit the hay. I have an early morning tomorrow.

그만 가서 자야겠어요. 내일 아침에 일찍 일어나야 해서요.

rough 고달픈
have an early morning 일이 있어 일찍 일어나다

turn in (for the night)

(밤을 위해) 안으로 돌아 들어가다

밖에서 활동을 하다가 잠을 자러 갈 때는 몸을 돌려서(turn) 침실 안으로(in) 들어가게 된다. 이렇게 turn in만으로도 '자러 가다'라는 의미를 전달할 수 있지만, 뒤에 for the night을 붙이면 잠자리에 든다는 뜻이 더 명확해진다.

A **I'm bushed. I think I'll turn in. It's been a long day.**

B **All right. I'm going to stay out here and finish the chapter I'm on before I go to sleep. I'll see you in the morning.**

A 너무 피곤해서 그만 자러 가야겠어요. 피곤한 하루였거든요.

B 그러세요. 전 여기 남아서 읽고 있는 챕터를 끝내고 자려고요. 내일 아침에 봐요.

bushed 녹초가 된 *a long day* 길고 피곤한 하루

난 주말에 집에서 **빈둥거리는** 게 좋아.

Idiomatic

On weekends, I like taking it easy at home.

On weekends, I prefer lazing around at home.

On weekends, I like lounging around at home.

On weekends, I prefer to hang out at home.

General

On weekends, I like *relaxing* at home, *doing nothing much*.

▶ '특별한 일을 하지 않고 빈둥거리다'는 relax(편히 쉬다)와 do nothing(아무것도 하지 않다)을 붙여 말하는 게 가장 쉽다. 참고로 '~하는 것을 좋아하다'는 표제문에 나온 것처럼 like나 prefer로 표현하는데, 이때 뒤에 to부정사와 -ing 중 어떤 형태를 써도 괜찮다.

take it easy
그것을 쉽게 취하다

여기서 it은 일반적인 상황을 의미하고, 이 표현은 그런 상황을 쉽게/편하게(easy) 취한다는 것으로, '쉬다'라는 뜻을 전달한다. 참고로 Take it easy.라고 명령문으로 말하면 '흥분하지 마'라는 뜻인데, 이 말을 헤어질 때 쓰면 '잘 가'라는 인사말이 된다.

The coach wants everyone on the team to take it easy this weekend.
코치님이 이번 주말에는 팀원 모두 쉬라고 합니다.

laze[lounge] around
게으르게[느긋하게] 돌아다니다

laze는 lazy(게으른)의 동사형이고, lounge는 호텔 등에 있는 휴식 공간인 '라운지'의 동사형이다. 이 동사들 뒤에 around를 붙이면 '느긋하게 빈둥거리다'라는 뜻이 된다. 이 표현만 독립적으로 쓰거나 laze[lounge] around the house(집에서 빈둥거리다)와 같이 뒤에 장소를 붙일 수도 있다.

The villa has a gazebo where you can just laze around. It's also a good place for stargazing at night.
그 빌라에는 느긋하게 시간을 보낼 수 있는 정자가 있습니다. 밤에 별을 보기에도 좋은 장소지요.

gazebo 정자/전망대 *stargaze* 별을 감상하다

hang out
밖에 걸려 있다

빨랫줄에 걸린(hang) 빨래는 긴장이 풀리고 느긋한 느낌이 든다. 그래서 이 표현은 '느긋하게 시간을 보내다'라는 의미로 쓴다. 또한 hang out (with)에는 '(~와) 어울려 놀다'라는 뜻도 있다.

I can't wait to go on my vacation and hang out at the pool.
빨리 휴가를 가서 수영장에서 느긋하게 시간을 보냈으면 좋겠어.

Get this, too!

chill out 열을 식히다/긴장을 풀고 쉬다

kick back 발을 뻗고 편히 쉬다

let *one's* hair down 머리를 풀어 내리고 쉬다

우리 저녁에 **놀러 나갈까**?

Idiomatic

Why don't we go out on the town tonight?

Let's go for a night on the town.

How about we have a girls' night out tonight?

How about we have a boys' night out tonight?

General

What do you say we *go out* tonight?

▶ '놀러 나가다'는 **go out**(외출하다)이라고 한다. 놀 때는 보통 밖에 나가기(**out**) 때문이다. 그래서 관용표현에도 **out**이 들어간 것이 많다.
이렇게 놀러 나갔다 온 후에는 **[Get this, too!]**에 나온 '즐겁게 놀다' 표현을 활용해서 신나게 놀았다는 것을 나타낼 수 있다. 여기 나온 표현 외에도 **have fun**이나 **have a good time** 등으로 '즐거운 시간을 보내다'를 말할 수 있다.

go out on the town
번화가에 놀러 나가다

go for a night on the town
밤을 보내러 번화가로 나가다

the town은 '마을'이라는 뜻 외에도 술집이나 식당이 많은 '유흥가/번화가'를 뜻하므로 이 표현은 그런 장소에 가서 즐거운 시간을 갖는다는 말이다.

You need to go out and have some fun. What do you say we call Lucy and Janet, and the four of us go for a night on the town?
넌 좀 밖에 나가서 재미있게 놀아야 돼. 루시와 재닛을 불러서 우리 넷이 번화가로 놀러 나가는 거 어때?

girls' night out
여자들이 밖에서 노는 밤

boys' night out
남자들이 밖에서 노는 밤

girls' night out은 '저녁에 여자들끼리만 밖에서 노는 것'을 뜻한다. 반대로 남자들끼리만 놀러 나가는 것은 boys' night out이라고 한다. 이 표현은 go on a girls' night out이나 have a girls' night out 형태로 쓴다. 일을 보러 나갔다가 겸사겸사 저녁에 놀자고 할 때는 Let's make a girls' night out of it.이라고 한다.

We are going on a girls' night out. We'll hit the club and dance the night away.
우리는 여자들끼리 저녁에 놀러 나갈 거야. 클럽에 가서 밤새 춤춰야지.

hit ~에 가다

Get this, too!

live it up 신나게 놀다

have a ball 즐거운 시간을 보내다

have the time of *one's* life 매우 즐거운 시간을 보내다

그는 **담배를 피우려고** 밖으로 나갔다.

Idiomatic

He went out to light up.

He went out to get a smoke.

General

He went out to *smoke*.

He went out to *smoke a cigarette*.

He went out to *take a drag*.

▶smoke만 자동사로 써도 '담배를 피우다'라는 의미를 전달할 수 있다. 또는 smoke를 타동사로 쓰고 뒤에 cigarette(담배)을 목적어로 붙여도 된다. 구어에서는 take a drag이라는 속어 표현도 쓴다. 참고로 '난 담배를 피우지 않는다'라고 말할 때는 I don't smoke. 또는 I'm not a smoker.(난 흡연자가 아니야.)라고 한다.

light up
불을 밝히다

light up은 말 그대로 불을 밝힌다는 표현인데, '담배에 불을 붙이다/담배를 막 피우기 시작하다'라는 뉘앙스로도 쓴다. 그래서 이미 담배를 피우는 것을 뜻하는 smoke와는 뉘앙스가 약간 다르다. 즉, '그는 담배를 피우는 중이다'는 He's smoking.이라고 하지, light up을 쓰지 않는다. 이 표현은 맥락에 따라 '마리화나를 피우다'라는 뜻도 된다.

Do you mind if I light up in here?
여기서 담배를 피워도 될까요?

You're not allowed to light up in this building.
이 건물 내에서는 담배를 피워서는 안 됩니다.

be not allowed to ~하는 것이 금지다

get a smoke
연기 한 개를 잡다

smoke(연기)는 원래 셀 수 없는 명사지만, 구어에서는 '담배를 한번 피우기'라는 뜻의 셀 수 있는 명사로 사용한다. 여기에 '잡다'는 뜻의 get이나 grab을 붙이면 '담배를 한 대 피우다'라는 뜻이 된다.

A **Are you going somewhere?**
  I was hoping to have a quick word with you.

B **No, no. I was just heading outside to get a smoke.**
  What can I do for you?

A 어디 가는 길인가요?
  당신이랑 잠깐 할 말이 있는데.

B 아니에요. 그냥 담배 한 대 피우러 밖에 나가려던 참이었어요.
  무슨 일이세요?

have a word with ~와 잠깐 대화를 나누다

smoke like a chimney 줄담배를 피우다
put out a cigarette 담배를 끄다

UNIT

2

MONEY

돈

그녀는 **엄청난 부자야**.

Idiomatic

She's made of money.

She's in the money.

She's rolling in it.

She has money to burn.

She's living on easy street.

General

She's *very rich*.

She's *wealthy*.

She's *loaded*.

She *has deep pockets*.

▶ '돈이 아주 많은/부자인'은 예시처럼 다양하게 표현할 수 있다. **have deep pockets**(깊은 주머니를 갖고 있다)는 돈이 많이 들어 있어서 주머니가 아래로 처졌다는 뜻이다. 위에 나온 표현 외에도 **well-off**나 **well-to-do**도 많이 쓴다. 구어에서는 **minted**(조폐공사에서 찍어낸)나 카우보이 부츠에 비싼 장식을 단 것에서 유래한 **well-heeled**라는 표현도 쓴다.

made of money

돈으로 만들어진

made of는 '~으로 만들어진'이라는 뜻이고, 돈으로 만들어졌다는 것은 당연히 '돈이 매우 많다'는 말이다.

A I'm not rich. I have to economize.

B Are you kidding? You're practically **made of money**.
You're the richest person I've ever known in my life.

A 난 부자가 아냐. 돈을 절약해야 한다고.

B 장난해? 넌 사실상 걸어다니는 돈이잖아. 내가 살면서 본 사람 중에 네가 제일 부자거든.

economize 절약하다
practically 사실상/실제적으로

in the money

돈 안에

돈이 너무 많아서 그 돈 안에 파묻힌 사람을 상상해 보자.

A What happened to Lucy, driving around in a new Porsche?

B She came into an inheritance from a wealthy distant uncle.
She's **in the money** now.

A 루시에게 무슨 일이 생긴 거지? 새 포르쉐를 몰고 다니던데?

B 촌수가 먼 부자 삼촌에게서 유산을 상속받았대. 걔는 이제 완전 부자야.

inheritance 유산
come into ~을 물려받다

be rolling in it

그 안에서 뒹굴고 있다

여기서 it은 '돈'을 뜻하며 이 표현은 '돈이 너무 많아서 그 안에서 구르다'라는 말이다. it 대신에 money나 dough(돈)를 넣어도 좋다. 이 표현은 주로 진행형으로 사용한다.

Everybody, keep your chin up. This is just a minor setback. Once we fix it and get back on track, we're going to **be rolling in it**.

모두 기운 내자. 이건 작은 문제일 뿐이야. 문제를 해결하고 다시 정상적인 상태를 회복하면 우리는 돈방석에 앉을 거야.

keep one's chin up 기운 내다 *setback* 차질/문제
get back on track 정상적인 상태로 복귀하다

have money to burn

태울 돈을 가지고 있다

돈을 땔감으로 쓸 정도로 돈이 많다는 뜻이다. young entrepreneur with money to burn(돈이 많은 젊은 사업가)처럼 전치사 with를 붙여 쓸 수도 있다.

My aunt has money to burn. I can ask her to lend us some money to tide us over.

저희 이모는 아주 부유해요. 그분에게 당장 우리가 어려운 시기를 넘길 돈을 빌려 달라고 부탁해 볼 수 있어요.

tide ~ over ~가 경제적으로 힘든 시기를 넘기게 도와주다

on easy street

유복한 거리에서

여기서 easy는 '쉬운'이 아니라 생활이 '편안한'이라는 뜻이다. 관용표현인 on easy street은 부유하고 편안한 생활을 한다는 뜻으로 쓴다. 주로 be동사나 동사 live와 함께 쓴다.

Now that we have enough money to live on easy street, why don't we start thinking about how to give back?

이제 우리가 부유한 생활을 할 만큼 돈이 충분하니 어떻게 사회에 환원할지를 생각해 보면 어떨까요?

If we get this contract, we'll be on easy street for the rest of our lives.

이 계약을 따낸다면 우리는 여생을 편안하게 살 수 있습니다.

give back 사회에 돌려주다 *contract* 계약

그는 **가난해.**

Idiomatic

He's down-and-out.

He's strapped for cash.

He doesn't have a penny to his name.

He's tapped out now.

He doesn't have two nickels to rub together.

General

He's *poor*.

He's *penniless*.

He's *broke*.

He's *impoverished*.

▶ '가난한'은 일반적으로 **poor**라고 한다. 또는 '돈이 다 떨어지다/돈이 없다'라는 의미로 **penniless** (무일푼인)라고 해도 되고, 구어에서는 **broke**(무일푼의)나 **bankrupt**(파산한)도 쓴다. 약간 격식체인 **impoverished**(빈곤한)나 **destitute**(극빈한) 또는 **poverty-stricken**(가난에 시달리는)이라는 표현도 알아 두면 좋다.

down and out
쓰러져 정신을 잃은

권투에서 KO를 당한 상태를 빗댄 표현이라는 설이 있다. 길바닥에 쓰러져 자는 노숙자처럼 빈털터리라는 뜻이다. down-and-out처럼 하이픈을 넣어서 써도 된다.

You were there for me when I was down and out. I can never thank you enough for that.
제가 빈털터리였을 때 당신은 나를 도와주었죠. 그 은혜를 절대로 다 갚을 수 없습니다.

When you're down and out, you need someone to help you get back on your feet.
경제적으로 정말 어려울 때는 네가 재기할 수 있도록 도움을 줄 사람이 필요해.

be there for ~의 힘이 되다
back on one's feet 재기한

strapped for (cash)
(돈)에 쪼들리는

strapped(모자라는/부족한)는 이라는 뜻으로 1800년대 중반부터 '돈이 부족한'이란 의미로 쓰기 시작했다. 대화 문맥상 바로 앞에서 돈 이야기를 하지 않은 이상 거의 financially strapped(재정적으로 쪼들린)라고 하거나 strapped 뒤에 for cash[money/funds(자금)] 등을 넣어 말한다. 또, cash-strapped와 같이 형용사로 쓰기도 한다. 참고로 strapped for space(공간이 부족한)나 strapped for time(시간이 부족한)과 같이 돈 외의 것에도 쓸 수 있다.

Many public schools are strapped for cash and cutting back (on) their art education programs.
많은 공립학교가 자금이 부족해서 예술 교육 프로그램을 줄이고 있다.

I'm a little cash-strapped at the moment. If you can loan me a thousand bucks, I'll pay you back with interest in two weeks.
나 지금 좀 돈에 쪼들려. 나한테 1,000달러만 빌려 주면 2주 후에 이자까지 갚을게.

cut back (on) ~을 줄이다

not have a penny to *one's* name
이름 앞으로 동전 한 닢 없다

to one's name은 '이름 앞으로'라는 뜻이기 때문에 이 표현은 말 그대로 '자기 소유의 돈이 1원도 없다'는 말이다. without a penny to one's name(자기 이름 앞으로 동전 한 닢도 없는)처럼 쓰기도 한다.

When I was in college, I didn't have a penny to my name.
So, I had to work my way through college, busing tables at night.
나는 대학 시절에 무일푼이었다. 그래서 저녁에 식당에서 일을 하며 돈을 벌어 학교를 다녔다.

work one's way through 돈을 벌어서 ~을 마치다
bus tables 식당에서 식탁 치우는 일을 하다

tapped out
꼭지에서 아무것도 안 나오는

tap은 술집에서 맥주를 따르는 수도꼭지 같은 것을 말한다. tapped out은 이 꼭지에서 아무것도 안 나온다는 것으로, 여기서 '돈이 다 떨어진'이라는 의미가 유래되었다.

A **Hey, if you need money, I'm all tapped out myself.**
B **Forget the money. I have a great business idea, and I want to bounce it off you.**

A 이것 봐, 네가 돈이 필요하다 해도, 나도 수중에 돈이 한 푼도 없어.
B 돈 이야기는 됐어. 나한테 좋은 사업 아이디어가 있는데 네 의견을 좀 듣고 싶어.

bounce ~ off... ~에 대해 …의 의견을 듣다

not have two nickels to rub together
맞대고 문지를 두 개의 동전도 없다

nickel은 5센트 동전이다. 이 표현처럼 맞대고 문지르려면 동전 두 개가 필요한데 그마저도 없을 정도로 가난하다는 뜻이다. nickels 대신에 dimes(10센트 동전)나 cents(1센트 동전)로 바꿔 쓰기도 한다.

A **The last time I checked, you didn't have two nickels to rub together, and now you're talking about plunking down four hundred thousand dollars for a new car?**
B **The insurance settlement on the restaurant came through. I'm loaded now.**

A 얼마 전까지만 해도 너 무일푼이었잖아. 그런데 갑자기 새 차 사는 데 4만 달러를 선뜻 쓴다고?
B 식당 건물 보험금이 들어왔어. 지금은 주머니가 두둑하지.

plunk down 돈을 선뜻 지불하다
settlement 지불/대가 *come through* 들어오다

우리는 **비용을 줄여야** 해요.

Idiomatic

We need to tighten our belts.

We have to pinch pennies.

General

We need to *economize*.

We have to *cut costs*.

We have to *cut expenses*.

▶'비용을 줄이다'는 절약한다는 의미로 **economize**라고 표현할 수 있다. 또는 '비용을 자르다'
라는 뜻인 **cut costs[expenses]**라고 해도 좋다. **cut**은 '자르다'라는 뜻뿐 아니라 '줄이다'라는
뜻도 가지고 있어서 회화에서 **reduce**보다 자주 사용된다. '절약하는'을 사전에서 검색하면 나오
는 형용사 **frugal**이나 **thrifty**는 일상적인 회화에서는 잘 사용하지 않는다.

tighten *one's* belt

허리띠를 졸라매다

'돈을 아끼기 위해 허리띠를 조이다'라는 한국어 표현과 똑같은 영어 표현이다.

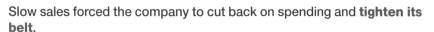

We're in a little cash crunch right now, so we all have to tighten our belts around here.

지금 돈에 좀 쪼들려. 그러니까 우리 모두 허리띠를 졸라매야 돼.

Slow sales forced the company to cut back on spending and tighten its belt.

그 회사는 매출이 저조해서 경비를 줄이고 허리띠를 졸라매야 했다.

cash crunch 자금난 *cut back (on)* (~을) 줄이다
slow 저조한 *force* ~에게 강요하다

pinch pennies

1센트 동전을 꼬집어 집다

한 푼도 아까워하는 수전노가 '동전을 하나씩 집어서 세는 것처럼 돈을 아낀다'는 말이다. 보통 부정적인 맥락에서 많이 쓰지만 절약한다는 긍정적 의미로도 쓸 수 있다. 참고로 명사형 penny-pincher는 '구두쇠'라는 뜻이다.

With your father out of work right now, we've got to start pinching pennies.

아빠가 지금 실직 상태니까 우리는 돈을 아끼기 시작해야 돼.

This is no time to pinch pennies. You need to spend money to earn money.

지금은 지출을 아낄 때가 아닙니다. 돈을 써야 돈을 벌지요.

earn (돈)을 벌다

Get this, too!

cut corners 비용을 아끼려고 대충 하다/규정을 어기다

나 **저축해 놓은** 돈이 조금 있어.

Idiomatic

I have some money put aside.

I have some money socked away.

I have some money squirreled away.

General

I have some money *saved*.

▶**save**는 '저축하다'라는 뜻의 동사다. 이 동사의 과거분사인 **saved**는 '저축된'이라는 수동의 의미를 갖고 있다. 이것을 활용해서 **money saved**(저축된 돈)이라는 표현을 완성하면 표제문처럼 I have some money saved.라는 문장을 말할 수 있게 된다.
관용표현인 **sock ~ away**와 **squirrel ~ away**에는 모두 **away**가 들어간다. **away**에는 '따로 두어'라는 뜻이 있는데, 돈을 저축하기 위해 따로 둔다고 연결해서 생각하면 표현을 이해하는 데 도움이 된다.

put ~ aside
~을 한쪽에 따로 놓다

한쪽에(aside) 따로 놓는(put) 것은 곧 나중에 쓰려고 '저축하다/따로 떼어 놓다'를 의미한다.

I'm trying to put aside a little each week for an emergency.
나는 비상사태에 대비해서 매주 조금씩 돈을 따로 떼어 놓으려고 노력 중이야.

sock ~ away
~을 양말에 넣어 놓다

sock은 '양말'이라는 뜻인데, 돈을 모을 때 양말에 넣어 옷장에 숨겨 놓던 옛날 관습과 연결해서 '~을 저축하다'라는 뜻의 동사로도 쓴다.

I make it a rule to sock away 10 percent of my paycheck in a savings account.
나는 월급의 10%는 예금 계좌에 넣는 것을 원칙으로 하고 있다.

The city is sitting on sizable reserves it socked away during good times.
그 도시는 호황일 때 쌓아 놓은 상당한 액수의 예비금을 갖고 있습니다.

make it a rule to 항상 ~하려고 하다
paycheck 급여 *sit on* ~을 그냥 쥐고 있다
siz(e)able 상당한 *reserve* 예비금

squirrel ~ away
다람쥐처럼 ~을 비축하다

squirrel(다람쥐)을 동사로 쓴 squirrel away는 다람쥐가 도토리를 모아 두는 것처럼 '저축하다/비축하다'라는 뜻이다.

It's a good idea to squirrel away some money for a rainy day.
But put it in a separate account so you're less likely to dip into it.
비상시를 대비하여 약간의 돈을 저축해 놓는 것은 좋은 생각입니다. 그렇지만 그 돈을 쉽게 쓰지 않도록 별도의 계좌에 넣어 두세요.

for a rainy day 비상시를 대비하여
less likely to ~할 가능성이 더 적은
dip into (저축한 돈)을 꺼내 쓰다

난 **근근이 생계를 유지하는** 형편이야.

Idiomatic

I'm just scraping by.

I'm barely getting by.

I'm living paycheck to paycheck.

I'm barely making ends meet.

I'm barely keeping my head above water.

General

I'm *barely making a living*.

I'm *not making enough money to live on*.

▶make a living(생계를 꾸리다) 앞에 barely(간신히)를 붙여 '겨우 생계를 이어가다'를 표현할
수 있다. 또는 not make enough money to live on(먹고 살기에 충분한 돈을 벌지 못하다)
이라고 말해도 좋다.

scrape by
굶으며 가다

scrape는 '~을 굶다'이고 by는 '지나서'라는 뜻이다. 따라서 scrape by는 있는 돈 없는 돈을 '긁어모아서' 생활한다는 뜻의 표현이다. 앞에 just를 붙이면 '그럭저럭' 먹고 산다는 뜻이 되고, barely를 붙이면 그마저 힘들 정도로 '간신히' 생활한다는 뜻이 된다.

When I was a child, we were so poor. We were just **scraping by**, but that was also the happiest period of my life.
어렸을 때 우리 집은 엄청 가난했어. 박박 긁어서 생활했지. 하지만 그때가 내 인생에서 가장 행복했어.

I'm tired of **scraping by**, day after day.
난 하루하루 근근이 사는 것에 지쳤다.

day after day 매일같이

get by
지나가다

여기서 get은 '이동하다'라는 뜻이고 by는 '지나서'라는 뜻이다. 외줄타기를 하는 것처럼 어려운 상황/경제적 위기를 '그럭저럭 넘기다/지내다'라는 표현이다. We'll get by.(뭔 수가 있겠지.)라는 문장으로 자주 쓴다.

The company pays its employees the minimum, just enough to **get by**.
그 회사는 직원에게 간신히 먹고 살 정도의 최저 임금을 주고 있다.

live paycheck to paycheck
급여에서 급여로 생활하다

paycheck는 '임금 수표'라는 뜻이다. 여유 없이 다음 급여에 기대어 산다는 것은 매번 간신히 먹고 산다는 뜻이다.

He is an out-and-out crook. He took money from people **living paycheck to paycheck**. He should be brought to justice.
그 사람은 완전 사기꾼이에요. 빠듯하게 생활하는 사람들의 돈을 가로챘어요. 반드시 법적 처벌을 받게 해야 합니다.

We won the lottery! Our days of **living paycheck to paycheck** are over!
우리가 복권에 당첨되다니! 월급으로 간신히 생활하던 날은 이제 끝났어!

out-and-out 철저한 *crook* 사기꾼
bring ~ to justice ~에게 법의 심판을 받게 하다

make ends meet
양 끝이 만나게 하다

이 표현은 대차대조표를 떠올리면 이해하기 쉽다. 재정 상태를 정리한 대차대조표의 마지막 칸은 수입과 지출의 총액을 의미한다. 지출과 총액이 만난다는 것은 적자도 흑자도 없다는 뜻이므로 '간신히 현상을 유지한다'는 말임을 알 수 있다.

I'm looking for a second job to make ends meet.
난 어떻게든 먹고 살기 위해 두 번째 일을 알아보고 있어.

There are many people out in the world struggling to make ends meet.
세상에는 근근이 생활을 이어가기 위해 애쓰는 사람이 많다.

struggle to ~하려고 애쓰다

keep *one's* head above water
머리를 물 위로 유지하다

이 표현은 물에 빠졌지만 머리는 물 위로 유지하면서 간신히 버티는 것처럼 '간신히 적자를 면하면서 생활하다/경영하다'라는 뜻이다.

With our second child on the way, we need to cut expenses to keep our heads above water.
둘째 아이가 곧 태어날 텐데 근근이라도 살려면 우리는 지출을 줄여야 해.

I'm up to my ears in debt. Working five jobs wouldn't keep my head above water right now.
난 지금 빚이 산더미여서, 일을 다섯 개를 해도 적자를 면하기 어려울 지경이야.

on the way 곧 일어날 예정인
up to one's ears in debt 빚을 많이 진

Get this, too!

- **bring home the bacon** 가족을 부양할 돈을 벌다
- **put food on the table (for)** (~를) 부양할 돈을 벌다
- **put a roof over *someone's* head** ~의 거처를 마련하다
- **keep the wolf from the door** 겨우 생계를 유지하다

그는 부동산으로 **큰돈을 벌었다.**

Idiomatic

He made a killing in real estate.

He hit it big in real estate.

He struck it rich in real estate.

He hit the jackpot in real estate.

He raked in money selling houses.

General

He *made a lot of money* in real estate.

He *made a fortune* in real estate.

He *made big bucks* in real estate.

▶ '돈을 벌다'는 make[earn] money이므로 '돈을 많이 벌다'는 make a lot of money라고 하면 된다. 또는 '거금/재산'을 의미하는 fortune을 써서 make a fortune이라고 해도 좋고, dollar를 뜻하는 속어인 buck을 사용해서 make big bucks라고 표현해도 좋다. make big money 역시 같은 뜻이다.

make a killing
죽음을 만들다

이 표현으로 쓸 때 killing은 '엄청나게 많은 돈'이라는 의미다. 한국어에서 '죽이다'를 '대단하다'라는 의미로 쓰는 것처럼 '죽여 주게 많은 돈'이라고 생각하자. make a bundle(돈을 다발로 벌다)과 make a mint(돈을 찍어내듯 번다) 역시 단기간에 돈을 많이 번다는 뜻이다.

Jennifer and her brother Tim **made a killing** by flipping houses.
제니퍼와 팀 남매는 집을 수리해서 되팔면서 큰돈을 벌었다.

The app is free, but its maker is **making a mint** selling ads on it.
그 앱은 무료지만, 개발자는 거기 들어가는 광고를 팔아서 돈을 엄청나게 벌고 있다.

flip ~을 사서 수리해서 되팔다

hit it big
그것을 크게 치다

야구에서 큰 홈런을 치는 장면을 상상해 보자. 이 표현은 주로 투자나 사업에서 홈런을 친 것처럼 크게 성공해서 '큰 돈을 벌다'라는 뜻으로 쓴다. 비슷한 표현인 make it big은 경제적인 성공과 더불어 유명해진다는 의미로도 쓴다.

A How did she get so rich at such a young age? Was she born with a silver spoon in her mouth?
B No. She came from a dirt-poor family. She **hit it big** with a stock trading program she developed.

A 그 사람은 어떻게 그렇게 젊은 나이에 부자가 됐지? 금수저였나?
B 아니. 흙수저야. 그 사람이 개발한 주식 거래 프로그램이 대박이 났대.

born with a silver spoon in one's mouth 금수저를 물고 태어난
dirt-poor 아주 가난한

strike it rich
그것을 때려 부자가 되다

미국에 광산 붐이 일던 골드러시(gold rush) 시대 때 유래된 표현으로 strike it은 '광맥을 만나다'라는 뜻이다. strike it rich는 주로 '경제적으로 크게 성공하다'라는 뜻이고, 유사 표현인 strike gold는 '사업이나 아이템이 대박을 터뜨리다'라는 의미다.

As a writer, he never really **struck it rich** but managed to make a decent living.

그는 작가로서 큰돈을 벌지는 못했지만 그래도 제법 괜찮은 생활을 했다.

The studio **struck gold** with its recently released movie "Man of Honor."

그 스튜디오는 최근 개봉한 영화 '명예 있는 남자'로 대박을 터뜨렸습니다.

decent 괜찮은 *release* ~을 공개하다

hit the jackpot
대박을 때리다

포커 게임에서 jackpot은 판돈을 적립하는 단지를 뜻했다. 그리고 더 좋은 패가 나온 사람이 적립된 판돈을 가져가는 것을 hit the jackpot이라고 했다. 그래서 이 표현은 '운 좋게 일확천금을 벌다/대박을 터뜨리다'라는 뜻이 되었다. 돈과 관계 없이 운 좋은 일이 생기는 것에도 사용한다.(p. 315)

He's a tech geek who **hit the jackpot** with one of his inventions.

그는 기술을 잘 아는 사람이라 발명품 중 하나로 일확천금을 벌었다.

Your wife is an angel. You really **hit the jackpot** when you married her.

네 아내는 천사 같은 사람이야. 네가 그녀와 결혼한 건 대박이 터진 거야.

geek (컴퓨터 관련) 괴짜, 광

rake in money
돈을 갈퀴로 긁어모으다

한국어의 '돈을 긁어모으다'와 유사한 표현이다. rake는 '갈퀴로 긁어모으다'라는 뜻이다. 어떤 일로 돈을 버는지를 표현하려면 뒤에 from을 붙여서 She's raking in money from commercials.(그녀는 광고로 떼돈을 벌고 있다.)처럼 말한다.

It seems like the restaurant stopped caring about the quality of their service as they are **raking in money**.

그 식당은 돈을 긁어모아서 그런지 서비스 질에 더 이상 신경을 쓰지 않는 것 같아.

During the campaign, he **raked in money** from right-wing donors.

선거 유세 기간 동안 그는 우파 기부자로부터 기부금을 긁어모았다.

care about ~에 신경 쓰다
right-wing 우파/보수파인 *donor* 기부자

그는 **돈을 마구 쓰고 있다.**

Idiomatic

He's spending money like
there's no tomorrow.

He's spending money as fast as
he can make it.

General

He's *spending money (way) too fast*.

He's *spending money like crazy*.

He's *spending money like water*.

He's *spending money recklessly*.

▶'돈을 마구 쓰다'는 영어로 spend money too fast(돈을 너무 빠르게 쓰다)나 spend money like crazy(미친 듯이 돈을 쓰다)라고 한다. spend money like water(돈을 물 쓰듯 쓰다)도 관용표현인데 한국어에도 같은 표현이 있기 때문에 무슨 말인지 바로 알 수 있다. 참고로 '마구'라는 뜻의 단어 recklessly(경솔하게)를 써도 같은 뜻이지만 구어에서 쓰기에는 살짝 무겁다.

spend money like there is no tomorrow
내일이 없는 것처럼 돈을 마구 쓰다

내일 지구가 멸망한다면 사람들은 절제가 없이 행동할 것이다. 그래서 like there's no tomorrow(내일이 없는 것처럼)는 '마구/미친 듯이'라는 뜻으로 쓴다.

The CEO spent money like there was no tomorrow.
그 CEO는 돈을 마구 썼다.

Central banks are printing money like there's no tomorrow to keep their economies afloat.
경제가 침몰하는 것을 막기 위하여 여러 중앙은행이 돈을 미친 듯이 찍어대고 있다.

afloat 파산하지 않은

spend money as fast as *one* can make it
버는 것만큼 돈을 빨리 쓰다

영어로 '돈을 벌다'라고 할 때는 동사 make나 earn을 쓴다. 그래서 이 표현은 돈을 버는 즉시 다 써버린다는 말이다. spend money faster than one can make it(돈을 버는 것보다 더 빨리 쓰다) 형태로도 쓴다.

Roy has no idea of budgeting. He's spending money as fast as he can make it.
로이는 예산을 짠다는 개념이 없습니다. 돈이 들어오는 대로 다 써버려요.

Somebody needs to talk sense to Sam. He's spending money faster than he can make it.
누군가 샘에게 알아듣게 얘기를 해야 돼. 그 애는 돈이 들어오기 무섭게 마구 쓰고 있어.

talk sense to ~에게 타당한 말을 하다

그 가게는 **망했다.**

Idiomatic

The store went under.

The store went belly up.

The store went bust.

General

The store *closed down*.

The store *shut down*.

The store *went out of business*.

The store *went bankrupt*.

▶ '가게가 망하다'는 '가게가 문을 닫다'라고 볼 수 있으므로 **close[shut] down**이라고 한다. 영업을 그만뒀다는 의미로 **go out of business**(사업 밖으로 나가다)라고도 표현할 수 있다. 조금 더 나아가 '파산하다'라는 뜻의 **go bankrupt**나 **go into bankruptcy**를 써도 된다.

go under
아래로 가다

여기서 under는 underwater(수면 아래)를 의미하는 것으로, 배가 침몰하는 것처럼 망한다는 뜻이다.

A **We're in the red this month again. If something isn't done soon, we're going to go under.**

B **Don't sweat it. Once we get the new menu up and running, we'll have people beating a path to our door again.**

A 이번 달에도 적자야. 빨리 뭔가 수를 쓰지 않으면 망하겠어.

B 너무 걱정 마. 새 메뉴를 팔기 시작하면 다시 사람들이 우리 가게로 잔뜩 몰려올 테니까.

in the red 적자인 *sweat* 초초해하다 *up and running* 돌아가고 있는
beat a path to someone's door 문전성시를 이루다

go belly up
배가 위로 가다

물고기가 죽으면 배(belly)를 뒤집고 수면에 뜨는데, 이 모습을 '파산하다/망하다'에 비유한 것이다.

The report predicts that a third of the universities in the U.S. will go belly up in 15 years.

그 보고서는 미국 대학 중 3분의 1이 15년 안에 파산할 것이라고 예견하고 있다.

predict ~을 예측하다

go bust
반신 조각상이 되다

bust는 '상반신/상반신 조각'을 뜻하는데 무덤 비석 위에 반신 조각상을 올려놓은 것을 생각하면 된다. 즉, '망하다/무일푼이 되다'를 무덤 위에 놓인 조각상이 되었다고 표현한 것이다.

A **I won't sell the house no matter what. It has Ann's memories.**

B **So, you're going to let your business go bust? Ann wouldn't want it for you.**

A 어떤 일이 있어도 집은 절대 못 팝니다. 그 집에는 앤의 추억이 깃들어 있어요.

B 그래서 회사가 부도나게 두겠다는 겁니까? 앤도 그걸 바라지 않을 거예요.

그녀는 **빚이 많아.**

Idiomatic

She's in debt up to her ears.

She's in debt up to her eyeballs.

She's deep in the hole.

She's run up huge debts.

General

She *has a huge debt*.

She *has a pile of debt*.

▶ '특정한 빚'을 말할 때는 **a huge debt**(큰 빚)이나 **a debt**(빚)처럼 관사를 붙인다. 일반적인 의미에서 '빚이 많다'라고 할 때는 **have debt**(빚이 있다)처럼 관사 없이 쓸 수 있다. **a pile of**는 '한 무더기의'라는 뜻으로 많다는 것을 표현할 때 쓴다.

in debt up to *one's* ears[eyeballs]

귀까지[눈까지] 빚 속에 빠진

up to ears[eyeballs]는 '눈/귀 언저리까지 올 정도로 뭔가에 깊이 빠져 있는' 상태를 뜻한다. 빚뿐만 아니라 I'm up to my eyeballs in work.(일이 산더미처럼 밀려 있다.)처럼 쓰기도 한다. 예문처럼 빠져 있는 것을 ears[eyeballs] 뒤에 쓰기도 한다.

A Brian tried to hit me up for a loan yesterday. I turned him down, but didn't he inherit a fortune from some relative last year?

B He blew all the money playing online poker. Not only that, he's **in debt up to his ears.**

A 브라이언이 어제 나한테 돈을 꿔달라고 하더라. 거절하긴 했는데, 그 사람 작년에 어떤 친척에게서 재산을 상속받지 않았나?

B 그 사람 온라인 포커로 그 돈을 다 날렸대. 그뿐이 아니라 빚도 엄청 많대.

hit ~ up for... ~에게 …을 달라고 하다
turn ~ down ~의 부탁을 거절하다

in the hole

구멍 안에

여기서 hole은 '빚 구덩이'를 의미한다. 이 표현은 주로 deep in the hole(많은 빚을 진) 형태로 쓴다.

How deep **in the hole** are you?

너 빚이 얼마나 많은데?

He's **in the hole** for 20 grand to a loan shark.

그는 사채업자에게 2만 달러를 빚지고 있다.

grand 천 달러 *loan shark* 사채업자

run up (debts)

(빚)을 뛰어 올라가다

run ~ up은 '~을 축적하다'라는 뜻이므로 run up debts는 '빚을 쌓다'가 된다. 빚이나 계산서가 쌓여서 만들어진 언덕을 뛰어 올라간다고 생각해 보자. 이 표현은 빚뿐 아니라 계산서/청구서(bill)와 함께 자주 쓴다.

While I was out of work, I **ran up** 20 thousand dollars in credit card **debt**.

나는 실직했을 때 2만 달러의 카드 빚을 진 적이 있다.

샌드위치 하나에 15달러를 **줬다.**

Idiomatic

I **shelled out** 15 dollars for a sandwich.

I **forked over** 15 dollars for a sandwich.

I **forked out** 15 dollars for a sandwich.

A sandwich **set** me **back** 15 dollars.

General

I *paid* 15 dollars for a sandwich.

A sandwich *cost* me 15 dollars.

▶ 'A가 B를 사는 데 C를 지불하다'는 **A pay C for B**라고 하거나 **B cost A C**(B는 A에게 C만큼의 비용이 들다)라고 표현한다. 그래서 '그거 얼마 주고 샀어?'라는 말은 **How much did you pay for it?**이나 **What[How much] did it cost you?**가 된다. 참고로 구어에서는 **drop**(떨어뜨리다) 뒤에 금액을 넣어 '(얼마의 돈)을 쓰다'를 표현하기도 한다. 주로 몇 백 달러 이상 큰돈을 쓰는 경우에 많이 쓴다.

shell ~ out
~의 껍질을 벗겨 내다

shell은 명사로는 '견과류나 콩 등의 껍질'이고 동사로는 '껍질을 벗기다'라는 뜻이다. 그래서 shell ~ out은 지갑이라는 껍데기를 벗겨서 그 안에 있는 돈을 지불하는 것으로 이해하면 된다. 보통은 예상하지 못했거나 내고 싶지 않은 비용을 낼 때 쓴다.

We shelled out over 400 dollars to stay at the hotel, but the service didn't live up to 4-star hotel expectations.

그 호텔에 묵으려고 400달러 넘게 지불했는데, 서비스는 4성급 호텔에 거는 기대에 못 미쳤다.

live up to ~에 걸맞다

fork ~ over[out]
~을 포크로 건네주다

사람 손은 포크와 모양이 비슷하다. 그러니 fork over[out]은 '포크 같은 손으로 돈을 꺼내 주다'라고 생각하면 된다. shell out과 마찬가지로 '마지못해 지불하다'라는 뜻으로 쓴다. 자동사로 fork over for(~에 돈을 쓰다) 형태로도 쓴다.

I forked over an extra 40 bucks for a facial, but I don't think it was worth it.

얼굴 마사지를 받느라 추가로 40달러를 더 냈는데, 그럴 가치가 없었던 것 같아.

buck (구어) 달러 *facial* 얼굴 마사지

set ~ back
~을 뒤로 놓다

set A back B는 'A를 B만큼 후퇴시키다'라는 뜻으로, B에 시간을 넣으면 It set us back two weeks.(그것 때문에 우리 일이 2주 지연되었다.)라는 말이 된다. 이 표현을 돈과 관련해서 쓰면 It set me back two grand.(나는 그것에 2천 달러의 비용을 냈다.)라는 뜻이 된다.

It's a nice car. It must have set you back a pretty penny.

멋진 차네. 돈 많이 들었겠는데.

pretty penny 꽤 많은 돈

Get this, too!

- **spring for ~** ~에 돈을 쓰다/(식사비 등을) 내 주다
- **pick up the tab (for)** (~에 대한) 비용을 계산하다
- **foot the bill** 모든 비용을 내다

그 객실은 **엄청 비쌌다.**

Idiomatic

The room cost me an arm and a leg.

We stayed at the hotel, and it broke the bank.

I paid top dollar for the room.

General

The room was *very expensive*.

I *paid a lot of money for* the room.

The room *cost* me *a pretty penny*.

▶ '비싼'이라는 뜻을 가진 형용사로는 **expensive**와 **costly** 그리고 **pric(e)y** 등이 있다. **pay a lot of money for**(~에 많은 돈을 지불하다)라고 말해도 좋다. 또는 물건을 주어로 **A cost me a lot of money.**(A가 나에게 비용을 많이 들게 했다. = 나는 **A**에 많은 비용을 썼다.)라고 할 수도 있다. **cost**는 한국인이 잘 활용하지 못하는 단어이므로 자주 쓰면서 연습해야 한다. 구어에서는 '많은 돈'을 **pretty penny**라고도 한다.

cost ~ an arm and a leg

~에게 팔과 다리만큼 비용이 들다

사람의 신체에서 팔과 다리가 차지하는 비중은 아주 크다. 이 표현은 그런 '팔다리를 내줄 정도로 비싸거나 비용이 많이 들다'라는 뜻이다.

We enjoyed every minute of the wine country tour. The only downside was that it cost us an arm and a leg.

우리는 와인 지역 투어의 매 순간을 즐겼다. 단 한 가지 단점이라면 비용 출혈이 심각했다는 것뿐.

Is there secure parking near the stadium that won't cost me an arm and a leg?

경기장 근처에 너무 비싸지 않은 안전한 주차장이 있습니까?

downside 단점(upside 장점)

break the bank

은행을 부수다

은행을 piggy bank(돼지 저금통)라고 생각하면 '집에 있는 돼지 저금통까지 부셔야 할 정도로 많은 비용이 들다'라는 것을 쉽게 이해할 수 있다. 도박꾼이 돈을 너무 많이 따서 카지노 은행이 파산할 지경이 된 상황에서 유래된 표현이다. 이 표현은 '활동'을 주어로 삼기 때문에, 표제문의 주어는 the room(객실)이 아니라 '호텔에서 묵는 상황'을 나타내는 it을 썼다. 이 표현을 응용해서 It didn't break the bank.(그렇게 비싸지 않았다.)라고 말할 수도 있고, 같은 의미를 without breaking the bank(큰돈 들이지 않고)라고 표현할 수도 있다.

I took my girlfriend there for her birthday. We both had a surf and turf, which broke the bank. But we enjoyed every bite.

여자친구를 생일에 거기로 데려갔어. 우리는 스테이크와 바닷가재 콤보를 먹었는데 비용이 많이 들었어. 그래도 맛은 좋더라.

surf and turf 스테이크와 바닷가재가 나오는 식사

pay top dollar
최고 달러를 지불하다

top dollar는 '매우 많은 돈'이란 뜻으로, 이 표현은 예상한 기준보다 더 높은 금액을
지불할 때 사용한다. pay 대신 sell을 쓰면 예상보다 더 높은 금액에 판다는 뜻이 된
다. 가령, 부동산 광고에 Sell your house for top dollar.라는 문구가 있다면 '비싼
가격에 집을 파세요'라는 뜻이다.

We paid top dollar for an ocean view, but we only got a view of the
swimming pool.
바다가 보이는 방이라서 비싼 돈을 지불했는데 방에서 수영장만 보였어요.

I sold my jewelry at that place. They **paid top dollar** for my stuff.
내 귀금속을 그 가게에 팔았는데 물건에 대한 가격을 높게 쳐주었다.

view 전망 *stuff* 물건

- **pay through the nose for ~** ~에 바가지를 쓰다
- **at a premium** 웃돈이 붙은/구하기 힘든

그거 **아주 싸게** 샀어요.

Idiomatic

It was **a steal**.

I got it **for a song**.

I bought it **for pennies on the dollar**.

I bought it **at a rock-bottom price**.

They **were practically giving it away**.

General

I bought it *cheap*.

It was *dirt cheap*.

I *didn't pay much for* it.

It *cost* me *next to nothing*.

I got a *great deal* (on it).

▶ '~을 싸게 사다'는 **buy ~ cheap**이라고 한다. **cheap**은 '싼'이라는 형용사인데 '싸게'라는 부사로도 쓴다. **dirt cheap**은 '흙(dirt)처럼 싼', 즉 '매우 싼'이라는 구어 표현이다. **cost**(~의 비용이 들다)에 **next to nothing**(거의 아무것도 아닌)을 붙이면 '공짜나 다름없게 싸다'라는 뜻이 된다. 비용 대비 가치가 높은 것은 **good deal**이라고 하고 **deal**을 **price**로 바꿔도 된다.

steal[bargain]
훔친 물건[싸게 산 물건]

steal은 '~을 훔치다'라는 뜻의 동사이자 '훔친 물건'이란 뜻의 명사다. 훔친 것처럼 싸게 물건을 샀을 때 쓴다. 그래서 '완전 거저네!'라고 할 때 That's a steal! 또는 What a steal!이라고 말한다. steal 대신에 bargain이라고 해도 좋다.

The pancake was huge, and it tasted like heaven. For less than 8 dollars, it was a steal.
팬케이크가 엄청 크고 천상의 맛이었어. 8달러가 안 되었으니 거의 공짜였지.

One sandwich was plenty for us to split, and it was a bargain at $6.
샌드위치 하나로도 나눠 먹기 충분했고, 6달러여서 엄청나게 썼다.

for a song
노래 한 곡 가격에

I bought[got] ~ for a song.(나는 ~을 노래 한 곡 가격으로 샀다.)처럼 쓰는 표현이다. '매우 저렴한 가격에'를 길거리 연주자에게 관객이 동전이나 1달러 정도를 주는 것에 비유한 것이다. 한국어로 '껌값'이라고 하는 걸 영어에선 '노래값'이라고 하는 셈이다.

A   **That's a snazzy-looking bike. It must've cost you a fortune.**
B   **No. I picked it up for a song at a yard sale.**

A   엄청 멋진 자전거네. 돈깨나 줬겠는데.
B   아니야. 어느 집에서 파는 걸 거의 공짜나 다름없는 가격에 집어 왔어.

snazzy 화려한/멋진 *pick ~ up* ~을 사다
yard sale 개인 주택 마당에서 물건을 파는 것

for pennies on the dollar
달러당 센트 가격에

예를 들어 5달러 짜리 물건을 5센트에 파는 것처럼, '원래 가격보다 훨씬 저렴하게/헐값에'란 뜻이다.

Don't waste your money at a big box store. You can get the same stuff at this outlet store for pennies on the dollar.
대형 상점에서 돈 낭비하지 마세요. 같은 물건을 이 할인점에서 훨씬 더 저렴하게 살 수 있으니까요.

The con artist tricked the old man into selling his house for pennies on the dollar.
그 사기꾼은 노인을 속여서 집을 헐값에 팔게 했다.

con artist 사기꾼 *trick ~ into –ing* ~을 속여서 – 하게 하다

at a rock-bottom price
돌 밑바닥 가격에

rock-bottom은 '암석 최저층'을 의미한다. 그래서 뒤에 price를 붙이면 '최저가격/매우 싼 가격'이 된다. 철 지난 상품을 싸게 파는 지하 매장을 뜻하는 bargain basement를 활용한 at a bargain basement price 역시 같은 뜻이다. 이 두 표현은 상품의 수량에 따라 a를 빼고 at rock-bottom prices나 at bargain basement prices라고 할 수도 있다.

Pam found us a condo that met all of our requirements and helped us buy it at a rock-bottom price.
팸은 우리의 조건에 딱 맞는 집을 찾아 주고 아주 저렴한 가격에 살 수 있게 도와줬어.

The store has a good selection of bags, all at bargain basement prices.
그 가게는 다양한 가방을 전부 저렴한 가격에 판매한다.

condo 아파트
meet ~을 충족하다 *requirement* 요구 조건

be practically giving ~ away
~을 사실상 무료로 나눠 주고 있다

give ~ away는 '~을 공짜로 나눠 주다/배포하다'라는 뜻으로, 앞에 practically를 붙여 물건을 싸게 판다는 의미로 쓴다. 언급하는 물건이 하나면 give it away, 둘 이상이면 give them away라고 하고, 거의 진행형으로 쓴다.

The laptop was originally priced at 720 dollars, but the store is practically giving it away with a 400-dollar discount.
그 노트북은 원래 720달러였는데 그 가게에서는 400달러나 할인해서 거의 공짜처럼 팔고 있다.

I got my headphones on sale at Walmart. The prices were so low that they were practically giving them away.
나 월마트에서 헤드폰 샀어. 가격이 엄청 싸서 거의 공짜로 주는 거나 다름없었어.

FOOD

UNIT

3

FOOD

음식

내가 저녁으로 뭐 좀 **만들게**.

Idiomatic

I'll throw something together for dinner.

I'll rustle up something for dinner.

I'll whip up something for dinner.

General

I'll *make* something for dinner.

I'll *fix* something for dinner.

▶ 음식을 '만들다'는 한국어와 마찬가지로 영어로도 make라고 한다. fix는 구어에서 '(음식/음료)를 준비하다/마련하다'라는 뜻으로 쓴다. 표제문처럼 동사 바로 뒤에 음식을 붙이거나 I'll make[fix] you a sandwich.(내가 너에게 샌드위치를 만들어 줄게.)와 같이 표현할 수도 있다. 함께 먹을 음식을 만들 경우에는 I'll make[fix] us some sandwiches.라고 한다.

throw ~ together
~을 함께 던져 넣다

이 표현은 '계획 없이 즉석에서 음식을 만들다'라는 의미를 담고 있다. 말 그대로 여러 재료를 냄비에 한꺼번에 던져 넣고 요리하는 장면을 생각하면 된다. 또 음식뿐 아니라 '어떤 것을 급하게/대충 만들다'라는 뜻도 갖고 있다.

I love quick and easy meals I can throw together and eat all week.
나는 후다닥 쉽게 만들어서 일주일 내내 먹을 수 있는 음식을 좋아해.

How about some lunch? I can throw together a salad or something.
점심 먹을래? 내가 샐러드나 뭐 좀 만들게.

rustle ~ up
~을 바스락거리며 꺼내다

rustle은 옷이나 나뭇잎 등이 '바스락거리는 소리를 낸다'는 뜻의 동사인데, 뒤에 up을 붙이면 '있는 재료로 즉석에서 음식/음료를 만들다'라는 뜻이 된다. 부엌에서 부스럭거리며 재료를 찾아서 음식을 만드는 장면을 떠올려 보자. 그 외에 '돈/물건/사람 등을 구해 오다'라는 의미도 있다.

If you're hungry, I can rustle up some hot coffee and toast for you.
배고프시면 제가 따뜻한 커피와 토스트를 만들어 드릴 수 있어요.

I'll go and see what I can rustle up for dinner.
저녁으로 만들 만한 게 뭐가 있는지 가서 볼게.

whip ~ up
~을 채찍을 휘두르듯 휙 만들어내다

whip은 명사로는 '채찍'이라는 뜻인데, 동사일 때 뒤에 up을 붙이면 '채찍을 휘두르듯 음식/음료를 후다닥 만들어내다'라는 말이 된다. 위에 나온 rustle ~ up은 있는 재료로 '대충' 만든다는 의미가 강하고, whip ~ up은 '빨리' 만든다는 의미가 강하다.

A **I'm sorry to ask, but do you have something I can eat? I'm famished.**
B **Well, I can whip up toast and eggs for you, if you want.**

A 죄송하지만, 혹시 뭔가 먹을 것이 있나요? 제가 배가 너무 고파서요.
B 어, 원하시면 토스트와 계란 요리를 만들어 드릴 수 있습니다.

famished 죽을 정도로 배가 고픈

자, **먹자.**

Idiomatic

Come on. Eat up.

Let's dig in.

Ready to chow down?

General

Let's *eat*.

Come, *have a meal* with us.

Please *help yourself*.

▶ 식탁 앞에서는 **Come, have a meal with us.**(오셔서 우리와 함께 식사하시죠.)처럼 상대방을 식탁으로 초대하는 형태로 말한다. **Help yourself.**(많이 드세요.)는 식탁에 있는 음식을 본인이 직접 가져와서 먹으라는 뜻이다. 참고로 **Let's have a meal.**이라고 하면 차려진 음식을 먹자는 의미가 아니라 식사를 하러 '가자'는 뉘앙스가 된다는 것에 주의하자.

eat ~ up
다 먹어 치우다

eat 뒤에 up을 붙이면 '남김없이' 먹어 치운다는 뉘앙스가 생긴다. Bill ate it all up. (빌이 그것을 다 먹어치웠어.)과 같이 all을 넣어 강조할 수도 있다.

A This is a great party, Jason. Thanks for inviting us.
B You're welcome, Shana. There is plenty of food and soda, so **eat up**, drink up, and enjoy.

A 제이슨, 참 멋진 파티네요. 초대해 주셔서 감사합니다.
B 천만에요, 샤나. 음식과 음료가 많이 있으니까, 마음껏 먹고 마시고 즐기세요.

dig in
안으로 파고 들어가다

'음식을 퍼먹다'라는 한국어처럼, 영어에서도 '푸다/파다'라는 동사 dig에 in을 붙여 '달려들어 먹기 시작하다'라는 뜻으로 쓴다. 숟가락으로 밥이나 수박 등을 퍼서 먹는 장면을 연상하면 쉽게 이해할 수 있다.

A **Dig in**, everyone. Bon appétit!
B What a spread! You really outdid yourself.

A 자, 모두 먹읍시다. 맛있게 드세요!
B 진수성찬이네요! 진짜 솜씨를 보여 주셨군요.

Bon appétit! (프랑스어) 맛있게 드세요!
spread 진수성찬 *outdo oneself* 아주 잘하다

chow down (on)
(~을) 먹다

chow는 명사로는 '음식', 동사로는 '먹다'라는 뜻이다. 이 단어는 '볶다'라는 뜻의 중국어 炒(차오)에서 유래되었다는 설이 있다. chow down은 원래 군대에서 쓰는 속어로, Ready to chow down?(식사할 준비 됐어?)이라고 말하는 경우가 많다. 무엇을 먹는지는 뒤에 on을 붙여 설명한다.

This is one of our favorite places to **chow down** after a long day at Disneyland.
이곳은 저희가 디즈니랜드에서 하루 종일 놀고 식사하러 갈 때 자주 찾는 곳 중 하나입니다.

If you're lucky, you can snag a seat at the bar and **chow down on** free snacks.
운 좋으면 바에 자리를 잡고 무료 주전부리를 먹을 수 있습니다.

snag ~을 손에 넣다

우리는 피자를 **많이 먹었다.**

Idiomatic

We ate our fill of pizza.

We ate pizza to our heart's content.

We filled up on pizza.

We gorged ourselves on pizza.

We pigged out on pizza.

We stuffed our faces with pizza.

General

We *ate a lot of* pizza.

We *binged on* pizza.

▶'~을 많이 먹다'는 **eat a lot of**나 **binge on**이라고 한다. **binge on**은 '~을 몰아서 하다/먹다/마시다'라는 뜻이다. **binge**를 명사로 써서 **go on a binge**(많이 하다/먹다)처럼 쓰기도 한다. 여기서 나온 표현으로 **binge drinker**(폭음하는 사람)와 **binge eater**(폭식가)가 있다.

eat *one's* fill (of)

(~을) 양껏 먹다

여기서 fill은 명사로 '가득함/배가 채워짐'이라는 뜻이다. 다시 말해 '~을 배가 찰 정도로 먹다'라는 말이다.

Come and eat your fill.

와서 마음껏 드세요.

We ate our fill of snow crab legs. That alone was worth the price.

우리는 대게 다리를 실컷 먹었어. 그것만으로도 본전을 뽑았지.

snow crab 대게

eat (~) to *one's* heart's content

마음의 내용물까지 (~을) 먹다

heart(마음/심장)라고 썼지만 실제로는 '뱃속이 채워질 때까지/만족할 만큼 ~을 먹다'라는 뜻이다. 먹는 것 외에도 어떤 일이든 '실컷' 한다고 할 때 to one's heart's content를 붙여 말한다. 그래서 목적어 없이도 쓸 수 있다. 가령, '나는 쇼핑을 실컷 했다'는 I shopped to my heart's content.라고 한다.

Breakfast is free, so you can eat and drink to your heart's content.

아침 식사는 무료입니다. 그러니 마음껏 먹고 마실 수 있습니다.

fill up on ~

~으로 채우다

말 그대로 어떤 음식으로 배를 채운다는 뜻이다. 주로 주식이 아닌 것으로 배를 채울 때 쓴다.

Don't fill up on chips. You won't have room for the ribs.

감자튀김으로 배 채우지 마. 그러다 갈비 먹을 배가 없겠다.

After all this, we were still hungry, so we filled up on bread.

이 음식을 다 먹고도 우리는 여전히 배가 고파서 빵으로 배를 채웠다.

room 공간

gorge *oneself* on ~

~을 배터지게 먹다

gorge는 명사로는 '협곡'이라는 뜻인데 동사로는 '배가 터지도록 먹다'라는 뜻이다. 목구멍이라는 뜻의 프랑스어 단어 gorge에서 유래하였다. 목구멍 속으로 음식을 밀어 넣는 것처럼 많이 먹는다는 것이다.

We walked around the island and gorged ourselves on tasty seafood.
우리는 섬을 산책하고 맛있는 해산물을 배불리 먹었다.

The buffet might be worth its price if you gorge yourself on steamed king crab legs.
찐 킹크랩 다리를 많이 먹을 수 있다면 그 뷔페 가격의 본전을 뽑을 수 있어.

pig out (on)

(~을) 돼지처럼 먹다

pig(돼지)를 동사로 쓴 표현이다. 말 그대로 꿀꿀대며 밥을 먹는 돼지를 떠올리면 된다.

A **Everybody, dinner is served.**
B **I think I'm going to pass. I pigged out at lunch, and I still feel full.**

A 여러분, 저녁이 준비됐어요.
B 저는 건너뛸래요. 점심 때 폭식을 했더니 아직도 배가 불러요.

serve (음식 등)을 제공하다

stuff *one's* face (with)

(~으로) 얼굴을 채우다

stuff는 '채워 넣다'라는 뜻으로, 양쪽 볼이 볼록 나올 정도로 입안에 음식을 가득 채우고 먹는 장면을 연상하면 된다. 이 표현은 음식을 '급하게 많이 먹다'라는 뜻이기 때문에 다른 사람에게 사용하면 기분 나쁠 수 있으므로 주의해야 한다. 자신의 경험을 재미있게 말할 때 사용하는 것이 좋다.

Wait! Are you going to take a picture of me stuffing my face?
잠깬! 내가 입 터지게 먹고 있는 장면을 찍으려고?

What a feast it was! We stuffed our faces with dumplings, pork and chicken.
정말 진수성찬이었어! 우리는 만두, 돼지고기, 닭고기를 잔뜩 먹었지.

그 식당의 매운 치킨은 **정말 맛있어.**

Idiomatic

Their spicy chicken always hits the spot.

Their spicy chicken is out of this world.

Their spicy chicken is to die for.

Their spicy chicken melts in your mouth.

General

Their spicy chicken is *very good*.

Their spicy chicken is *truly mouth-watering*.

▶ 사전을 찾으면 '맛있는'이라는 뜻의 영어 단어로 **delicious/flavorful/tasty** 등이 나오지만 실제 대화에서 가장 많이 쓰는 단어는 **good**(좋은)이다. 또 '좋은/근사한/훌륭한'이란 의미의 **awesome/amazing/fabulous/heavenly/delightful** 등도 많이 쓴다. 좀 색다른 표현으로는 '입에 군침을 돌게 하는'이란 뜻의 **mouth-watering**도 있다.
영어에는 신기하게도 맛이 없다는 뜻을 가진 관용표현은 별로 없다. 그래서 **not good**(좋지 않은)이나 **run-of-the-mill**(평범한) 정도로 표현한다.

hit the spot

점을 때리다

여기서 spot은 과녁의 정중앙에 있는 점을 뜻한다. 화살이 과녁의 한가운데를 꿰뚫으면 아주 높은 점수를 획득하게 된다. 이것을 음식과 연결하면 '음식/음료가 매우 맛있다'라는 뜻을 나타낼 수 있다.

A Well, the burger wasn't so bad, but it wasn't impressive, either.

B Are you kidding? It was the best burger I'd ever eaten. It really **hit the spot** and brought my taste buds back to life.

A 뭐, 햄버거가 나쁘진 않았지만 그렇게 인상적이지도 않던데.

B 뭔 소리야. 내가 먹어 본 햄버거 중에 제일 맛있었는데. 너무 맛있어서 입맛이 다시 살아난 기분이었어.

On a rainy day like this, a hot cup of coffee would really **hit the spot**.

이렇게 비 오는 날에는 따뜻한 커피 한잔 마시면 딱 좋겠다.

taste bud 미뢰

out of this world

이 세상 밖에

이 세상이 아닌 별세계에 있는 것처럼 '훌륭하다'는 뜻이다. 주어에 맞게 아주 좋다는 뜻으로 적절하게 해석하면 된다. 주로 음식에 쓰지만 The performance was out of this world.(공연이 매우 훌륭했어.)처럼 보고, 듣고, 경험하는 것을 묘사할 때도 쓸 수 있다. 가끔 out-of-this-world delicious와 같이 뒤에 delicious를 붙여 쓰기도 한다.

The rice pudding was **out of this world**. It's a shame I was too full to finish it all.

그 라이스 푸딩은 황홀할 정도로 맛있더라. 너무 배가 불러서 다 먹지 못한 것이 아쉬워.

This cherry jam is **out of this world**. I can't get enough of it.

이 체리 잼은 정말 맛있어. 계속 먹고 싶어져.

shame 유감스러운 일

to die for

갖기 위해서 죽을 정도인

목숨도 내놓을 수 있을 정도로 어떤 것이 '훌륭하다'는 뜻을 가진 표현이다. [명사 to die for] 형태로 to 앞에 칭찬하고자 하는 대상이 오기도 한다. 음식은 물론이고 다른 것을 묘사할 수도 있다.

Every time I eat there, I get the carrot cake for dessert. It's just to die for. Just the thought of it makes my mouth water.

거기에서 식사할 때는 디저트로 꼭 당근 케이크를 먹어. 정말 끝내 주거든. 생각만 해도 군침이 도네.

The risotto was truly to die for. It made my taste buds dance.

그 리조토는 정말 맛있었어. 입안에서 파티가 열리더라.

make one's mouth water 입에 군침이 돌게 하다
make one's taste buds dance 미각 세포를 춤추게 하다

melt in *one's* mouth

입에서 녹다

말 그대로 음식이 너무 맛있어서 '입에서 녹는다'라는 표현이다.

A **Finally, I tried out that new restaurant on Elm Street last night. I ate the lobster roll, and it was delightful.**

B **See? I told you, but wait until you taste their salmon. It melts in your mouth.**

A 드디어 어제 저녁에 엘름 가에 새로 생긴 식당에 가 봤지. 랍스터 롤을 먹었는데 진짜 맛있더라.

B 그치? 내가 그렇다고 했잖아. 하지만 그 집 연어도 먹어 보고 말해. 입에서 살살 녹는다니까.

try ~ out ~에 한번 가 보다/해 보다

우리 선셋 바에 들러 **술 한잔하자.**

Idiomatic

Why don't we stop at the Sunset Bar to knock back a few?

What do you say, we stop at the Sunset Bar to wet our whistles?

General

Let's *go* to the Sunset Bar *for a drink*.

▶ '술 한잔하러 가다'는 영어로 **go for a drink**라고 한다. '술을 마시다'는 **drink alcohol**이나 그냥 **drink**라고 해도 된다. 따라서 '술 드세요?'는 **Do you drink?**라고 하고, '저는 술을 안 마셔요'는 **I don't drink.** 또는 **I'm not a drinker.**라고 한다. 참고로 '술 한잔하다'는 **have a drink**나 **get[grab] a drink**라고 한다.

이 외에도 '술을 마시다'라는 뜻의 관용표현에는 **hit the bottle**이 있다. 다만, 이 표현은 안 좋은 일이 있어서 술을 많이 마신다는 맥락에서 쓰기 때문에, 표제문처럼 가볍게 한잔하러 가는 말을 표현하기에는 적당하지 않다. 일반적인 의미로 술을 많이 마신다는 관용표현으로는 **go on a bender**가 있다.

knock back ~

~을 쳐서 뒤로 넘어뜨리다

술을 병째 마시면 마치 병에 맞아서 고개가 뒤로 넘어간 것처럼 보인다. 거기서 나온 표현으로, 주로 술과 연관되어 '(급히) 마시다'라는 뜻을 가지고 있다. knock back a few는 '술을 몇 잔 마시다'라는 말이다.

Luigi's is a nice place for knocking back a few cocktails with your friends.
루이지스는 친구들과 칵테일 몇 잔 마시기 좋은 곳입니다.

I could knock back a couple of cold beers now.
지금 시원한 맥주 좀 마시면 좋겠다.

wet *one's* whistle

호루라기를 적시다

옛날 영어에서 whistle(호루라기)은 속어로 목이나 입을 뜻했다고 한다. 그래서 목이나 입을 축인다는 것이 '술을 마시다'라는 의미로 발전되었다.

A We're looking for a place to **wet our whistles**. Something within a short drive from here.
B In that case, I recommend Harrigan's Pub. Their pub food is above par, too.

A 저희는 술 한잔할 곳을 찾고 있어요. 여기서 차로 가기에 멀지 않은 곳으로요.
B 그렇다면 해리건스 펍을 추천합니다. 거기 음식도 평균 이상이에요.

above par (골프 표현) 평균/기대 이상인

hit the bottle 술을 많이 마시다
go on a bender 술을 많이 마시다

그는 그 행사에서 **술에 취했다.**

Idiomatic

He got liquored up at the event.

He got tanked up at the event.

He got high as a kite at the event.

General

He *got drunk* (as a skunk) at the event.

He *got plastered* at the event.

▶ '술에 취한' 상태는 **be drunk**라고 하고, '취하다'라는 과정/동작은 **get drunk**라고 한다. 영어로는 상태와 과정이 다르게 표현된다는 점에 주의하자. 이때 **(as) drunk as a skunk**라는 표현을 덧붙이기도 한다. 동물 스컹크와는 아무런 관계가 없고, **drunk**와 **skunk**가 발음이 비슷해서 생겨난 말장난이다. **drunk** 대신에 쓸 수 있는 다양한 구어 표현으로 **plastered/soused/wasted/loaded/smashed** 등이 있다.
반대로 '술 취하지 않은/정신이 말짱한'은 **sober**라고 하는데 **sober as a judge**(판사만큼 정신이 말짱한)라는 비유적 표현도 있다.

(all) liquored up

술로 꽉 채워진

liquored up은 '술에 취한'이라는 뜻이다. 구어에서 많이 쓰는 표현이다. get ~ liquored up(~를 술에 취하게 하다) 형태로도 자주 쓴다.

It was difficult to understand her because she was all liquored up.

그녀가 술에 많이 취해 있어서 무슨 말을 하는지 알아듣기 힘들었어.

Are you trying to get me liquored up?

너 지금 날 취하게 만들려는 거야?

tanked up (on)

(~으로) 연료 탱크처럼 채워진

tank ~ up (on)은 '~을 가득 채우다'라는 뜻이다. 여기서 파생된 tanked up은 마치 연료 탱크가 가득 찬 것처럼 음료를 많이 마신 상태를 의미한다. 이 표현은 술/커피/차를 마신다고 할 때 쓰는데, tank up on(~을 많이 마시다/먹다)처럼 자동사로 쓰거나 get ~ tanked up(~를 술에 취하게 하다) 형태로도 쓴다. '술'이란 것을 정확히 명시하려면 on 뒤에 booze/liquor/alcohol 같은 단어를 넣으면 된다.

At the bar, we tanked up on wings and beer.

우리는 바에서 닭 날개와 맥주로 배를 채웠다.

I'm such a coffee addict that most of the time I'm already tanked up on caffeine when I arrive at work.

나는 커피 중독자라 보통 회사에 도착하기 전에 이미 카페인으로 몸이 꽉 차 있어.

high as a kite

연처럼 높은

한국어의 '술이 오르다'와 비슷한 표현이다. high는 술/마약에 취해서 기분이 올라간 상태를 뜻한다. 미드에서 Are you high?(너 마약/술에 취했어?)라는 대사를 자주 들을 수 있다. 이 표현은 기분이 하늘 높이 뜬 연처럼 올라갈 만큼 술/마약에 많이 취했다는 뜻이다.

Mike was fired for showing up at work high as a kite.

마이크는 술에 취한 상태로 출근해서 해고됐다.

She was causing a scene. She seemed high as a kite on something.

그녀는 난동을 부렸다. 뭔가에 취한 상태로 보였다.

cause a scene 소란을 피우다

‘PA

RT 2

사람

PEOPLE

UNIT

4

CHARACTER
ATTITUDE

성격
태도

그는 **정말 자상한** 사람이야.

Idiomatic

He's generous to a fault.

He's got a heart of gold.

He's all heart.

He's the kind of person who gives of himself.

He's so generous (that) he'll give you the shirt off his back.

General

He's a *very kind* person.

He's *very sweet*.

He's *kind-hearted*.

He's a *caring* person.

▶ 구어에서는 **kind**(친절한)와 비슷한 의미로 **sweet**(다정한)를 많이 쓴다. 남에게 잘 베푼다는 의미라면 **generous**(관대한)도 좋다. 또 형용사에 **–hearted**(~한 마음을 가진)를 붙인 **kind-hearted**나 **warm-hearted**(따뜻한 마음을 가진)도 쓴다. 어려운 사람에 대한 동정심이 있다는 의미로는 **compassionate**나 **caring**을 쓰면 좋다.

generous to a fault
결점이 될 정도로 너그러운

fault는 '잘못/결점'이라는 뜻으로 형용사 뒤에 to a fault를 붙이면 '결점이 될 정도로 ~한'이라는 뜻이 된다. 진짜 결점이라는 게 아니라 그만큼 좋은 품성을 가졌다고 강조하는 것이다. 가령, '그는 너무 정직한 게 탈이야'는 He's honest to a fault.라고 한다.

Our Airbnb host was kind, helpful and generous to a fault.
우리 에어비엔비 숙소 주인은 친절하고, 도움이 되었고, 인심이 아주 후했다.

heart of gold
금으로 된 심장

heart는 비유적으로 '심성/마음'을 뜻한다. 그래서 heart of gold(금으로 된 심장)는 자상하고 인정이 많은 금덩이같은 마음씨라는 뜻이다. good heart도 비슷한 뜻이다. person with a heart of gold처럼 사람 뒤에 with를 붙여 쓸 수도 있다.

A You're welcome to stay in my house while you're looking for a place of your own.
B Thank you for your kindness. You truly have a **heart of gold**.

A 집을 알아보는 동안 저희 집에 머무세요. 환영이에요.
B 친절을 베풀어 주셔서 감사합니다. 정말로 인정이 많으시네요.

welcome to ~하는 것을 환영하다

all heart
모두 심장

몸 전체가 심장이란 말은 그만큼 마음이 넓고 자상하다는 뜻이다. 상황에 따라 '참 인정 넘치시네'처럼 빈정거리는 반어법으로도 쓴다.

A Well, I could've protested about some of the referee's calls against me, but I decided to be a gracious loser.
B Wow, you're **all heart**.

A 뭐, 경기 중 심판이 저에게 불리하게 판정한 것에 대해 항의할 수도 있었지만, 그냥 깨끗하게 패배를 인정하기로 했습니다.
B 매우 너그러우시군요.

protest 항의하다 *referee* 심판
gracious loser 승복하는 패배자

give of *oneself*
자신을 주다

자신을 누군가에게 준다는 말은 곧 '자신의 시간/노력/재능 등을 아낌없이 베풀다'라는 뜻이다. 이처럼 give는 단순히 주는 것이 아니라 '베풀다'라는 의미로 해석할 수 있다. 가령, give back to society(사회에 돌려주다)는 '사회에서 받은 혜택을 환원하다/기부하다'라는 뜻이다. 이렇게 베푸는 것을 좋아하는 사람은 giving person이라고 한다.

A man who gives of himself so much can't be a bad person.
그렇게 남을 위해 많이 베푸는 사람이 나쁜 사람일 리가 없어.

Christmas isn't about getting presents. It's about giving of yourself.
크리스마스는 선물을 받는 날이 아니다. 크리스마스는 베푸는 날이다.

about ~에 관한(목적)

give ~ the shirt off *one's* back
등에 걸쳤던 셔츠까지 ~에게 벗어 주다

등에 걸쳤던 셔츠는 자신의 마지막 소유물을 의미한다. 이것을 벗어 준다는 것은 남에게 아낌없이 베풀고 도와주기 위해 뭐든 한다는 뜻이다. 보통 남자에게 쓴다. 참고로 이 표현은 앞에 '자상한/다정한'이라는 말을 먼저 하고, 그 뒤에 사용하는 것이 자연스럽다.

My father was a very caring person. He'd give the shirt off his back to anyone who needed it.
저희 아버지는 정말 인정이 넘치는 분이셨습니다. 필요한 사람에게는 자신의 모든 것을 베푸셨죠.

caring 보살피는

그녀는 **정말 냉정한** 사람이야.

Idiomatic

She's hard as nails.

She has a heart of stone.

She's a cold fish.

She's the ice queen.

General

She's a *cold* person.

She's *cold-hearted*.

She's *heartless*.

▶ 사람이 쌀쌀맞거나 냉정한 것은 보통 **cold**(차가운)로 표현한다. 여기에 **–hearted**(~한 마음을 가진)를 붙여서 **cold-hearted**라고 할 수도 있다. 말 그대로 심장이 차갑다는 뜻이다. 또는 '~이 없는'이라는 뜻의 접미사 **-less**를 붙여서 만든 단어 **heartless**(심장이 없는)도 좋다. 심장이 없다고 볼 정도로 인정머리가 없고, 차갑다는 말이다. 그 외에도 **callous**(냉담한)/**ruthless**(인정머리 없는)/**unfeeling**(감정이 없는)/**unemotional**(감정이 없는) 등을 비슷한 맥락에서 쓴다.

hard as nails
못처럼 딱딱한

말 그대로 심장이 못처럼 딱딱하게 굳어서 무정하거나 냉정하다는 뜻이다. 이 표현에는 상황에 쉽게 흔들리지 않는 '굳센'이라는 긍정적 의미도 있다.

A I heard you're going up against Samuel Brown in court today.
He's a skillful prosecutor, **hard as nails**.

B I can be as tough as the next person. I'm ready to go toe to toe with him.

A 오늘 법정에서 새뮤얼 브라운과 맞대결을 한다고 들었어요.
그 사람은 유능한 검사예요. 아주 냉정하고요.

B 나도 누구 못지않게 강해요. 그 사람이랑 정면으로 맞붙을 준비가 되어 있습니다.

go up against ~에게 맞서다 *court* 법정
as ~ as the next person 누구 못지않게 ~한
go toe to toe with ~와 정면 대결을 벌이다

heart of stone
돌로 만든 심장

돌로 만들어진 심장이라니, 얼마나 딱딱하겠는가?
인정머리가 없다는 것을 돌에 비유한 표현이다.

He's a grumpy old man with a heart of stone.
그는 인정머리라고는 하나도 없는 심술궂은 노인이에요.

grumpy 성격이 나쁜

cold fish
차가운 물고기

얼음 조각으로 만든 물고기를 상상하면 된다. 이 표현은 셰익스피어의 작품인 겨울
이야기(The Winter's Tale)에 처음 등장했다고 한다.

He can be a cold fish at times, but deep down he's a warm-hearted man.
그는 가끔 아주 쌀쌀맞을 때도 있지만 본성은 인정이 많은 사람입니다.

at times 가끔 *deep down* 마음속으로는
warm-hearted 마음이 따뜻한

the ice queen

얼음 여왕

안데르센의 동화 눈의 여왕(The Snow Queen)에는 얼음 궁전에 사는 여왕이 나온다.
여기서 유래된 이 표현은 감정이 없는 도도하고 쌀쌀맞은 여자를 일컫는 말이 되었다.

A These terms are not negotiable. Take it or leave it.

B But you're forcing me to give up my company.
No wonder they call you **the ice queen**.

A 이 조건은 협상 불가입니다. 받아들일지 말지 택하세요.

B 그렇지만 내 회사를 포기하라고 강요하고 있잖아요.
사람들이 당신을 '얼음 여왕'이라고 부르는 것도 무리가 아니군요.

force ~ to... ~가 …하게 강요하다
no wonder (that) ~이 당연하다

그 판매자가 너한테 **사기를 칠** 거야.

Idiomatic

The dealer will rip you off.

The dealer will pull a fast one on you.

The dealer will pull the wool over your eyes.

The dealer will try to put one over on you.

The dealer will try to take you for a ride.

The dealer will play you for a fool.

General

The dealer will *cheat* you.

The dealer will *fleece* you.

The dealer is a big *fraud*.

The dealer is *dishonest*.

▶ '~에게 사기를 치다'를 뜻하는 동사는 **cheat/fleece/con/swindle/defraud/bilk** 등이 있다. '사기꾼'은 영어로 **fraud/swindler/con artist/rip-off artist/trickster/scam**이라고 한다. **dishonest**(정직하지 않은)라는 형용사로 표현해도 좋다.

rip ~ off
~을 찢어내다

rip은 '찢어내다'라는 뜻인데, 예전에는 감옥에서 '훔치다'라는 의미로 썼다고 한다. 여기서 유래한 표현인 rip ~ off는 '~에게 바가지를 씌우다/사기를 치다'라는 뜻이다. 수동태로 I got ripped off.(나 사기를 당했어.)처럼 표현할 수도 있다. 명사로 rip-off 는 '바가지'라는 뜻인데 항상 금전 거래에서만 사용한다.

I bought a watch online. The seller said it was in mint condition, but what I got had a few scratches. I feel he ripped me off.

내가 인터넷에서 시계를 하나 샀어. 판매자가 거의 새것이라고 했는데 받아 보니까 몇 군데 긁힌 자국이 있더라. 사기 당한 기분이야.

in mint condition 새것 같은 상태인

pull a fast one on ~
~에게 빠른 것을 당기다

무엇인가를 빠르게(fast) 한다는 것은 '눈속임'과 관련이 있다. 카드 게임에서 카드를 매우 빠른 속도로 섞으면 그 사이에 가짜 카드를 넣어도 상대는 알지 못하기 때문이다. 이 표현도 그런 맥락에서 나온 것으로 금전 거래 외에도 거짓말로 속이는 상황에도 쓸 수 있다.

The garage pulled a fast one on me by installing some knockoffs rather than genuine OEM parts.

그 정비소는 정품 OEM 부속 대신에 모조품을 사용해서 나를 속였다.

garage 자동차 정비소 *knockoff* 모조품
genuine 진짜인

pull the wool over *someone's* eyes
눈 위에 털을 내려 덮다

이 표현은 원래 양털로 된 가발을 끌어내려 눈을 덮게 하는 장난을 뜻하는 말이었는데 '눈을 가려 속이다'라는 뜻으로 발전했다고 한다.

They tried to pull the wool over my eyes by recommending expensive repairs that weren't needed.

그들은 필요하지도 않은 비싼 수리를 권해서 나에게 사기를 치려고 했다.

recommend 추천하다

put one over on ~

～ 위에 하나를 덮어 놓다

어떤 것 위에 다른 것을 덮어 사기를 친다는 뜻이다. 이 표현은
금전 거래뿐만 아니라 거짓말로 속이는 경우에도 쓸 수 있다.
여기서 one을 눈가리개로 생각하면 쉽게 기억할 수 있다.

A I bought this bag from an online seller for 350
dollars. It sells for over 700 dollars at department stores.

B Wow, that's a bargain. Wait, it doesn't look genuine. Why don't you
get it authenticated? They might have **put one over on** you.

A 이 가방을 온라인 판매자에게서 350달러에 샀어요. 백화점에서는 700달러 넘는 건데.

B 와, 엄청 싸네요. 가만, 이거 진품 같지 않은데. 감정 받아 보세요. 그 사람들이 사기를 친 건지 모르니까.

bargain 특가품 *authenticate* ～을 감정하다

take ~ for a ride

～를 드라이브에 데리고 가다

이 표현은 갱단들이 강제로 사람을 차에 태워 으슥한 곳에 데리고 가서 협박하거나
죽이는 상황에서 유래했다고 한다. 현재는 금전적으로 '～에게 사기를 치다'라는 뜻이
되었다.

Don't sign the deal. The company is going down the drain. They're trying
to **take** you **for a ride** by dumping it on you.

그 거래에 사인하지 마세요. 그 회사는 다 망해가고 있어요. 당신에게 떠넘겨서 사기를 치려는 거예요.

I felt like he was **taking** me **for a ride**. So, I went to another dentist to
get a second opinion, and he confirmed my suspicions.

그 사람이 나를 속이는 것 같아서 다른 치과의사에게 재검진을 받았어. 그랬더니 내가 의심했던 게 사실이더라.

go down the drain 망하다 *second opinion* (주로 의사) 다른 사람의 의견
confirm 확인하다 *suspicion* 의심

play ~ for a fool

～를 바보로 보고 가지고 놀다

play는 '사람을 가지고 놀다/속이려 하다'라는 뜻으로 미드에 자주 나오는 표현이다.
뒤에 for a fool을 붙이면 '바보로 보고'라는 의미가 첨가된다. 참고로 fool도 동사로
'속이다'라는 뜻이 있다. play나 fool 모두 금전적 사기보다는 말/행동으로 속이려 한
다는 뜻으로 많이 쓴다.

Don't **play** me **for a fool**. I can smell a fraud from a mile away.

나를 바보 취급하며 속이려 하지 마. 나는 사기꾼은 금방 알아보니까.

smell ~ from a mile away ～을 금방 알아보다

그녀는 **독립하고** 싶어 해.

Idiomatic

She wants to be her own woman.

She wants to strike out on her own.

She wants to stand on her own two feet.

She wants to go it alone.

She wants to go her own way.

General

She wants to be *independent*.

She wants to be *self-reliant*.

She wants to be *self-sufficient*.

▶ 사람이 독립적인 것은 **independent**(독립적인)나 **self-reliant**(자립적인) 또는
self-sufficient(자립할 수 있는/자급자족하는) 등으로 표현한다. 모두 대화에서 자주 쓴다.

be *one's* own woman[man]
자신의 여자[남자]가 되다

남에게 속하지 않고 '자기 자신에게 속한 사람'이라는 것은 곧 독립적이라는 의미가 된다. 유사 표현인 be one's own boss(스스로 자신의 보스가 되다)는 '자기 사업을 하다'라는 뜻이고, be one's own master(자신의 주인이 되다)는 '자신의 운명을 스스로 책임지다'라는 뜻이다.

A I'm a grown man, Mom. I want to live a life of my own.
B You want to **be your own man**. I get that. But that doesn't have to mean leaving your family and the town you grew up in.

A 저도 다 컸어요, 엄마. 저만의 인생을 살고 싶어요.
B 그래, 네가 독립하고 싶어 한다는 건 알겠어.
그렇다고 꼭 가족과 네가 자란 고향을 떠나야 하는 것은 아니잖니.

get ~을 이해하다

strike out on *one's* own
혼자서 시작하다

on one's own은 '홀로/혼자 힘으로'라는 뜻으로 고독하거나 독립적인 상태를 의미한다. strike out은 '새로운 것을 시작하다'라는 표현으로, 이 두 표현을 합치면 '혼자 새로운 인생이나 사업 등을 시작하다'라는 의미가 된다. 비슷한 표현인 live on one's own(혼자 힘으로 생활하다)도 많이 쓴다.

I admire you for being so independent. I can only imagine the strength and courage it took you to **strike out on your own** and set your own course.

독립심이 정말 대단하시네요. 혼자 독립해서 자신의 인생을 개척하기 위해 얼마나 큰 의지와 용기가 필요했을지 저는 그저 짐작만 할뿐입니다.

admire 감탄하다 *imagine* 상상하다
strength 힘/정신력 *set one's own course* 자신의 길을 가다

stand on *one's* own two feet

자신의 두 발로 서다

말 그대로 '남에게 의지하지 않고 혼자 힘으로 서다/자립하다'라는 표현이다. 관련 표현으로는 get back on one's feet(자신의 발로 다시 서다/역경을 딛고 재기하다)가 있다.

A If you ever need help, just ask. I have your back.

B Thank you for that, but I need to **stand on my own two feet.**

A 도움이 필요하면 언제든 말해. 내가 항상 널 도울 거니까.

B 고마워. 하지만 나도 혼자서 해 봐야지.

have someone's back ~의 편이다/돕다

go it alone

혼자 가다

다른 사람의 도움 없이 '혼자 한다'는 뜻이다. go solo라고 해도 된다. 혼자서 사업을 시작하기로 결정하거나 그룹에서 떨어져 나와 혼자 활동을 하는 상황에서 쓸 수 있다.

I decided to **go it alone**, start my own business, and be my own boss.

저 독립하기로 했습니다. 제 회사를 차려서 사장이 되는 거죠.

Guests can join a guided tour or **go it alone**.

참석자는 가이드 투어에 참가하거나 혼자 관광을 할 수도 있습니다.

go *one's* own way

자기 자신의 길을 가다

말 그대로 '독자적으로 자기가 하고 싶은 것을 하다'라는 뜻이다.

It's hardly surprising Jackie wants to **go her own way**. She's the most independent person I've ever known.

재키가 독립을 원하는 건 별로 놀랍지 않아. 재키는 내가 아는 사람 중 가장 독립적이야.

Since we can't seem to agree on so many things, I think it's best we each **go our own way**.

우리는 아주 많은 것에서 의견이 일치하지 않으니까 각자의 길을 가는 것이 좋을 것 같아.

나도 누나에게 쭉 **얹혀살** 수는 없지.

Idiomatic

I can't keep leaning on my sister.

I'm tired of freeloading off (of) my sister.

I'm tired of freeloading on my sister.

I can't keep leeching off (of) my sister.

I can't sponge off (of) my sister forever.

General

I can't keep *living off (of)* my sister.

I'm tired of *mooching off (of)* my sister.

▶ '~에게 얹혀살다'는 **live off**라고 한다. 전치사 **off**는 '~에서 떨어져' 나온다는 뜻이므로 상대방에게서 떨어져 나오는 돈으로 생활한다는 의미로 이해하면 된다. **off** 뒤에 **of**를 붙여 말하기도 한다. **live** 자리에 **mooch**를 쓰면 '얻어먹는다'는 의미가 더 직설적으로 표현된다. 이렇게 남에게 돈이나 음식을 얻는 사람을 **moocher**라고 한다.

lean on ~

~ 위에 기대다

lean은 '기대다'라는 뜻의 동사다. 그래서 lean on은 힘들거나 어려운 상황일 때 '~에게 의존하다/기대다'라는 의미다. 물질뿐만 아니라 정신적 지원을 받는 것도 포함된다. 다른 관용표현은 다른 사람에게 얹혀서 이득을 취한다는 부정적 뉘앙스가 있지만 lean에는 그런 뉘앙스가 없다.

Mom, you don't have to try to be strong for us all the time.
I'm a big girl, now. You can lean on me.
엄마, 그렇게 항상 우리를 위해 강해지실 필요 없어요. 저도 이제 다 큰 딸이에요. 저에게 기대셔도 돼요.

It's awfully nice that Brian has you to lean on.
브라이언에게 기댈 수 있는 너 같은 사람이 있다니 얼마나 다행이냐.

big girl[boy] 다 큰 청년
awfully 몹시

freeload off (of)
freeload on ~

~에 무임승차를 하다

freeload는 free(무료)와 load(~에 짐을 얹다)의 합성어로, 무료로 짐을 얹고 가는 행위, 즉 '무임승차'를 뜻한다. 타동사로 I was lucky to freeload a free meal off a friend. (운 좋게 친구에게 공짜 식사를 얻어먹었다.)처럼도 쓴다. 이런 행동을 하는 사람은 freeloader라고 한다.

You can freeload off the hotel's wi-fi in the lobby.
로비에서 호텔 와이파이를 공짜로 쓸 수 있습니다.

Too many foreigners are coming here to freeload on our healthcare system.
너무 많은 외국인이 우리나라 의료 제도에 무임승차하려고 들어오고 있다.

foreigner 외국인
healthcare system 의료보험제도

leech off (of) ~

~를 거머리처럼 빨아 먹다

leech는 '거머리/남을 등쳐먹는 사람'이라는 뜻의 명사다. 이것을 동사로 쓰면 거머리처럼 남의 것을 공짜로 쓰거나 얻어간다는 말이 된다.

Stop leeching off people and start making a living on your own.

남에게 빌붙어 살지 말고 스스로 생활을 꾸려 나갈 생각을 해.

It seems like someone's leeching off my Netflix account.

누군가 내 넷플릭스 계정을 몰래 공짜로 쓰는 것 같아.

make a living 생계를 꾸리다
account 계정

sponge off (of) ~

~를 스펀지처럼 빨아들이다

leech와 비슷한 표현으로 '스펀지가 물을 빨아들이듯이 남의 것을 흡수한다'는 뜻을 가졌다. 주로 음식을 얻어먹거나 경제적으로 얹혀산다는 뜻으로 사용한다.

A **Why do you let him keep sponging off you?**

B **He's going through a hard time right now, and I'm trying to help him. That's what friends do.**

A 왜 저 사람이 너한테 계속 빌붙게 두는 거야?

B 쟤는 지금 힘든 일이 있어. 그래서 도와주려는 것뿐이야. 친구로서 당연하잖아.

I want to earn a living on my own instead of sponging off of my parents.

난 부모님께 계속 얹혀살기보다는 스스로 생활비를 벌고 싶어.

go through (어려운 일)을 겪다
earn a living 생계를 꾸리다

그녀는 굉장히 **사교적인** 사람이야.

Idiomatic

She's such a people person.

She's quite a social butterfly.

She likes hanging out with people.

She's easy to be around.

General

She's quite a *sociable* person.

She's a very *outgoing* person.

She's *good company*.

▶'사람들과 잘 어울리는/사교적인'에 해당하는 영어 단어는 **sociable**이다. 이런 성격을 '외향적'이라고 한다면 **outgoing**도 쓸 수 있다. '같이 있기에 즐거운/편안한 사람'이라는 뜻의 **good company**도 자주 쓰니까 함께 기억해 두자. 여기서 **company**는 '회사'가 아니라 '같이 있는 사람/동행'이라는 뜻이다.

people person
사람들 사람

사람들(people)과 어울리기 좋아하는 사람(person)으로 이해하면 된다. 같은 맥락에서 '사교성/사회성'을 people skills나 social skills 또는 soft skills라고도 한다. 그래서 '너 사회성 좀 키워야겠다'는 You need to work on your people skills.라고 한다.

You've got to admit it, John. You aren't much of a people person.
인정할 건 인정해야지, 존. 넌 사람들과 어울리는 것을 별로 좋아하지 않잖아.

admit 인정하다
not much of 크게 ~가 아닌

social butterfly
사회적인 나비

나비처럼 날아다니며 이런저런 사람들 사이에 끼어서 시간을 보내는 것을 좋아하는 사람을 뜻한다.

My aunt is such a social butterfly. She goes to every party she can and spends a lot of time on Instagram.
저희 이모는 친목왕이에요. 어떤 파티든 전부 참석하고, 인스타그램에서 살다시피 해요.

like hanging out with people
사람들과 어울리는 것을 좋아하다

hang out with는 '~와 어울리다'라는 의미의 관용표현이다. 좋아한다는 것은 like 뿐 아니라 big fan of(~의 엄청난 팬) 등 여러 가지로 표현할 수 있다.

I'm a big fan of hanging out with people, particularly mixing with strangers.
저는 사람들과 어울리는 것, 특히 처음 본 사람들과 어울리는 것을 매우 좋아합니다.

particularly 특히/유달리
mix with ~와 어울리다

easy to be around[with]
같이 있기에 편한

be around는 '주위에 있다'라는 말로, '시간을 함께 보내다'라는 뜻으로도 쓴다. 따라서 이 표현은 앞서 나온 good company처럼 '같이 있기 편하다'는 뜻이다. easy to be with라고 해도 되고, easy to get along with(같이 지내기 쉬운)나 easy to talk to 또는 easy to converse with(대화하기 쉬운)라고 해도 비슷한 의미를 전달할 수 있다.

The owner, Beth, is **easy to be around** and goes the extra mile to make you feel welcome.
집 주인인 베스는 함께 있기 편한 사람이고 손님이 환대 받는 느낌이 들도록 특별히 신경을 씁니다.

I like to hang around with her. She's uncomplicated, and **easy to be with.**
나는 그 애랑 노는 게 좋아. 사람이 복잡하지 않고 편하거든.

go the extra mile to ~하려고 일부러 신경 쓰다
uncomplicated 복잡하지 않은/알기 쉬운

Get this, too!

- **party person** 모임을 좋아하는 사람
- **the life of the party** 모임에서 분위기를 주도하는 사람
- **come out of *one's* shell** 껍질을 깨고 나와 친화적이 되다
- **break out of *one's* shell** 껍질을 깨고 나와 친화적이 되다
- **go into *one's* shell** 사람과 어울리지 않고 혼자 지내다

그는 혼자 있기를 좋아해.

Idiomatic

He keeps to himself.

He prefers his own company.

He likes being on his own.

He's a lone wolf.

General

He *likes to be alone*.

He *likes alone time*.

He's a *loner*.

He's a very *private person*.

▶영어로 '혼자 있다'는 **be alone**이라고 하고, 혼자 있기 좋아하는 사람은 **loner**라고 한다. 구어에서는 혼자 있는 시간이나 누구와 단둘이 보내는 시간을 **alone time**이라고 한다. **private person**은 '조용한 성격으로 혼자 있기를 좋아하는 사람'을 뜻하는데, 이것을 좀 더 강조하면 **social recluse**나 **social hermit**라고 할 수도 있다. 이 두 표현의 사전적 의미는 '사회적 은둔자'지만 '밖에 잘 나오지 않거나 다른 사람과 어울리지 않는 사람'이란 뜻으로 쓴다.

keep to *oneself*

자기 자신에게 붙어 있다

구동사 keep to는 '~에 붙어 있다'라는 의미다. 자기 자신에게 붙어 있다는 것은 곧, 다른 사람들과 떨어져 혼자 있기를 좋아하는 것을 의미한다.

Suzie keeps to herself, doesn't talk much, doesn't mingle with other students, and has only a handful of people she interacts with on a personal level.

수지는 주로 혼자 지내더라. 말수도 적고, 다른 학생과 어울리지도 않고, 개인적으로 가까이 하는 사람도 몇 명 없어.

mingle with ~와 어울리다 *handful* 한 줌
interact with ~와 접촉하며 지내다

prefer *one's* own company

자신과의 동석을 선호하다

company는 '같이 있는 사람/동행'이라는 의미다. 자신과 같이 있는 것을 선호한다는(prefer) 것은 혼자 있는 것을 좋아한다는 뜻이 된다. prefer 자리에 enjoy를 써도 좋다.

I think it's the writer in me, but I **prefer my own company** to that of others. The alone time gives me a chance to tune in to my inner voice.

제 작가 기질 때문인 것 같은데, 저는 다른 사람들과 있는 것보다는 혼자 있는 것을 더 좋아합니다. 혼자 보내는 시간은 내면의 소리를 들을 수 있는 기회가 됩니다.

the ~ in me 나의 ~한 기질 *others* 다른 사람들
tune in to ~에 귀를 기울이다 *inner* 내면의

like be on *one's* own

자기 자신만 있는 걸 좋아하다

on one's own은 alone(혼자인)과 같은 뜻이다. 유사 표현인 be by oneself로 바꿔 써도 된다.

As a solo traveler, I **like being on my own**. I like wandering around at my leisure and doing things I choose to do.

저는 1인 여행가라서 혼자 있는 것을 좋아합니다. 내가 편한 시간에 여기저기 돌아다니고 내가 선택한 일을 하는 게 좋아요.

wander 돌아다니다
at one's leisure ~의 편한 때

lone wolf
혼자 있는 늑대

무리에서 떨어져 나와 혼자 돌아다니는 늑대에 '독립적이고 혼자 행동하는 성향을 가진 사람'을 빗댄 표현이다.

The story is about a man named Jason. He's a **lone wolf** who works odd jobs and never stays in one place for long.

그 이야기의 주인공은 제이슨이란 남자입니다. 그는 혼자 있기를 좋아하는 사람으로, 잡일을 하며 한 군데 오래 머무르지 않습니다.

odd job 잡일

Get this, too!

- **wallflower** (주로 파티에서) '벽에 그려진 꽃'처럼 혼자 있는 사람
- **stick in the mud** 융통성이 없어 노는 자리에 끼지 않는 사람
- **square peg in a round hole** '둥근 홀의 사각형 말뚝'처럼 남과 어울리지 못하는 사람
- **social misfit** 사회 부적응자
- **social outcast** 사회 낙오자

저 사람은 항상 **자기 자랑만 한다니까.**

Idiomatic

He just loves to blow his own horn.

He's always busy patting himself on the back.

General

He likes *bragging about himself*.

He likes *boasting about himself*.

He's such a *show-off*.

What a *showboat* he is!

▶ '~에 대하여 자랑하다'를 나타내는 영어 표현으로는 **brag about**이나 **boast about**이 있다. 이 표현들 뒤에 **oneself**를 붙이면 '자기 자랑을 하다'라는 말이 된다. 그렇게 자화자찬만 하는 사람을 명사로는 **show-off**라고 하는데, 특히 운동 선수 중에서 실력을 과시하듯 행동하는 사람은 **showboat**라고 한다.

blow *one's* own horn
자기의 나팔을 불다

이 표현은 원래 blow one's trumpet이었는데 시간이 지나며 trumpet이 horn으로 변했다. horn은 뿔 모양의 금관악기다. 중세 시대에 군대가 돌아오면 나팔을 불어 승리와 귀환을 알리던 관습에서 유래되어 '자기 자랑을 하다'라는 뜻이 되었다. blow 대신 toot(나팔을 불다)을 써도 된다.

Jack likes to blow his own horn, but he's actually pretty good at what he does. We've got to give him that.
잭이 자화자찬을 좋아하긴 하지만 사실 자기 일은 또 아주 잘해. 그 점은 인정해야지.

I don't want to toot my own horn, but we'd be in great trouble now if it weren't for my idea.
내 자랑은 아니지만 내 아이디어가 아니었다면 우리는 지금 아주 난처했을 거야.

give ~ that ~의 그 점을 인정하다

pat *oneself* on the back
자기 자신의 어깨를 두드리다

pat ~ on the back(~의 등을 두드리다)은 '잘했다고 칭찬하다/잘하라고 격려하다'라는 뜻이다. 따라서 자신의 등을 두드린다는 것은 '자화자찬하다'가 된다. pat을 명사형으로 써서 give oneself a pat on the back이라고도 한다.

You've done a great job, Pete. Pat yourself on the back. You've saved the company a ton of money.
피트, 정말 잘했어요. 자화자찬해도 돼요. 당신 때문에 회사가 많은 돈을 절약했어요.

I'm so proud of you, but don't pat yourself on the back just yet. You've still got a long way to go.
네가 정말 자랑스럽구나. 하지만 자화자찬하기는 아직 이르다. 넌 아직 갈 길이 멀어.

a ton of 많은 ~

그녀는 너무 **이기적이야**.

│ Idiomatic

She's too wrapped up in herself.

She's always looking out for number one.

With her, it's "me, me, me."

│ General

She's too *selfish*.

She's too *self-centered*.

She *only cares about herself*.

▶ '이기적인'은 **selfish** 또는 **self-centered**(자기중심적인)라고 하거나 **only care about oneself**(자기에게만 신경 쓰다)라고 풀어서 표현할 수도 있다. 한국어와 마찬가지로 영어도 하나의 의미를 여러 표현으로 말한다. 그러니 단어 그 자체에 너무 집중하지 말고 결과적으로 전달하고자 하는 의미에 초점을 맞춰 보자.

wrapped up in *oneself*
자기 안에 감싸여 있는

wrapped up in은 '~으로 몸이 감싸여 있는'이라는 뜻으로, 뒤에 oneself를 넣으면 '자기 자신'을 담요처럼 몸에 감고 있다는 말이다. 즉, '자기만 아는/이기적인'이란 뜻이 된다. 또 '생각에 파묻힌'이라는 뜻도 있다.

He was so wrapped up in himself he didn't see he was hurting others.
그는 너무 자기중심적이어서 자기가 다른 사람들에게 상처를 주고 있다는 것을 깨닫지 못했다.

I've been too wrapped up in myself to care about what was happening to you.
내 일에 너무 몰두해서 너에게 어떤 일이 일어나고 있었는지 신경을 못 썼어.

care about ~에 신경 쓰다

look out for number one
1번을 돌보다

look out for는 '~을 보살피다/보호하다'라는 뜻이고 number one(1번)은 '자기 자신'을 뜻한다. 보통 누군가의 1순위는 본인이기 때문이다. 따라서 이 표현은 '자기 일에만 관심 있다/이기적이다'라는 뜻이 되었다.

A   But what about me? Where does that leave me?
B   You know, that's you, always **looking out for number one.**

A   그럼 나는? 나는 어떻게 되는 거야?
B   그거 참. 정말 너답다. 항상 이기적으로 자기만 생각하는 것 말이야.

With ~, it's "me, me, me."
~는 '나, 나, 나'

말 그대로 뭐든지 '나'를 먼저 내세운다는 뜻으로 이기적인 사람을 뜻하는 구어 표현이다. 미국 잡지 타임(TIME)에서 밀레니얼 세대를 자기중심적이라는 뜻으로 'me me me generation'이라고 표현한 적이 있다.

Maggie's in this for herself. Make no mistake about it. That's how she always is. With her, it's just "me, me, me."
매기가 이 일에 끼어든 건 본인을 위해서야. 그건 확실해. 그 애는 항상 그래.
자기만 생각하는 이기주의자거든.

make no mistake 반드시/확실히

너 너무 **건방지게** 굴지 마.

Idiomatic

You're so full of yourself.

Don't get too big for your britches.

Don't get on your high horse.

General

Don't get *arrogant*.

Don't get too *cocky*.

Don't get all *high and mighty*.

Don't get all *holier than thou*.

Don't be so *stuck-up*.

▶ arrogant(건방진/거만한)는 구어로는 수탉(cock)의 도도함에 빗댄 cocky(건방진)라는 형용사로 의미를 표현한다. high and mighty 또는 holier than thou는 도덕적으로 남보다 우월한 척하는 것을 말하고, stuck-up은 코를 높이 치켜들고 우월감을 나타내는 것을 말한다. 하이픈 없이 stuck up이라고 해도 된다.

full of *oneself*
자신으로 가득 찬

이 표현은 몸이 자기 자신으로 가득 차 있다는 것으로 '건방지다'를 나타낸다.

He comes off a little full of himself at first, but he's a good man at heart.

그가 처음에는 좀 건방진 인상이지만, 본성은 착한 사람이야.

I don't want to sound full of myself, but you stand no chance against me.

건방 떠는 소리를 하고 싶진 않은데, 넌 내 상대가 안 돼.

come off ~한 인상을 주다 *at heart* 본질은
stand no chance against ~에 승산이 없다

too big for *one's* britches
바지보다 (몸이) 너무 큰

britches는 '바지'라는 뜻이다. 스스로를 실제보다 더 중요하고 능력이 있다고 생각하는 것을 비유적으로 '바지보다 몸이 크다'라고 한다.

Bill has gotten too big for his britches since he won first prize at the contest.

대회에서 1등을 한 이후로 빌이 너무 건방져졌어.

I'm sorry, I got too big for my britches, but I know I can't do anything without all of you.

미안해, 내가 너무 건방지게 굴었어. 너희 없이는 아무것도 할 수 없는 거 나도 알아.

win (상)을 타다

on *one's* high horse
높은 말 위에 앉은

이 표현은 말에 타서 아래에 있는 사람들을 내려다보며 '도덕적으로 남보다 우월한 듯 거만하게 행동하는' 것을 말한다. 그런 사람은 Get off your high horse.(건방지게 굴지 마라.)라는 말을 들을지도 모른다.

A **Hey, don't get on your high horse with me.**

B **I'm not on my high horse. I'm just laying out the facts as they are.**

A 야, 아주 성인군자 납셨네.

B 내가 언제 그랬어. 나는 그냥 사실을 있는 그대로 말하는 거야.

lay ~ out ~을 상세히 설명하다

그는 **고집이 세다.**

Idiomatic

He has a hard head.

He's set in his ways.

General

He's *stubborn*.

He's *stubborn as a mule*.

He's *uncompromising*.

He's *bullheaded*.

He's *hard-nosed*.

▶ '완고한/고집 센'을 뜻하는 영어 단어로는 **stubborn**이나 **obstinate**가 있다. 참고로 영어에 서는 고집이 센 사람을 당나귀에(**mule**) 비유한다. 그래서 **stubborn** 뒤에 **as a mule**(당나귀처 럼)을 붙여 말하기도 한다. 고집이 세다는 것은 **uncompromising**(타협하지 않는)이라고 할 수 도 있다. 구어에서는 **bullheaded**(소머리인)나 **hard-nosed**(코가 딱딱한)라고 한다. 같은 의미 인 **pigheaded**(돼지머리인) 또는 **headstrong**(머리가 단단한)이라는 표현도 함께 알아 두자.

have a hard head
딱딱한 머리를 갖고 있다

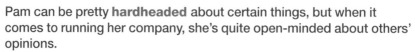

영어에서 딱딱한 머리(hard head)는 '완고함'을 상징한다. 머리가 굳어서 융통성 있는 사고가 안 된다는 뜻이다. 형용사로는 hardheaded라고 한다.

Bill has such **a hard head**; once he makes up his mind about something, nothing can change it.
빌은 고집이 세서 일단 뭔가에 대해 마음을 정하면 절대 생각을 바꾸지 않아.

Pam can be pretty hardheaded about certain things, but when it comes to running her company, she's quite open-minded about others' opinions.
팸이 어떤 것에 대해서는 아주 완고한 경향이 있지만, 회사 경영만큼은 다른 사람의 의견에 개방적인 편입니다.

make up one's mind 결정을 하다
when it comes to ~에 대해서는
run ~을 운영하다

set in *one's* ways
자신의 방식으로 굳어진

set은 '정해진/굳어진', ways는 '생활/사고방식'을 말한다. 이 표현은 오랫동안 해 온 방식대로만 하려고 한다는 뜻이다.

I know how stubborn and **set in my ways** I can be sometimes. So, thank you for having put up with me all these years.
내가 가끔 아주 고집을 부리고 사고방식이 딱딱하다는 거 나도 알아.
그동안 나를 잘 참고 이해해 줘서 고마워.

Ken is a grumpy old man. He's too **set in his ways** to ever change.
켄은 괴팍한 영감이야. 완전히 자기 방식대로 굳어져서 변하기 힘들어.

put up with ~을 인내하다
grumpy 짜증 내는

그녀는 **긍정적인/부정적인** 사람이야.

Idiomatic

She likes to look on the bright/dark side of things.

She's a glass-half-full/empty kind of person.

She tends to see things through rose-colored glasses.*긍정적

General

She's an *optimist/pessimist*.

She's *optimistic/pessimistic* by nature.

She *has a positive/negative outlook on life*.

She's always *full of hope*.*긍정적

She always *assumes the worst*.*부정적

▶ '긍정적인 사람'은 optimist, '긍정적인'은 optimistic이라고 하고, 구어로는 upbeat도 자주 쓴다. '부정적인 사람'은 pessimist, '부정적인'은 pessimistic, 구어로는 downbeat라고 한다. 긍정적인 것을 full of hope(희망으로 가득 찬)라고 표현해도 좋다. 반대 표현은 assume [imagine/expect] the worst(최악을 가정하다)라고 한다.

look on the bright/dark side of (things)
(상황)의 밝은/어두운 면을 보다

bright은 sunny(햇빛이 나는)로 바꿔 쓰기도 한다. 또 things 대신에 life를 쓰기도 하고, 특정한 상황은 the situation이라고 딱 지칭하기도 한다. look on the bright side라고 of를 떼고 말해도 된다.

I'm an optimist. I try to **look on the bright side of things** and believe that things will always work out for the best.
저는 낙관주의자입니다. 상황을 긍정적으로 보려고 하고, 항상 잘 풀릴 것이라고 믿습니다.

I can't stand people who always **look on the dark side of life**.
나는 인생을 항상 부정적으로 보는 사람들이 싫다.

optimist 낙관론자 *work out* 풀리다 *stand* ~을 참다

glass-half-full/empty
절반이 찬/빈 컵

음료가 반이 남은 유리잔을 놓고 '아직도 반이 남았다'고 보는 긍정적인 태도와 '벌써 반이 없어졌다'고 보는 부정적 태도를 표현한 것이다.

I've been trying to live my life with a '**glass-half-full**' attitude, but I know life isn't a bed of roses.
나는 긍정적으로 인생을 살려고 노력해 왔지만, 삶이 만만하지 않다는 걸 안다.

I've never pegged you for the **glass-half-empty** type.
난 네가 그렇게 비관적인 성향인 줄 몰랐어.

bed of roses 안락한 생활
peg ~ for ~을 판단하다

rose-colored glasses
장밋빛 안경

빨간 장미는 영어권에서 '희망/긍정/유복함'과 관련이 있다. 그래서 장밋빛 안경은 '상황을 낙관적으로 보는 시각'을 비유적으로 표현한다.

I'm not the type of person to wear **rose-colored glasses** when it comes to relationships.
난 인간 관계에 대해서는 낙관적인 사람이 아니야.

난 **모험을 좋아**하지 않아.

Idiomatic

I don't walk on the wild side.

I seldom venture off the beaten path.

I'm not much of a daredevil.

I don't like stepping out of my comfort zone.

General

I'm not an *adventurer*.

I'm not an *adventurous person*.

I'm not much of a *risk-taker*.

▶ adventure(모험)는 정글처럼 위험한 곳에 가는 것뿐 아니라 여행하며 현지 음식을 먹는 것처럼 익숙하지 않은 것을 시도하는 것을 말하기도 한다. 주식 투자 같은 모험을 한다면 **risk-taking**(위험 감수하기)이라고 하고, 그렇게 하는 사람은 **risk-taker**라고 표현한다. 위에 나온 표제문처럼 '모험을 좋아하는'이라는 뜻의 표현에 **not/don't/seldom/not much of** 같은 부정어를 붙이면 반대 의미를 나타낼 수 있다. 참고로 '약간 모험적인 편'이라고 말하려면 **I'm something of a daredevil.**이라고 한다.

walk on the wild side
험한 쪽으로 걷다

'험한 쪽으로 걷는다'는 것은 위험한/모험적인/방탕한 행동을 한다는 뜻이다. 이 표현은 live on the wild side나 take a ride on the wild side 형태로 쓰기도 한다. 또 walk-on-the-wild-side처럼 형용사로도 쓴다.

I never figured you for a free-spirited type who enjoys **walking on the wild side**.
난 네가 모험을 좋아하는 자유로운 영혼인 줄은 몰랐네.

figure ~을 판단하다

off the beaten path
다져진 길에서 떨어진

beaten path는 사람들이 많이 다녀서 '발걸음으로 다져진 길'로, '변화가/전형적인 방식'을 의미한다. 그래서 off the beaten path는 '사람이 많은 곳에서 벗어난/일상적으로 즐기지 않는 색다른'이라는 뜻이다.

My favorite genre is mystery, but I'm always on the lookout for something **off the beaten path**.
내가 좋아하는 장르는 미스터리지만, 항상 뭔가 색다른 것이 있나 눈여겨본다.

on the lookout for ~이 있는지 주의 깊게 살펴보는

daredevil
악마에게 맞서는 사람

앞뒤를 가리지 않고 저돌적으로 행동하거나 모험을 즐기는 사람이라는 뜻의 형용사/명사다. 주로 부정적인 뉘앙스로 쓴다.

He's such a **daredevil**. I'm worried he might do something reckless.
그는 무모한 면이 있어. 그 사람이 뭔가 경솔한 행동을 할까 걱정이 돼.

If you're a **daredevil**, then, visiting this place is a must. It has many activities that will pump up your adrenaline.
당신이 모험을 즐긴다면, 여기는 꼭 방문해 보세요. 스릴 넘치는 다양한 레저 활동이 있습니다.

reckless 무모한/경솔한
a must 꼭 해 봐야 할 것

out of *one's* comfort zone
자신이 편안한 구역에서 벗어난

one's comfort zone은 '자신이 편안하게 느끼는 상황/환경이나 자주 가는 장소'를 뜻한다. 이런 환경에서 벗어난다는(out of) 것은 '평소에 잘 하지 않는/모험적인'이라는 뜻이 된다.

I seldom venture out of my comfort zone.
나는 익숙하지 않은 것을 해 보는 경우가 거의 없다.

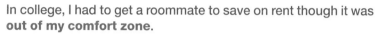

In college, I had to get a roommate to save on rent though it was out of my comfort zone.
대학 때 나는 남과 같이 사는 것이 싫었지만 월세를 아끼느라 룸메이트를 구해야 했다.

venture 용기를 내어 뭔가 하다
save on ~을 절약하다 *rent* 월세

Get this, too!

devil-may-care 무모한/될 대로 되라는 식의

그녀는 **현실적인/비현실적인** 사람이야.

Idiomatic

She's down-to-earth.[*현실적]

She has her feet on the ground.[*현실적]

She has her head in the clouds.

She's out of touch with reality.

She's living in a fool's paradise.

She's living in a dream world.

General

She's a *realistic* **person.**[*현실적]

She's an *unrealistic* **person.**

She's a *dreamer*.

She's *starry-eyed*.

▶realistic(현실적인) 외에도 맥락에 따라 '실용적인'이란 뜻의 **practical**이나 **pragmatic** 등을 '현실적인'이라는 의미로 쓸 수 있다. 반대로 **unrealistic**(비현실적인)은 **unpractical**(실용적이지 않은)이나 **idealistic**(이상주의적인) 등으로 바꿔 말할 수 있다. 비현실적인 야망을 가진 사람은 **dreamer**(꿈꾸는 사람)라고 한다. **starry-eyed**(눈에 별이 있는)는 '순진하게 비현실적인 꿈을 꾸는/그런 야망을 가진'이라는 뜻이다.

down-to-earth
지상에 내려와 있는

붕 떠 있지 않고 땅(earth)을 딛고 있는 것을 '현실적인'이라고 표현한 것이다. 연관 표현으로 '비현실적인 꿈을 버리고 현실을 깨닫는다'는 뜻인 come down to earth(지상으로 내려오다)가 있다.

He's as down-to-earth and dependable as the next person.
그는 누구 못지않게 현실적이고 신뢰할 수 있는 사람이야.

Jessie is an incredibly talented, down-to-earth person. People like that are hard to come by.
제시는 재능이 넘치고 현실적인 사람이야. 그런 사람 찾기 힘들어.

Will you come down to earth for a minute?
잠시라도 현실을 제대로 볼 수 없어?

dependable 믿을 수 있는
as ~ as the next person 누구 못지않게 ~한
come by ~을 찾다/얻다

have *one's* feet on the ground
지상 위에 발을 딛고 있다

down-to-earth와 유사하게 땅에 발을 딛고 있는 것을 현실적이라고 비유한 표현이다. 미국의 전대통령 루스벨트는 Keep your eyes on the stars and your feet on the ground.(눈은 별에 두고, 발은 땅에 두세요.)라는 말을 했다. 이는 곧 '꿈은 원대하게 갖되, 현실은 잊지 말라'는 뜻이다. have 대신 have got이나 keep을 쓰기도 하고, one's 대신 both(양쪽의)를 쓰기도 한다. with one's feet on the ground 형태로도 쓴다. 또한 ground를 활용해서 grounded(땅 위에 놓여 있는)라고 해도 같은 뜻이다.

I come from a family of hard-working farmers, so I have my feet on the ground.
저는 근면한 농사꾼 집안 출신이라 현실적입니다.

Thank you for helping me keep my feet on the ground. If it wasn't for you, I'd have lost my shirt.
내가 허황된 꿈을 꾸지 않게 도와줘서 고마워. 네가 아니었다면, 전 재산을 날릴 뻔 했어.

Joanne is a practical person with both feet on the ground.
조앤은 현실적이고 실용적인 사람이다.

lose one's shirt 전 재산을 잃다

have *one's* head in the clouds
구름 안에 머리를 두다

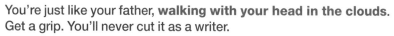

이 표현은 '현실과 동떨어지고 실현 불가능한 생각/몽상을 하다'라는 뜻이다. walk with one's head in the clouds(구름 안에 머리를 두고 걷다) 형태로도 쓴다. 반대로 get one's head out of the clouds(구름 밖으로 머리를 빼내다)는 '비현실적인 생각을 그만두다'라는 말이다.

I'm not delusional. It's not like I **have my head in the clouds.**
내가 헛소리하는 게 아니야. 비현실적인 생각을 하고 있는 게 아니라고.

You're just like your father, **walking with your head in the clouds.** Get a grip. You'll never cut it as a writer.
넌 비현실적인 꿈만 꾸는 게 아버지와 똑같네. 정신 차려. 넌 절대 작가로 성공할 수 없어.

Steve, you've got to **get your head out of the clouds** and get your feet on the ground.
스티브, 너는 실현 불가능한 꿈은 버리고 현실을 깨달아야 해.

delusional 망상에 사로잡힌
Get a grip. 진정해./정신차려. *cut it* 성공하다

out of touch with reality
현실과 닿지 않게 떨어진

out of touch (with)는 '연락을 하지 않는'이라는 관용표현이다. 뒤에 reality가 들어가면 현실과 연락이 안 되는 것이므로 '현실에서 떨어져 있는/현실감을 잃은'이라는 말이 된다. out of touch with the real world(진짜 세계와 동떨어진)라고도 하고, 주어로 사람뿐만 아니라 제도나 정책을 쓸 수도 있다.

He's completely **out of touch with reality.** He needs professional help.
그는 의식이 현실과 완전히 동떨어져 있어. 전문가의 도움이 필요해.

I don't endorse Senator Collins because her thinking and values are **out of touch with the real world.**
콜린스 의원의 사고나 가치관이 실제 현실과 동떨어져서 난 그녀를 지지하지 않아.

endorse ~을 지지하다 *values* (복수) 가치관

live in a fool's paradise
바보의 천국에서 살다

이 표현은 '좋지 않은 상황을 좋다고 믿다'라는 뜻으로 현실을 부정하는 맥락에서 사용한다. 바보들로 가득한 천국에서 사는 것처럼 현실을 모른다는 말이다.

You're **living in a fool's paradise** if you think you can get away with this.
이런 일을 저지르고도 무사할 거라고 생각하면 현실을 너무 모르는 거지.

get away with (잘못을 저지르고) 처벌 받지 않다

live in a dream world
꿈나라에서 살다

live in a dream world는 말 그대로 현실이 아닌 꿈나라에서 산다는 뜻이다. '비현실적이거나 불가능한 생각/희망을 갖고 있다'라는 뉘앙스로 쓴다. live in a fool's paradise보다 이 표현의 의미가 더 포괄적이다. 유사 표현으로 '허황된 꿈이나 희망을 갖다'라는 뜻의 chase rainbows(무지개를 뒤쫓다)가 있다.

If you think Jessie and I are ever going to get along, you're **living in a dream world**. We're like oil and water.
제시와 내가 언젠가 사이가 좋아질 거라고 생각한다면 꿈 깨라. 우리는 물과 기름이거든.

Will you wake up? Stop **living in a dream world**. You're hoping for a promotion you'll never get.
정신 좀 차릴래? 현실을 봐야지. 너는 절대 안 될 승진을 바라고 있는 거야.

You're so much like your brother, always **chasing rainbows**.
너도 네 오빠처럼 항상 불가능한 꿈만 꾸는 구나.

get along 사이좋게 지내다
promotion 승진

EMOTIONS HEALTH

UNIT 5

EMOTIONS
HEALTH

감정
건강

너 **기분이 좋아** 보이네.

Idiomatic

You look (as) happy as a clam.

You look like you're on cloud nine.

You look like you're walking on air.

You seem to be in a good mood.

You seem to be in high spirits.

You look like you're on top of the world.

You look like you're over the moon.

General

You look *happy*.

It looks like your *mood has improved*.

You seem *chipper* today.

▶ **happy**(행복한)는 기분이 좋아 보인다는 뜻으로 일상에서 자주 쓰는 말이다. '기분'이라는 뜻의 단어 **mood**를 활용할 수도 있다. **chipper**는 '생기 있고 발랄한/기분 좋은'이라는 뜻의 형용사다.

(as) happy as a clam
대합조개처럼 행복해 보이는

as A as B(B만큼 A한) 구문을 활용한 표현이다. 입을 벌린 대합조개를 보고 기분이 좋아서 웃고 있다고 생각한 것에서 유래했다.

As long as she has her favorite book and a bowl of ice cream, Cindy is **happy as a clam**.
신디는 자기가 좋아하는 책과 아이스크림 한 그릇만 있으면 행복한 애야.

bowl 사발/공기

on cloud nine
9번 구름을 탄

미국 기상청이 분류했던 구름의 종류 중에 9번 구름의 높이가 가장 높은 것에서 유래했다는 설이 있다. 하늘 높이 뜬 구름처럼 기분이 좋다는 뜻이다. 주로 be동사와 함께 쓰거나 float on cloud nine(9번 구름을 타고 떠 있다)이라고도 한다.

I'm a huge fan of tacos. So, I was **on cloud nine** when Baja Fresh opened a location near my house.
난 타코를 정말 좋아해. 그래서 바하 프레시가 집 근처에 생겼을 때 너무 기뻤어.

huge 엄청난

walk on air
공기 위를 걷다

한국어의 '기분이 날아갈 듯하다'와 비슷한 표현이다. 공기 중에 둥둥 떠서 허공을 걷는 것처럼 기분이 좋다는 말이다.

A You know what? Jeff just called to let me know we've closed the deal with GDR.
B Really? This is the biggest break we've had in years!
   I feel like I'm **walking on air**.

A 있잖아, 제프가 방금 전화해서 GDR과 계약을 성사시켰다고 알려 줬어.
B 정말? 우리가 몇 년 동안 잡은 것 중에 제일 큰 기회야!
   나 진짜 날아갈 것 같아.

close a deal with ~와 거래를 맺다 *break* 행운/기회

in a good mood
좋은 기분 안에

말 그대로 좋은 기분/분위기(mood) 안에 있다는 뜻이다. 반대로 안 좋은 경우에는 bad/foul/rotten을 good 자리에 넣는다. 참고로 아무 형용사 없이 in a mood라고만 해도 '기분이 안 좋다'라는 뜻이다. 전보다 기분이 나아졌다고 할 때는 in a better mood라고 한다.

A It seems like you're **in a good mood** today. What's up?
B You remember the job interview I had with APB? I got the job. They just called and want me to start next week.

A 오늘 기분이 좋아 보이네. 뭔 일 있어?
B 나 APB 사에 면접 본 거 기억나? 합격했어.
방금 전화가 왔는데 다음 주부터 출근하래.

Just because you're **in a bad mood** doesn't mean you can take it out on everyone else.
네가 기분이 안 좋다고 해서 다른 사람들에게 화풀이하면 안 되지.

take ~ out on... ~에 대해 …에게 화풀이하다

in high spirits
높은 기분 안에

spirit(정신)은 복수로 쓰면 mood처럼 '기분'이라는 뜻이 된다. 이 표현은 in good spirits라고도 한다. 참고로 in better spirits 라고 하면 전보다 기분이 더 좋다는 뜻이 된다. 반대로 기분이 안 좋을 때는 in low spirits라고 한다.

A Is Janet still in the hospital?
B Yes, she is. I just came back from visiting her, and she was **in high spirits**.

A 재닛은 아직 병원에 있나요?
B 네, 맞아요. 방금 만나고 오는 길인데, 기분이 아주 좋아 보였어요.

You seem to be **in low spirits** today.
너 오늘 기분이 안 좋아 보이네.

on top of the world
세상의 꼭대기에

세상에서 가장 높은 곳에 올라간 것으로 '행복의 절정'에 있거나 '매우 성공한' 상태를 나타내는 표현이다.

I asked my girlfriend to marry me, and she said yes. Why shouldn't I be **on top of the world**?
여자친구에게 청혼해서 승낙을 받았으니, 내가 행복하지 않을 이유가 있겠어?

over the moon
달 위를 넘는

자장가 The cow jumped over the moon(소가 달 위를 뛰어넘었다)에 나오는 가사 over the moon은 신이 난 소가 달을 뛰어넘는다는 내용이다. 거기서 나온 이 표현은 '행복해서 매우 들뜬' 상태를 뜻한다.

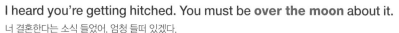

Josh will be **over the moon** when he finds out he's getting a baby brother.
남동생이 생길 거라는 걸 조쉬가 알면 엄청 기뻐하겠네.

I heard you're getting hitched. You must be **over the moon** about it.
너 결혼한다는 소식 들었어. 엄청 들떠 있겠다.

find out ~을 알아내다
get hitched (구어) 결혼하다

Get this, too!

- **psyched (up) about** 신이 난/흥분한
- **pumped up about** 풍선처럼 부풀어 기대하는/흥분한

너 기분이 좀 **우울해** 보이네.

Idiomatic

You look like you're a bit out of sorts.

You seem to be a bit in a funk.

You seem a little down in the dumps.

You seem a little down in the mouth.

Why the hangdog look?

Why the long face?

General

You seem a little *depressed*.

You look like you're a little *low*.

You seem a little *blue*.

▶ '우울한'은 depressed[sad]라고 표현할 수 있다. 구어로는 **low/down/blue**를 많이 쓴다. **low**나 **down**은 기분이 아래로 처진 상태를 뜻하고, 파란색(**blue**)은 영어권에서 우울함을 상징하는 색이다. 그래서 **have the blues**라고 하면 '우울하다'는 뜻이 된다.

out of sorts
인쇄 활자가 다 떨어진

sort는 옛날 방식의 인쇄에서 쓰는 개별 활자를 말한다. 이 표현은 활자가 다 떨어진 (out) 것으로 '기분이 안 좋거나/약간 짜증난/우울한' 상태를 나타낸 것이다. 또한 몸 상태가 안 좋다는 뜻으로도 쓴다.(p.153)

Chicken soup is my go-to comfort food when I feel out of sorts.
난 우울할 때 보통 치킨 수프를 먹으면 안정이 되더라.

go-to 필요하면 찾게 되는
comfort food 마음이 편해지는 음식

in a (blue) funk
(파란) 우울 안에

funk에는 '우울/걱정/두려움'이라는 뜻이 있다. 여기에 우울함을 뜻하는 색인 blue를 붙여 쓰기도 한다.

When I'm in a funk for no reason, I go out with my friends or exercise.
나는 아무런 이유 없이 기분이 처질 때는 친구들하고 외출하거나 운동을 해.

down in the dumps
쓰레기장 아래에

dump는 쓰레기를 버리는 곳을 뜻한다. 그 아래에 있다는 것은 기분이 쓰레기통 안에 있는 것처럼 더럽다는 뜻으로 생각하면 된다.

Jane has been down in the dumps since she broke up with Jack. Let's take her out and do something fun.
제인이 잭과 헤어진 후로 엄청 우울해하고 있어. 밖에 데리고 나가서 뭔가 재미있는 걸 하자.

down in the mouth
입이 내려간

우울할 때 입술이 아래로 처지는 것을 나타내는 말이다. 이 표현은 주로 내 감정보다는 다른 사람의 기분에 대해 말할 때 사용한다.

A I can't believe I didn't see it coming. It was so stupid of me.
B Come on. Don't be so **down in the mouth**. Things go wrong all the time. Just put it down to experience.

A 그 결과를 예상하지 못했다니 믿기지 않네. 내가 너무 바보였어.
B 에이. 그렇게 침울해 하지 마. 일이야 언제든지 잘못될 수도 있지. 좋은 경험했다고 생각하라고.

see it coming 어떤 것을 예상하다
put it down to experience 그것을 좋은 경험으로 생각하다

hangdog look
풀 죽은 강아지 표정

long face
긴 얼굴

hangdog은 눈꼬리가 처져서 우울해 보이는 개를 뜻하는데, '우울한/침울한/풀 죽은 (표정)'이라는 뜻의 형용사나 명사로 쓴다. 따라서 Why the hangdog look?은 '왜 그렇게 풀 죽은 표정이야?'라는 뜻이다. look 대신에 expression(표정)을 쓰기도 한다. 같은 맥락에서 우울하거나 실망하면 턱이 내려가서 얼굴이 길어진다는 의미로 long face(우울한 얼굴)라는 표현도 쓴다. 이 표현은 거의 '표정이 왜 그렇게 안 좋아?'라는 의미로 Why the long face? 또는 What's with the long face?라는 문장으로 쓴다.

Don't give me that **hangdog expression**.
그렇게 풀 죽은 표정 하지 마.

What's with the **long face**? I thought you'd be happy.
얼굴이 왜 그렇게 죽상이야? 난 네가 좋아할 줄 알았는데.

내가 좋아하는 소스가 다 나가서 **실망했어.**

Idiomatic

I was bummed out (that) they were out of my favorite sauce.

I felt let down because they were out of my favorite sauce.

General

I was *disappointed* (that) they were out of my favorite sauce.

(Much) to my disappointment, they were out of my favorite sauce.

▶ disappointed(실망한)는 구어에서 unhappy(못마땅한)나 upset(낙담한)으로도 바꿔 말할 수 있다. 실망한 이유에 대해서는 I'm disappointed that[because] 형태로 설명하거나 I'm disappointed by 뒤에 명사를 넣어서 말하면 된다. 또는 disappointment라는 명사를 써서 to my disappointment(실망스럽게도)와 같이 부사구를 만들어 문장 앞에 붙일 수도 있다. much는 강조하는 말이다. 비슷한 구문으로 to my dismay(안타깝게도/실망스럽게도)와 to my surprise(놀랍게도)가 있다.

bummed out
실망스러운 일을 당한

bum은 '게으름뱅이/빈둥거리는 놈팡이'라는 뜻이다. 영국에서는 '엉덩이'란 의미로도 쓴다. 어쨌든 이 단어는 불쾌한 것과 관련이 있다. 그래서 bummed out이라고 하면 '불쾌한/실망스러운 일을 당해 기분이 상한' 상태를 일컫는다. 명사로는 bummer(실망스러운 일)라고 하는데, 이를 활용하면 표제문은 It was a bummer they were out of my favorite sauce.가 된다.

The last time I went there, I was bummed out (that) they no longer serve the chicken noodle soup.
지난번에 그 식당에 갔을 때 더 이상 닭 국수를 팔지 않아 실망했어.

The lettuce in my burger was pretty old-looking, which was a bummer.
내 햄버거 안에 든 양상추가 너무 오래된 것처럼 보여서 실망스러웠다.

serve (음식)을 내다 *lettuce* 양상추

let ~ down
~을 내려놓다

이 표현은 관용적으로 '~를 실망시키다'라는 뜻으로 쓴다. 기대감에 부풀어 공중에 붕 떠 있는 사람을 바닥에 내려놓는 것처럼 실망시킨다는 의미다. 표제문처럼 feel let down 수동태로도 자주 쓴다. 명사 letdown은 '실망시키는 것/사람'을 의미한다.

If I let you down, I'm sorry.
제가 실망을 드렸다면 죄송합니다.

The hotel was nice, but breakfast was a major letdown.
호텔은 좋았는데 아침 식사는 아주 실망스러웠다.

major 중대한

그는 **버럭 화를 냈다.**

Idiomatic

He threw a (hissy) fit.

He blew up.

He blew a gasket.

He hit the roof.

He went berserk.

He flipped out.

He lost it.

He went off the deep end.

He flew off the handle.

General

He *got very angry*.

He *lost his temper*.

He *snapped*.

▶ **get very angry**(매우 화를 내다)는 **lose one's temper**(성질을 부리다)라고 바꿔 말할 수 있다. **snap**(부러지다)은 버럭 화내는 것을 나뭇가지가 '딱' 소리를 내며 부러지는 것에 비유한 표현이다.

throw a (hissy) fit

(씩씩거리며) 분노를 던지다

fit은 '발작하듯 화를 내는 것/분노'라는 뜻이다. throw 자리에 have를 써도 된다. 최근에는 hissy fit(씩씩거리며 발끈함)이라는 표현도 많이 쓴다.

A If he finds out about this, he's going to **throw a hissy fit**.

B That's why I want you to not tell him. He does crazy things when he loses his temper.

A 그가 이 사실을 알면 노발대발할 텐데.

B 그러니까 그 사람에게 말하지 말라는 거야. 그 사람은 화가 나면 미친 짓을 하거든.

blow up

터지다

말 그대로 폭탄 등이 '터지다/폭발하다'라는 뜻인데 사람이 화를 버럭 낸다는 것을 표현할 때도 사용한다.

A What happened between you and Steve?
He seems very upset with you.

B It's my fault. We had an argument yesterday.
I **blew up** and said some hurtful things to him.

A 너하고 스티브 사이에 무슨 일이 있었어?
걔가 너한테 엄청 언짢아 보이던데.

B 내 잘못이야. 어제 말다툼하다 내가 폭발해서 걔한테 심한 말을 했거든.

argument 말다툼 *hurtful* 상처를 주는

blow a gasket

자동차 개스킷을 날려 버리다

gasket은 가스나 기름 등이 새어 나오지 않도록 자동차 엔진의 접합부 이음새를 메우는 부품이다. 이 부품을 날려 버리면 가스나 기름이 흘러 나와서 차가 폭발할 것이다. 그렇게 폭발하는 것처럼 '화를 낸다'는 뜻을 나타낸 표현이다.

Heather is going to **blow a gasket** when she finds out you've been lying to her.

당신이 헤더에게 거짓말을 해 왔다는 것을 그녀가 알게 되면 노발대발할 거야.

hit the roof
지붕을 때리다

머리가 지붕(roof)에 부딪힐 정도로 펄쩍 뛰며 화를 내는 것을 나타낸 표현이다. roof 를 ceiling(천장)으로 바꿔도 좋다.

The boss is going to hit the roof when he hears we've lost the Straud account.
우리가 스트라우드 사와의 계약을 날린 걸 사장님이 알면 노발대발하실 텐데.

account 거래 계약

go berserk
화가 나서 날뛰다

go ballistic
미사일 탄도처럼 날아가다

go berserk은 화를 터뜨리거나 홧김에 폭력적인 행동을 하는 것을 뜻한다. ballistic missile은 '탄도 미사일'이란 뜻인데, go ballistic이라고 하면 마치 미사일이 날아가듯 화를 버럭 낸 다는 말이 된다.

Jim went berserk and threw a wild punch at him.
짐이 화를 버럭 내며 그에게 마구잡이로 주먹을 날렸다.

He went ballistic and did something dumb. And now it backfired.
그가 화를 참지 못하고 바보 같은 행동을 했어. 그게 역효과를 낳은 거지.

wild 아무렇게나 날린
backfire 역효과를 내다

flip out
밖으로 뒤집어지다

flip은 '뒤집어지다'라는 뜻이다. 그래서 flip out(밖으로 뒤집어지다)은 발작적으로 화를 내거나 흥분하는 것을 표현한다.

The customer flipped out and started screaming like a crazy person, threatening to sue us.
그 고객이 갑자기 이성을 잃더니 미친 사람처럼 소리를 지르며 우리를 고소하겠다고 협박했다.

sue 고소하다

lose it
그것을 잃다

여기서 it은 '침착성/이성'을 뜻한다. 따라서 lose it은 더 이상 참지 못하고 화를 터뜨리거나 이성을 잃는 것을 뜻한다. 구어에서 아주 자주 쓰는 표현이다.

I finally lost it and demanded my money back.
나는 더 이상 참지 못하고 화를 내며 환불을 요구했다.

demand ~을 요구하다

go off the deep end
깊은 곳에서 들어가다

deep end는 수영장에서 수심이 가장 깊은 지점을 말한다. 이 표현은 그 지점에서 물에 뛰어드는 것으로 '매우 화가 나거나 충격적인 일을 당해 이성/자제심을 잃은 상태'를 나타낸다.

I've seen him angry before, but I've never seen him go off the deep end like that.
그가 화를 내는 건 전에도 봤지만 그렇게 노발대발하는 것은 본 적이 없어요.

After the divorce, John went off the deep end and started drinking heavily.
이혼 후에 존은 이성을 잃고 폭음을 하기 시작했어.

fly off the handle
핸들을 놓고 날아가다

off는 '~에서 떨어져'라는 뜻이 있다. 핸들을 놓고(off) 날아간다는(fly) 것은 다시 말해 자제력을 잃고 크게 화를 내는 상황을 일컫는다.

I want to apologize for flying off the handle yesterday. I don't know what came over me.
내가 어제 버럭 화낸 거 사과할게. 내가 왜 그랬는지 모르겠어.

come over (감정이) ~를 덮치다

저 소음 때문에 **짜증나**.

Idiomatic

The noise is driving **me** nuts.

The noise is driving **me** up the wall.

The noise is getting on my nerves.

The noise is getting under my skin.

General

The noise is *irritating*.

The noise is *annoying* **me**.

The noise is *bothering* **me**.

The noise *makes* **me** *crazy*.

> ▶ irritating은 '짜증나는'을 뜻하는 동의어 annoying으로 바꿔도 된다. 참고로 annoying이 짜증의 정도가 더 심하다. irritate와 annoy를 동사로 써서 The noise is irritating[annoying] me.처럼 말해도 된다. 또 bother(~를 귀찮게 하다)와 make ~ crazy(~를 미치게 만들다)도 '~를 짜증나게 하다'라는 뜻으로 쓸 수 있다.

drive ~ nuts
~를 미치게 몰고 가다

nuts는 '미친'이란 뜻의 형용사로, crazy나 insane과 바꿔 쓸 수 있다. 단, nuts는 구어에서만 사용한다. 여기서 drive는 '~을 어떠한 상태로 몰고 가다'라는 의미다.

A Sorry to keep you waiting. So, what can I do for you?

B I bought my car from here three months ago, and I hear a rattling sound in the passenger door, which is **driving** me **nuts.**

A 기다리게 해서 죄송합니다. 자, 어떻게 오셨나요?

B 여기서 세 달 전에 차를 샀는데요, 조수석 문에서 달그락 소리가 나는 게 너무 신경 쓰여요.

rattle 덜거덕거리다

drive ~ up the wall
~를 벽 위로 몰고 가다

벽을 타고 올라가고 싶을 정도로 누군가를 짜증나게 한다는 말이다.

Two people were chatting with each other right behind me, and it **drove** me **up the wall.**

두 사람이 내 바로 뒤에서 수다를 떨어서 엄청 짜증났어.

chat with ~와 수다를 떨다

get on *someone's* nerves
신경 위에 올라가다

무언가가 신경 조직(nerves) 위에 올라간다는 말은 곧 '신경을 건드리다/짜증나게 하다'라는 뜻이다.

A You keep making excuses for her, and it's starting to **get on my nerves.** Why do you keep sticking up for her?

B Because she's our daughter. Parents are supposed to protect their children no matter what others say about them.

A 당신이 자꾸 그 애 행동을 변명해 주는데, 이제 짜증나기 시작하네.
    왜 자꾸 아이 편을 드는 거야?

B 우리 딸이니까 그렇지. 부모는 자기 자식을 보호해야 하잖아.
    남들이 아이에 대해 뭐라고 하든지 말이야.

make excuses for ~ 대신에 변명하다
stick up for ~를 옹호하다

get under *someone's* skin
피부 밑으로 들어가다

피부 밑에 뭔가 들어갔다고 상상하는 것만으로도 벌써 신경이 쓰이고 짜증이 난다.
get under someone's skin은 그런 감정을 잘 나타낸 표현이다.

A   Are you trying to **get under my skin**?
    Are you deliberately trying to provoke me into an argument?
B   Of course, not. I don't know where you got that impression.

A   지금 내 신경을 건드리려는 거야? 일부러 나를 자극해서 싸우려고?
B   당연히 아니지. 왜 그렇게 느꼈는지 모르겠네.

deliberately 의도적으로
provoke ~ into... ~을 자극해서 …하게 하다
impression 느낌

짜증나~!

Get this, too!

▸ **be getting to ~** ~의 신경에 거슬리다/짜증나게 하다

▸ **rub ~ the wrong way** ~의 비위를 거스르다/짜증나게 하다

저는 청문회를 앞두고 **불안했습니다.**

Idiomatic

I was **on edge** about the hearing.

I was **a bundle of nerves** before the hearing.

I was **sweating bullets** before the hearing.

I was **on pins and needles** about the hearing.

General

I was *nervous* about the upcoming hearing.

I was *jittery* about the hearing.

I was *anxious* thinking of the hearing.

▶ 긴장하고 초조한 상태를 나타내는 영어 단어는 **nervous**다. 구어에서는 **jittery**(긴장한/불안한/초초한)나 **anxious**(불안한/염려하는)도 쓴다. 또 **worried sick**(매우 걱정하는) 역시 너무 걱정을 해서 불안/초조한 상태를 표현한다.

on edge
가장자리 위에

의자 끝에 걸터앉아 초조해하는 모습이 연상되는 표현이다. 자주 쓰는 표현이니 꼭 알아두자. 무엇에 대하여 초조한지 설명하려면 뒤에 about을 붙인다.

A Jessica, I'm a little **on edge** about the deal with Cadmon.

B What's bothering you? You know, we're near closing the deal.

A 제시카, 저는 캐드먼 사와의 거래에 좀 우려되는 점이 있어요.

B 무슨 문제인가요? 계약이 거의 성사 단계인 건 아시죠.

near –ing 거의 ~할 단계인 *close a deal* 계약을 맺다

a bundle of nerves
신경 한 묶음

nerve(신경)를 복수로 쓰면 '신경과민/불안감/초조함'이라는 뜻이 된다. 이런 불안감이 한 다발(bundle)이나 된다는 비유적인 표현이다.

Eric is **a bundle of nerves** about going to a new school.

에릭은 새 학교에 가는 것에 대해 아주 불안해한다.

sweat bullets
총알처럼 땀을 흘리다

초조하고 불안하면 땀을 흘리게 되는데 그 땀이 총알처럼 보이는 것에서 유래한 표현이다. 초조하다는 의미 없이 그냥 땀을 많이 흘리는 것을 묘사할 때도 쓴다.

I was **sweating bullets** while I waited for my test results.

나는 검사 결과를 기다리는 동안 너무 불안했다.

on pins and needles
핀과 바늘 위에

따끔거리는 핀과 바늘 위에 있는 것처럼 불안하다는 뜻이다. '가시방석'과 유사한 표현이다.

I was **on pins and needles** about using their service because of some bad reviews. But it turned out to be the opposite.

안 좋은 후기 때문에 그곳을 이용하는 게 불안했다. 그런데 경험해 보니 그 반대였다.

turn out to 해 보니 결국 ~하다 *opposite* 반대

나 무서워.

Idiomatic

I'm scared to death.

I'm scared out of my mind.

I'm shaking like a leaf.

General

I'm *afraid*.

I'm *scared*.

I'm *frightened*.

▶ '무서워하는'을 표현하는 형용사 afraid/scared/frightened는 순서대로 무서워하는 강도가 높아진다. 참고로 'A가 B를 무섭게 하다'는 scare와 frighten을 동사로 써서 A scare [frighten] B로 표현한다.

scared to death
죽을 정도로 무서운

한국어와 비슷하게 영어에서도 어떤 상태를 강조할 때 to death(죽을 정도로)를 자주 쓴다. 가령, 너무 추우면 I'm freezing to death.(추워 죽겠어.)라고 하고, 너무 배가 고프면 I'm starving to death.(배고파 죽겠어.)라고 한다. 그래서 scared to death 는 '무서워 죽을 것 같은'이라는 뜻이다. '무엇'이 무서운지 말할 때는 scared (to death) of처럼 전치사 of를 붙인다.

I'm **scared to death** of needles. So, I'm not very open to the idea of acupuncture.
나는 바늘이 죽도록 무서워서 침은 그다지 맞고 싶지 않아.

open to ~하는 데 개방적인 *acupuncture* 침술

scared out of *one's* mind
정신이 밖으로 나갈 만큼 두려운

mind는 '정신'을 의미한다. 같은 의미로 wits를 써도 된다. 정신이 밖으로 뛰어나갈 정도로 무섭다는 재미있는 표현이다.

That was my first time bungee-jumping, and I was **scared out of my mind**.
그때 처음 번지 점프를 해 봤는데, 무서워서 정신이 혼미했어.

shake like a leaf
나뭇잎처럼 떨다

shake는 '몸을 떨다'라는 말인데 나뭇잎이 팔랑대는 것처럼 무서워서 떤다는 말이다.

A I was amazed how laid back you looked on stage.
B Are you kidding? I was **shaking like a leaf**.

A 너 무대에서 여유로운 거 보고 놀랐어.
B 뭔 소리야? 나 엄청나게 떨고 있었어.

amazed 깜짝 놀란
laid back 느긋한

그 사람이 **질투해서** 그러는 거야.

Idiomatic

He's just green with envy.

He's just eaten up with jealousy.

That's just sour grapes.

General

He's just being *jealous*.

He's just being *envious*.

▶ '시기하는/질투하는'은 영어로 **jealous**나 **envious**로 표현한다. 시기하는 대상을 말하려면 뒤에 **of**를 붙여서 **jealous[envious] of**라고 한다. 그래서 '난 당신이 부럽다'는 **I'm jealous [envious] of you.**가 된다.
참고로 **being**은 '지금' 질투가 난 상태라는 것을 표현한다.

green with envy
질투심에 얼굴이 녹색이 된

영어권에서는 질투나 시기를 하면 얼굴이 초록색이 된다고 생각한다. 질투의 대상은 envy 뒤에 전치사 over를 붙여서 설명한다. green 대신에 sick을 써서 sick with envy(질투심에 병이 날 정도인)라고도 한다.

A You're just **green with envy** over his success.
B No, I'm not. Don't twist things around like that.

A 넌 그냥 그 사람의 성공에 질투하는 거야.
B 그런 거 아니야. 그런 식으로 왜곡하지 마.

twist ~ around ~을 왜곡하다

eaten up with jealousy
질투심에 먹힌

eat ~ up(~을 다 먹다)의 수동태인 eaten up은 '다 먹힌'이라는 뜻이다. 이 표현은 온 몸이 질투심에 먹혀버렸다는 말이다. The car is eaten up with rust.(그 차는 녹이 잔뜩 슬었다.)처럼 질투 말고 다른 것도 넣어서 쓴다.

You sound like you're **eaten up with jealousy,** and it's such a negative emotion.
너 지금 질투심이 가득 찬 것처럼 말하는데, 그건 너무 부정적인 감정이야.

sour grapes
신 포도

포도를 따지 못한 여우가 '어차피 시고 맛없는 포도일 거야'라고 생각하며 위안 삼았다는 이솝 이야기에서 유래한 표현이다. 사실은 부러우면서 겉으로는 안 그런 척 하는 것을 말한다.

That sounds like **sour grapes.**
그건 시기심 때문인 것처럼 들리는데.

Talk about **sour grapes.** You've got to learn how to be a good loser.
시기심도 참 대단하다. 깨끗하게 패배를 인정하는 법을 좀 배워라.

Talk about ~도 참 대단하네

네가 나를 **원망하는** 거 알아.

Idiomatic

I know you're holding a grudge **against me.**

I know you're holding something **against me.**

I know you have it in for **me.**

General

I know you *resent* **me.**

I know you're *miffed* **at me.**

I know you're *peeved* **at me.**

▶ **resent**는 '～를 원망하다/～에게 원한이 있다'라는 뜻이다. 원망하는 이유를 말할 때는 뒤에 **for**를 붙인다. 예를 들어 '나는 진실을 숨긴 그 사람을 원망한다'는 **I resent him for keeping the truth from me.**라고 한다. 더 구어적으로 '원망'을 표현하자면 **miffed**나 **peeved** 같은 형용사를 써도 좋다. 원망하는 대상을 말할 때는 뒤에 전치사 **at/with**를 붙이고, 이유는 **for**를 붙인다.

hold a grudge
원한을 쥐고 있다

grudge는 '원한'이란 뜻으로, 이 표현은 손에 원한을 쥐고 있다는 말이다. 어떤 일에 대한 원한인지 설명하려면 뒤에 for를 붙이고, 원망하는 대상을 말하려면 뒤에 against를 붙인다. 일반적인 의미로 말할 때는 hold grudges와 같이 복수로 쓴다.

You're still holding a grudge against Mario for leaving you.
당신은 마리오가 당신을 떠난 것에 아직도 앙심을 품고 있어요.

Life's too short to hold grudges.
남을 원망하고 살기에는 인생이 너무 짧다.

hold ~ against…
…에 대해 ~을 쥐고 있다

이 표현은 위에 나온 hold a grudge와 비슷하지만, a grudge 자리에 다른 것을 쓴다는 점이 다르다. 보통은 앞에 나온 상황을 it으로 받아서 hold it against(~에 대하여 그것을 갖고 있다)처럼 표현한다. 전치사 against에는 원한을 갖거나 대항하는 상대를 가리키는 뉘앙스가 담겨 있다.

A How can you do this to me? You sabotaged my business.
B Hey, don't get so worked up. It's only business, nothing personal.
  I hope you don't **hold** it **against** me.

A 네가 어떻게 나에게 이럴 수 있어? 내 사업을 방해하다니.
B 이봐, 너무 흥분하지 마. 이건 일일 뿐이지 사적인 게 아니야.
  이 일로 나를 원망하지 않기를 바란다.

sabotage 방해하다 *worked up* 흥분한

have it in for ~
~에 대하여 그것을 안에 갖고 있다

여기서 it은 마음에 품은(in) 앙심을 의미한다. 그래서 이 표현은 '원한/앙심을 품고 트집을 잡거나 해치려 하다'라는 뜻으로 쓴다.

Your ex-husband has it in for me, and he's out to destroy me.
당신 전 남편이 나한테 앙심을 품고 나를 망하게 하려고 벼르고 있어.

be out to ~하려고 벼르다

너 **몸 상태가 좋아** 보인다.

Idiomatic

You look like you're **in good shape.**

You look like you're **in top form.**

You look **fit as a fiddle.**

You're looking **right as rain.**

You are (all) **bright-eyed and bushy-tailed.**

General

You look *healthy*.

You look *fit*.

You look like you're *in good health*.

▶ healthy는 '몸 상태가 좋은'이라는 뜻이다. 유사 표현인 **fit** 역시 '건강한/몸 상태가 좋은'이라는 뜻인데 이 단어도 자주 쓴다. 또는 **in good health**(건강한)라고 할 수도 있다.

in good shape
좋은 형태인

shape는 '사람의 체력/건강/좋은 몸매/물건의 상태'를 나타낸다. good을 생략하고 in shape라고만 해도 같은 뜻이다. 그래서 '좋은 몸매나 체력을 유지하다'는 stay[keep] in shape라고 한다. stay[keep] fit도 같은 의미다. 반대로 건강이 안 좋거나 몸매가 망가진 경우에는 not in good shape 또는 out of shape라고 한다. 파생 표현으로 병이 난 후에 '체력을 회복하다/키우다'라는 뜻의 get back into shape가 있다.

A　She eats all kinds of junk food like the rest of us, but she still manages to stay **in good shape**.

B　I guess some people are just born with good genes.

A　그 사람은 우리처럼 온갖 몸에 안 좋은 음식을 먹는데도 몸매를 잘 유지하더라.

B　좋은 유전자를 갖고 태어나는 사람이 있는 것 같아.

gene 유전자

in top form
최고의 형태인

말 그대로 건강 또는 컨디션이 매우 좋다는 뜻이다. 사람뿐만 아니라 자동차/기업 등의 상태가 좋다는 뜻으로도 쓴다. 운동 경기에서 He was in top form today.(그는 오늘 최고의 경기력을 보여줬습니다.)라는 해설을 자주 들을 수 있다.

The doctor says the tumor is gone. You're well on your way to being back in top form.

의사 선생님이 그러는데 종양이 없어졌대요. 이 상태로 가면 다시 완전히 건강을 회복할 수 있어요.

Bill is a formidable boxer. You have to be in top form if you want to beat him.

빌은 강한 권투 선수야. 그를 이기려면 너도 최상의 컨디션이어야 해.

be well on one's way to ~를 향해 순조롭게 가는
formidable 강력한　*beat* ~를 이기다

fit as a fiddle
바이올린처럼 건강한

바이올린은 violin이나 fiddle이라고 한다. 허리가 들어가 군살이 없어 보이는 바이올린을 건강의 상징으로 비유한 표현이다. 몸매와는 상관없이 '매우 건강한'이라는 의미로 쓴다.

My father had a stroke a few months ago, but he's fit as a fiddle now.
아버지가 몇 달 전에 뇌졸중으로 쓰러지셨지만 지금은 아주 건강하세요.

stroke 뇌졸중

right as rain
비처럼 옳은

비가 많이 오는 영국에서는 오히려 비가 내리는 게 '정상적인 상태'를 의미한다. 이 표현은 그런 인식에서 유래했다는 설이 있다. 건강뿐 아니라 Everything's right as rain.(모든 일이 다 잘되고 있다.)처럼 상황을 표현할 수도 있다.

Just be sure to drink lots of fluids and rest, and you'll be feeling right as rain in no time.
수분을 많이 섭취하고 휴식을 취하면, 금방 몸이 괜찮아질 겁니다.

fluid 액체/수분 *rest* 쉬다
in no time 곧바로

(all) bright-eyed and bushy-tailed
밝은 눈과 털이 많은 꼬리를 가진

부지런하고 활동량이 많은 다람쥐의 반짝이는 눈과 복슬복슬한 꼬리를 보면 몸 상태가 가뿐한 느낌을 받는다. 거기서 나온 표현으로 건강 상태보다는 '활기찬' 느낌을 표현한다. 잠을 푹 자고 일어났을 때의 상쾌한 느낌을 생각해 보자.

I've had such a good night's sleep I feel all bright-eyed and bushy-tailed.
밤에 잠을 푹 자서 기분이 아주 상쾌하고 좋다.

나 **몸 상태가 안 좋아.**

Idiomatic

I'm feeling under the weather.

I'm not feeling (like) myself.

I'm sick as a dog.

General

I'm *not well*.

I'm *not feeling well*.

I'm *sick*.

I *feel ill*.

▶ '몸이 안 좋다'는 영어로 **I'm not well.**이나 **I'm not feeling well.** 또는 **I don't feel well.**이라고 해도 좋다. 구어에서는 **I feel rotten[miserable].**이나 **I'm sick[ill].** 또는 **I feel sick[ill].**이라고도 한다.
위에 나온 관용표현 외에 **p.131**에 나왔던 **out of sorts**도 몸이 안 좋다는 뜻을 가지고 있다. **I've been out of sorts for days. I'm coming down with a cold or something.**(나 며칠째 몸 상태가 안 좋아. 감기인지 뭔지 걸리려는 것 같아.)처럼 쓴다.

under the weather
날씨 아래에

날씨가 안 좋을 때 몸 상태가 안 좋은 선원을 갑판 아래로 내려 보내던 관습에서 유래된 표현이다. 몸 상태가 안 좋을 때뿐만 아니라 기분이 우울한 상태를 묘사할 수도 있다. 거의 be동사나 동사 feel과 함께 쓴다.

A I've been trying to get a hold of Bill, but he isn't in his office,
   nor is he answering his phone.
B He took the afternoon off. He was feeling a little **under the weather**.

A 빌하고 연락하려고 하는데 사무실에 없고 전화도 안 받네요.
B 오후 반차 냈어요. 몸 상태가 좀 안 좋대요.

get (a) hold of ~와 연락하다 *take ~ off* ~만큼 쉬다

not feel (like) *oneself*
자기 자신처럼 느껴지지 않다

내 몸이 내 몸 같지 않다는 것은 '몸이 정상 컨디션이 아니다'라는 뜻이다. 신체에 대한 것뿐 아니라 정신적으로 안 좋은 상태를 의미하기도 한다. 이런 상태에서 벗어나 다시 컨디션을 회복하는 것은 feel myself again이라고 한다.

I'm **not feeling myself** today. I need to go home and lie down.
나 오늘 몸 상태가 안 좋아서, 집에 가서 좀 누워야겠어.

sick as a dog
개처럼 아픈

한국어와 마찬가지로 영어에서도 개는 부정적인 표현에 자주 등장한다. 과거에는 개를 고양이, 쥐와 함께 전염병을 퍼뜨리는 동물이라고 생각했기 때문이다. 그래서 이 표현은 '몸 상태가 안 좋은'이라는 뜻으로 쓴다.

A Tonight's my treat. Let's get wasted.
B I'll just have one glass of wine. The last time I went on a bender,
   I felt **sick as a dog** for a week.

A 오늘은 내가 살게. 맘껏 취해 보자.
B 난 그냥 와인 한 잔만 마실래. 지난번에 진탕 마셨다가 일주일 동안 몸이 안 좋았어.

treat 대접 *wasted* 술에 매우 취한
go on a bender 술을 많이 마시다

나 **너무 피곤해.**

Idiomatic

I'm wiped out.

I'm worn out.

I'm pooped (out).

I'm tuckered out.

I'm dead on my feet.

I'm burned out.

General

I'm *very tired (out)*.

I'm *exhausted*.

I'm *drained*.

I'm *beat*.

▶ '피곤한'을 나타내는 영어 단어는 **tired**다. 뒤에 **out**을 붙이면 피곤하다는 뜻이 더 강조된다. **dog-tired/bone-tired/super-tired**와 같이 앞에 강조하는 단어를 붙여서 '너무 지친'을 표현하기도 한다. **exhausted**도 '매우 지친/기진맥진한'이란 뜻이다. **drained**는 주로 정신적으로 지쳤다는 뜻인데, 앞에 **physically**(육체적으로)/**mentally**(정신적으로) 등을 붙여 쓰기도 한다. **beat** 또는 **bushed**는 '매우 지친'이란 뜻의 속어다. **beat** 외의 표현은 **feel**과 함께 쓸 수도 있다.

wiped out
완전히 쑥대밭이 된

wipe(쓸다)에 out을 붙인 wipe ~ out은 '~을 완전히 쓸어버리다/파괴하다'라는 뜻이다. 이 표현의 수동태인 wiped out은 마치 몸이 쑥대밭이 된 것처럼 피곤하고 힘든 상태를 표현한다.

I'm wiped out. Let's call it a night.
지쳐서 더 이상 못하겠어. 오늘은 그만 끝내자.

call it a night 오늘 저녁에는 여기까지 하다

worn out
완전히 닳아 없어진

wear ~ out(~을 닳아 없어지게 하다)의 수동태인 worn out은 몸이 닳아 없어진 것처럼 맥없이 피곤하다는 뜻이다. 낡아서 너덜너덜해진 등산화를 생각해 보자. 이 표현은 A wear B out(A 때문에 B가 녹초가 되다) 형태로도 사용할 수 있다.

After a day of hiking, we were too worn out to go looking for a restaurant, so we just ordered room service.
하루 종일 하이킹을 하고 나니 식당을 찾으러 나가기 너무 피곤해서 룸서비스를 시켰다.

We had a blast at the park, and it wore us out.
우리는 공원에서 신나게 놀았고, 그 덕에 녹초가 되었다.

have a blast 신나게 놀다

pooped (out)
뻥을 정도로 지친

이 표현은 poop이라는 발음 때문에 '뿍하고 꺼진'으로 기억하면 좋다. 실제로 poop out은 옛날 영어에서 '고장 나다/무너지다'라는 뜻으로 썼다고 한다. 참고로 poop은 구어에서 '대변; 대변을 보다'라는 뜻으로도 많이 쓴다.

A **Betsy and I are going out on the town. You want to come along?**
B **No. I'm totally pooped. I think I'm going to stay in and catch up on sleep.**

A 나 벳시랑 시내에 놀러 나가는데. 너도 같이 갈래?
B 아니, 나 너무 피곤해. 집에 있으면서 밀린 잠이나 잘래.

out on the town 번화가에서 노는 *stay in* 집에 있다
catch up on (밀린) ~을 하다

tuckered out

두들겨 맞은 것처럼 지친

tucker는 '고문하다'라는 어원을 가지고 있는데 옷감을 두들기고 밟아서 부드럽게 하는 직업을 가진 사람들의 이름으로 썼다고 한다. 여기에서 유래된 tucker ~ out은 '(두들기듯) 녹초가 되게 하다'라는 뜻으로 발전했다. tuckered out은 이 표현의 수동태로 '녹초가 된'이라는 뜻이다.

We were all tuckered out from a day of skiing.

하루 종일 스키를 타느라 다들 녹초가 되었다.

all 매우

dead on *one's* feet

선 채로 죽은

on one's feet은 '서 있는'이란 뜻으로 I've been on my feet all day.(하루 종일 서 있었다.)처럼 쓴다. 그래서 dead on one's feet은 '서 있는 상태에서 죽은/서 있을 힘도 없을 정도로 지친'이라는 의미다.

A I'm **dead on my feet**. Why don't we call it a day?
B Yes, let's do that. I'm ready to drop, too.

A 난 더 이상 서 있기도 힘들 정도로 피곤해. 오늘은 그만할까?
B 그래, 그러자. 나도 거의 쓰러질 지경이야.

call it a day 하루 일과를 끝내다
ready to drop 쓰러질 준비가 된 정도로 피곤한

burned out

다 타버린

최근에 많이 쓰는 '번 아웃'이라는 단어가 바로 이 표현이다. 주로 정신적 스트레스를 받아 피곤하고 지친 상태를 표현한다. 성냥불이 활활 타다 꺼져서 연기만 나는 상태라고 할 수 있다.

I was burned out and run down. So, I decided to give the meditation camp a try.

나는 정신적으로 지쳤고 몸도 힘들어. 그래서 그 명상원에 한번 가 보기로 했어.

run down 몸이 피곤한 *give ~ a try* ~을 한번 해 보다
meditation 명상

그는 **매우 위중한 상태야.**

Idiomatic

His life is hanging by a thread.

His life is hanging in the balance.

He's touch-and-go.

General

He's _in critical condition_.

He's _fighting for his life_.

His life is _in danger_.

▶ '생명이 위독한 상태'는 영어로 **in critical condition**이라고 한다. 구어에서는 **fight for one's life**(자신의 생명을 위해 싸우다)라는 표현도 쓴다. **in danger**는 말 그대로 위험하다는 뜻이기 때문에 상황에 따라 '위독한/위협을 느끼는' 등 여러 의미로 해석할 수 있다. 여기에 나온 관용표현도 생명뿐 아니라 상황/미래/운명/관계 등 다양한 것이 위태롭다는 뜻으로 쓸 수 있다.

hang by a thread
실 하나에 매달리다

언제라도 끊어질 수 있는 실 하나에 매달려 있다는 것은 '매우 위험한 상태'를 말한다. '풍전등화'와 비슷한 표현이다.

Josh has been in a crash and is now in the hospital, hanging by a thread.

조쉬가 교통사고를 당해 병원에 있는데 위독하다.

hang in the balance
평형 상태에 매달리다

'균형/평형 상태'는 자칫하면 한쪽으로 기울 수도 있다. 그래서 이 표현은 기울어질 수도 있을 만큼 '위태롭다/(앞날이) 불투명하다'라는 의미다.

With my marriage falling apart and my career hanging in the balance, I feel like I've really hit rock bottom.

결혼 생활은 엉망이고 직장도 위태롭고 진짜 인생 밑바닥에 떨어진 기분이야.

fall apart 무너지다 *hit rock bottom* 바닥을 찍다

touch-and-go
닿았다가 가는

비행기가 활주로에 착륙했다가(touch) 다시 이륙하는(go) 아주 '위험한 상황'을 묘사한 표현이다.

A How did your mother's surgery go?
B It was **touch-and-go**, but she pulled through.

A 어머니 수술은 어떻게 됐어?
B 위급한 상황이었는데, 어머니가 잘 이겨내셨어.

pull through 고비를 넘기다/이겨내다

Get this, too!

- **slip away** 수명이 다해가다
- **not long for this world** 살날이 길지 않은
- **at death's door** 죽음의 문 앞에 있는
- **have one foot in the grave** 무덤에 발 하나를 들여 놓고 있다

그녀는 **위독한 상태를 넘겼다.**

Idiomatic

She's out of the woods.

She's pulled through.

She's turned the corner.

General

She's *out of critical condition*.

She's *out of danger*.

▶환자가 위독한 상태를 넘겼다고 할 때는 **out of critical condition**(위독한 상태 밖으로 나온)이라고 한다. 주어가 환자라면 **out of danger**(위험한 상황에서 벗어난)도 위독한 상태를 벗어났다는 뜻으로 쓸 수 있다.
관용표현은 건강이 위독한 상태뿐 아니라 일반적인 위기 상황에서 빠져나왔다는 뜻이므로 주어와 맥락에 따라 자연스럽게 해석하면 된다.

out of the woods
숲에서 나온

숲속에서 길을 잃고 헤매다가 간신히 빠져나오는 것을 '어려움이나 위험에서 벗어난' 것에 비유한 표현이다. 가령, '우리는 아직 (재정) 위기를 벗어나지 못했다'는 We're not out of the woods, yet.이라고 한다. 이 표현은 여러 상황에 쓸 수 있기 때문에 문맥에 따라 자연스럽게 해석하면 된다. 주어가 환자일 경우 '위독한 상태를 벗어난' 이라는 뜻이다.

His heart function is improving. So, it's safe to say he's **out of the woods** now.
그분의 심장 기능이 좋아지고 있습니다. 고비는 넘겼다고 해도 좋을 것 같네요.

it's safe to say (that) ~라고 해도 좋다

pull through (~)
(~을) 통과해 빠져나오다

이 표현은 주어가 자신의 몸을 스스로 끌어당겨서(pull) 뭔가를 통과한다는(through) 뜻이다. '위독한 상태를 통과해 나오다/위험을 이겨내다'라고 생각하면 된다.

A How is he? Do you think he'll make it?
B He **pulled through** before. He'll make it this time, too.

A 이 사람 상태가 어때요? 살 수 있을까요?
B 전에도 이겨냈잖아요. 이번에도 버텨낼 겁니다.

make it 살아남다/버텨내다

turn the corner
코너를 돌다

코너를 돌아 다른 방향으로 간다는 것으로 '최악의 상황에서 벗어나 회복하기 시작하다'라는 의미를 전달한다. 가령, '우리는 고비를 넘겨서 앞으로 상황이 좋아질 것으로 보입니다'는 We have turned the corner, and things are looking up.이라고 한다. 이것을 환자에게 쓰면 '위중한 상태를 넘기다'라고 해석할 수 있다.

A Thank God he's out of his coma. Will he be able to make a full recovery?
B It's too early to tell, but I'm sure he's **turned the corner.**

A 그가 혼수상태에서 벗어나서 정말 다행이에요. 완전히 회복할 수 있을까요?
B 판단하기 아직 이르지만 최악의 상황을 벗어난 것은 확실합니다.

coma 혼수상태 *recovery* 회복

그 사람 **병이 나아가고** 있어요.

Idiomatic

He's on the mend.

He's on the road to recovery.

General

He's *getting better*.

He's *recovering*.

He's *recuperating*.

He's *healing*.

▶ '병이 나아가고 있다'는 **get better**(더 좋아지다) 또는 **recover**(회복하다)나 **recuperate**(병에서 회복하다)를 진행형으로 쓴다. **heal**은 신체적/정신적인 치유를 모두 뜻한다. 참고로 쾌유를 바란다고 할 때는 **I wish (that) you get well soon.**(귀하의 쾌유를 바랍니다.)이라고 한다. '병이 다 나은 상태'는 **get well**이라고 하기 때문이다.

on the mend
수선 위에

mend가 '간단한 수리/수선'이기 때문에 이 표현은 '수선 중인'이라는 말이다. 몸 상태나 관계가 수선되면서 좋아지고 있다는 비유적 표현이다. 그래서 The US-China relationship is on the mend.(미중 관계가 호전되고 있다.)처럼 쓸 수 있다. 다만, 사람을 주어로 '신체적/정신적 질환을 앓던 상태가 좋아지는 중인'이라는 뜻으로 쓰는 경우가 압도적으로 많다.

While he's on the mend, his son is doing a great job running the company.
그가 건강을 회복하는 동안 그의 아들이 회사를 아주 잘 경영하고 있다.

Lorraine's on the mend, and she can't wait to be back on her feet.
로레인은 회복 중이야. 빨리 일어나서 돌아다니고 싶대.

can't wait to 빨리 ~하고 싶어 하다
be back on one's feet 병이 다 나아서 활동하다

(well) on the road to recovery
회복으로 가는 길 위에

직역을 해도 뜻을 충분히 이해할 수 있는 표현이다. 건강에만 쓰는 것은 아니기 때문에 to 뒤에 나오는 내용을 바꿔서 '~로 가는 길 위에 있는'이라는 의미로 다양하게 활용할 수 있다. 예를 들어 '그녀는 이대로 가면 할리우드 스타가 될 것이 틀림없다'는 She's well on the road to being a Hollywood star.라고 하고, '이대로 가면 우리는 부자가 될 거다'는 We're on the road to riches.라고 한다.

I'm glad to see you're on the road to recovery.
당신이 병에서 회복 중인 걸 보니 기쁘네요.

Your son has taken a turn for the better. Physically, he's on the road to a full recovery. But emotionally it's going to be a long haul.
아드님 상태가 좋아졌습니다. 신체적으로는 이대로 가면 완전히 회복할 수 있습니다. 그렇지만 정서적으로는 보다 긴 시간이 필요합니다.

take a turn for the better 호전되다
long haul 장거리/긴 시간

PREFERENCE RELATIONSHIP

UNIT

6

PREFERENCE
RELATIONSHIP

선호
관계

저 둘은 **항상 붙어 다녀.**

Idiomatic

The two are thick as thieves.

The two are joined at the hip.

The two are like two peas in a pod.

General

The two are *inseparable*.

The two are *always together*.

The two *always hang out together*.

▶ '항상 붙어 다닐 정도로 매우 친한' 사이는 **inseparable**(분리할 수 없는)이라는 단어를 쓰거나 **always together**(항상 같이 있는)라고 표현할 수 있다. 또 **hang out**이라는 구동사도 기억해 두자. 이 표현은 '빈둥거리며 시간을 보내다/어울리다'라는 뜻인데 일상에서 아주 많이 쓴다. 참고로 늘 함께 다니는 세 명의 사람은 **the three musketeers**라고 한다. 프랑스 작가 알렉산더 뒤마(**Alexandre Dumas**)가 쓴 소설의 제목으로 '삼총사'라는 뜻이다.

thick as thieves
도둑처럼 사이가 밀접한

thick에는 '두꺼운'이라는 뜻 외에 '사이가 촘촘한'이란 뜻도 있다. 그래서 나무가 빽빽하게 들어선 숲을 thick woods라고 한다. thick as thieves는 범죄를 저지르기 위해 긴밀하게 협력하고 서로 의지하는 도둑들만큼 밀접하고 친한 사이란 뜻이다.

Those in the IT Department are thick as thieves. They hang out together all the time.
IT 부서 사람들은 서로 엄청 친해요. 항상 시간을 같이 보내더라고요.

joined at the hip
엉덩이가 붙은

서로 엉덩이(hip)가 연결되어(join) 있는 것처럼 같이 다닌다는 뜻이다.

A **You and Brian seem to be joined at the hip these days.**
B **Yeah. We've discovered we share a lot of interests, so we're enjoying each other's company.**

A 너하고 브라이언이 요즘 찰떡처럼 붙어 다니더라.
B 맞아. 알고 보니 서로 관심사가 많이 겹치더라고. 그래서 즐겁게 같이 시간을 보내고 있어.

discover ~을 발견하다
interest 관심사 *company* 동행/동반자

like two peas in a pod
콩깍지에 나란히 놓여 있는 두 개의 콩처럼

이 표현은 ① 외모가 닮은 두 사람을 묘사하거나 ② 성격이나 취미/취향이 비슷해서 친하게 지내는 두 사람을 묘사할 때 쓴다.

A **How are Linda and Jessie getting along?**
B **Like two peas in a pod.**
   It's almost like they're real sisters.

A 린다와 제시는 잘 지내나요?
B 죽이 너무 잘 맞아요. 진짜 자매로 착각할 정도라니까요.

get along (with) (~와) 사이가 좋다

나는 옛날 영화를 **좋아해**.

Idiomatic

I have a weakness for **old movies**.

I have a soft spot for **old movies**.

I've always had a taste for **old movies**.

Old movies are (right) up my alley.

I get a kick out of **watching old movies**.

General

I *like* old movies.

I'*m fond of* old movies.

Old movies are my *favorite*.

▶like(~을 좋아하다)는 **be fond of**(~을 좋아하다) 또는 **favorite**(좋아하는 것/사람)으로
다양하게 표현할 수 있다. 그 외에도 **have a liking for**나 **a big fan of**(~의 열성팬) 또는
interested in(~에 관심 있는)으로 말해도 좋다. 구어 표현인 **be crazy[nuts] about**은 '~을
미치도록 좋아하다'라는 뜻으로 의미가 약간 더 강하다. 이들을 부정문으로 만들면 '좋아하지 않
다/관심 없다'가 된다.

have a weakness for ~

~에 약점을 갖고 있다

한국어에서 '어떤 것에 약하다'는 표현이 그것을 좋아한다는 의미인 것과 같이 영어에서도 '사족을 못 쓸 정도로 좋아하는 것'을 weakness(약점/약함)라고 한다. 그래서 Donuts are my weakness.(난 도넛이라면 사족을 못 써.)처럼 쓰기도 한다.

My grandfather sowed some wild oats in his youth. He had a weakness for poker and whiskey.

저희 할아버지는 젊은 때 방탕한 생활을 하셨죠. 포커 게임과 위스키를 좋아하셨어요.

sow one's wild oats (젊을 때) 방탕하게 살다

have a soft spot for ~

~에 부드러운 곳을 갖고 있다

여기서 soft spot은 soft spot in one's heart(~의 마음속에 있는 부드러운 곳)를 의미한다. 좋아하는 것에 대해서는 마음이 부드러워진다는 표현이다. 음식이나 장소를 좋아한다는 의미로도 쓰지만, 주로 사람을 좋아한다거나 어떤 사람에게 약하다고 할 때 쓴다.

Jerry has a soft spot for people in trouble and often goes out of his way to help them.

제리는 곤경에 처한 사람에 약해서 그런 사람들을 자주 발 벗고 나서서 돕는다.

go out of one's way to 특별히 신경 써서 ~하다

have a taste for ~

~에 대한 취향을 갖고 있다

taste는 '기호/취향'이라는 뜻으로 fondness나 liking의 유사어이다. 주로 음식/노래/취미 등을 '좋아하다/즐기다'라는 맥락에서 쓰며, with a taste for 형태로도 자주 쓴다. 참고로 어떤 음식을 차츰 좋아하게 되는 것은 develop a taste for(~에 대한 기호를 개발하다)라고 한다.

I didn't have much of a taste for spicy food before coming to Korea, but now I'm addicted to it.

난 한국에 오기 전에는 매운 음식을 별로 안 좋아했는데 지금은 중독됐어.

Anyone with a taste for soul food must check out this blog. It's got a great collection of recipes.

소울 푸드를 좋아하는 사람은 이 블로그에 가 보세요. 여러 요리법들을 모아 놓았습니다.

addicted 중독된
soul food 미국 남부 흑인의 전통 음식

(right) up *one's* alley

~의 골목길 위에

one's alley(~의 골목길)는 관심 있거나 잘 아는 분야를 비유하는 말이다. 그 위에 있다는 것은 곧 '취향이다/전문 분야다'라는 뜻이다. '전문 분야'라는 뉘앙스가 있는 것이 다른 표현들과는 다른 점이다.

Jack isn't up my alley.

잭은 내 취향이 아니야.

I signed up for the course because it seemed right up my alley.

그 과목이 내 취향일 것 같아서 신청했어.

sign up for ~에 신청/등록하다

get a kick out of ~

~로부터 짜릿함을 얻다

여기서 kick은 '자극적인 맛'이라는 뜻인데 이것이 '짜릿한 흥분'이라는 의미로 발전했다. 그러니까 이 표현은 '~로부터 짜릿한 흥분을 얻다/~을 즐기다'라는 뜻이다. 이 표현은 무엇을 '하는 것'을 즐긴다는 의미로 쓰기 때문에 주로 뒤에 -ing 형태의 동명사가 온다.

As a child, I lived near an airport, and I used to get a kick out of watching airplanes flying.

나는 어릴 때 공항 근처에 살았는데 날아가는 비행기를 보는 것에 재미를 느끼곤 했다.

나는 생선 냄새가 **싫어**.

Idiomatic

I don't care **much for** the smell of fish.

The smell of fish **puts me off**.

The smell of fish **turns my stomach**.

I don't like the smell of fish. It **grosses me out**.

General

I *don't like* the smell of fish.

I *can't stand* the smell of fish.

The smell of fish *disgusts* me.

The smell of fish *sickens* me.

▶ **not like**(좋아하지 않다)는 **hate**나 **dislike**라고 해도 좋다. 너무 싫다면 **loathe**도 쓴다. 또는 **cannot stand**(~을 참을 수 없다)라고 표현해도 좋다. 혐오감을 주는 대상을 주어로 **disgust/ sicken**(~에게 혐오감을 느끼게 하다)를 써도 된다. 나를 주어로 하면 수동태로 바꿔서 **I'm disgusted/sickened by**(난 ~이 역겹다)라고 한다.

not care for ~
~을 좋아하지 않다

care for는 '~을 좋아하다/관심을 가지다'라는 뜻이다. 이 표현을 사람에게 쓰면 인간적으로 혹은 연애 감정으로 좋아한다는 뜻이 된다. 여기에 not을 붙여 '좋아하지 않다'라는 의미로도 많이 쓴다.

A   Thank you for meeting me on such short notice, Dr. Lambert.
B   Just call me George. I **don't care** much **for** titles.

A   급하게 연락을 드렸는데 만나 주셔서 감사합니다, 램버트 박사님.
B   그냥 조지라고 불러 주세요. 제가 직함에는 별 관심이 없어서요.

short notice 촉박한 통보
title 직함

put ~ off
~을 떨어뜨려 놓다

off는 '떨어져'라는 의미가 있는 부사다. 어떤 것이 싫고 역겨우면 자신을 그것으로부터 멀리 떨어지게 하고 싶을 것이다. 그래서 이 표현은 '~을 불쾌하게/역겹게 하다'라는 뜻으로 쓴다.

The room wasn't too bad, but there were some things that really **put** me **off**. My biggest gripe was the noise coming from the plumbing.
그 방이 그렇게 나쁘지는 않았지만, 몇 가지는 정말 마음에 안 들었다. 나의 가장 큰 불만은 배관에서 나는 소음이었다.

plumbing 배관 *gripe* 불만

turn *someone's* stomach
~의 위장을 뒤집다

make ~ sick나 sicken/disgust(~에게 혐오감을 느끼게 하다)와 유사한 표현으로 위장이 뒤집힐 만큼 '~의 속을 메스껍게 하다/역겹게 하다'라는 뜻이다.

The thought of him getting off scot-free really **turns my stomach**.
그 사람이 아무 처벌도 받지 않는다고 생각하니 속이 불편해.

All the gore in the movie really **turned my stomach**.
영화에서 피가 낭자한 장면들은 정말 역겨웠어.

get off scot-free 처벌을 모면하다 *gore* 폭력으로 인한 피

gross ~ out
~를 역겹게 만들다

gross는 원래 gross income(총수입)에서처럼 '총계의'라는 뜻의 단어인데, 80년대에 10대 여학생들이 '구역질나게 하는'이라는 은어로 쓰기 시작해서 gross ~ out이란 동사로 발전했다. 지금은 일반 구어 표현으로 '냄새/장면/상황이 징그럽거나 역겹다'고 말할 때 쓴다.

I ordered a beef burrito, and most of the meat was uncooked. It grossed me out.
나는 소고기 부리토를 시켰는데 고기 대부분이 안 익어서 역했어.

The hotel was crawling with roaches. It still grosses me out to think about it.
그 호텔은 바퀴벌레 천지였어. 지금 생각해도 소름이 끼쳐.

crawl with ~이 드글드글하다
roach 바퀴벌레

not *one's* cup of tea ~의 취향이 아닌 것

그는 너에게 **반했어.**

Idiomatic

He has a thing for **you.**

He's carrying a torch for **you.**

He has a crush on **you.**

He's fallen in love with **you.**

He's head over heels in love with **you.**

General

He *cares for* **you.**

He's *attracted to* **you.**

He's *smitten with* **you.**

He's *sweet on* **you.**

He's *crazy about* **you.**

▶ **care for**는 가족간의 사랑부터 연애 감정까지 모두 표현할 수 있다. **attracted**는 **drawn** 이라고 해도 되는데 이 단어들은 '연애 감정으로 끌리는'이라는 말이다. 더 강하게 '반한' 것은 **smitten**이나 **sweet**라고 한다. **crazy about**은 홀딱 반해서 정신을 못 차리는 수준을 의미한 다. 각각 뒤에 붙는 전치사가 다르니까 주의해야 한다.

have a thing for ~
~에 대하여 어떤 것을 갖고 있다

여기서 thing은 '특별한 관심/선호'를 뜻한다. for 뒤에 사람을 넣으면 '~를 짝사랑하다/좋아하다/끌리다'라는 의미가 된다. 미국 드라마 그레이 아나토미(Grey's Anatomy)에 나온 대사인 I have a thing for ferry boats.(난 왠지 페리 여객선이 좋아.)가 유행한 적이 있다. 이렇게 사람뿐 아니라 어떤 특성이나 물건 등을 좋아한다고 할 때 모두 쓸 수 있는 표현이다.

A You don't **have a thing for** my sister, do you?

B You mean... it shows? Well, would you mind if I ask her out?

A 너 혹시 내 여동생 좋아하는 거 아냐?

B 그게…. 티 나? 내가 그 애한테 데이트 신청하면 너 싫어할 거야?

ask ~ out ~에게 데이트 신청하다

carry a torch for ~
~를 위해 횃불을 가지고 다니다

여기서 torch(횃불)는 '사랑으로 불타는 마음'을 뜻한다. 그 불타는 마음을 for 뒤에 나오는 사람을 위해 가지고 다닌다는 말이다.

I know you're still **carrying a torch for** her.
You've never gotten over her.
당신이 아직도 그녀를 사랑한다는 걸 알아요. 그녀를 잊은 적이 없잖아요.

Rumor has it you're **carrying a torch for** Bill. Is that true?
들리는 소문에 의하면 네가 빌을 좋아한다는데. 사실이야?

get over ~를 잊다

have a crush on ~
~에게 반함을 갖고 있다

crush는 '으스러뜨리다'라는 뜻의 동사인데 명사일 때는 '짝사랑/완전히 반함'이라는 뜻이다. 으스러뜨릴 것 같은 강한 감정을 누군가에게 가지고 있다고 생각하면 된다. have는 get으로 바꿔도 좋다

When I was in high school, I **had a crush on** my math teacher.
나는 고등학생 때 수학 선생님을 짝사랑했었어.

I've **had a** big **crush on** Lily since middle school.
나는 중학교 때부터 릴리를 엄청 좋아했어.

fall in love (with)

(~와) 사랑에 빠지다

be in love (with)는 '(~와) 사랑에 빠져 있는' 상태를 말하고, fall in[into] love (with)는 '(~와) 사랑에 빠지다'라는 뜻이다. 반대로 fall out of love (with)는 '(~와 의) 사랑이 식다'라는 말이다. 사랑에 빠진 대상은 with를 붙여서 말하고, 대상을 말 하지 않을 때는 with 없이 말해도 된다. 참고로 fall for라고만 해도 '~에게 반하다/ 빠지다'라는 뜻을 전할 수 있다.

Once, I fell in love with Victor. But, that's history now.
한때 빅터를 사랑했었지. 그렇지만 이젠 과거야.

When I first saw her, I fell for her pretty hard.
나는 그녀를 처음 보았을 때 완전히 반했어.

head over heels in love (with)

발뒤꿈치가 머리 위로 갈 정도로 (~와) 사랑에 빠진

head over heels는 발이 머리 위로 올라간 상태를 말한다. 어떤 사람을 좋아해서 뒤꽁무니를 쫓아가다 넘어져서 발이 머리까지 넘어온 것을 상상하면 된다. 유사 표 현으로는 madly in love with가 있다.

While I was bumming around Mexico after college, I fell head over heels in love with my wife.
대학 졸업 후 멕시코를 여기저기 여행 다닐 때 아내와 사랑에 빠졌다.

It's amazing that they're still madly in love with each other after so many years.
그렇게 오래됐는데 두 사람이 여전히 뜨거운 사랑을 하고 있는 게 놀라워.

bum around 떠돌아다니다/여행을 하다

사랑해요~!

지금 **만나는** 사람 있어요?

Idiomatic

Are you going out with anyone?

Are you going steady with anyone?

General

Are you *dating* anyone?

Are you *seeing* anyone?

▶ '~와 데이트하다/사귀다/만나다'는 영어로 **date**나 **see**라고 한다. **date**는 우리가 일상에서도 '데이트를 하다'라고 영어 그대로 쓰기 때문에 익숙한 단어다. **see**는 '~를 만나다'라는 뜻인데 두 사람이 사귄다는 의미로는 **date**보다 **see**를 일반적으로 더 많이 쓴다. 참고로 **see**는 주로 지속적으로 만난다는 뜻으로 쓰고, 한 번의 데이트를 표현할 때는 **date**를 쓴다. 그래서 '~와 데이트를 하러 나가다'는 **go on a date with**라고 한다.

go out (with)
(∼와) 밖에 나가다

보통 데이트는 밖에서 하니까 '누구와 같이 밖에 나가는 것'은 데이트하는 것을 의미
한다. 이 표현을 사용해서 Do you want to go out with me? 또는 Would you
like to go out together sometime?이라고 데이트를 신청한다. 유사 표현으로
ask ∼ out(∼에게 데이트를 신청하다)이 있다.

A   I really like Phillip. I want to ask him out, but do you think he'd **go out
with** me?

B   You won't know until you ask. Go for it.

A   나는 필립이 참 마음에 들어. 데이트하자고 하고 싶은데 그 사람이 나랑 만나 줄까?

B   그건 물어 봐야 아는 거지. 한번 해 봐.

go steady (with)
(∼와) 꾸준하게 가다

여기서 go with는 위에 나온 go out with와 같은 의미다. steady는 '흔들리지 않는/
꾸준한'이란 뜻으로, 다른 사람은 만나지 않고 둘이서 '꾸준히 만나는 관계/연인'을
나타낸다.

It's about you and Steve. Are you **going steady** or just friends?
너하고 스티브 말인데. 사귀는 거야 아니면 그냥 친구야?

We're kind of on-and-off. We **go steady** for a while, then, break up, and
then get back together.
우린 사귀다 말다 그래. 한동안 사귀다가 헤어졌다가 또 합치는 거지.

on-and-off 했다 안 했다 하는
get back together (연인이) 재결합하다

그들은 3주 후에 **결혼했다.**

Idiomatic

Three weeks later, they got hitched.

Three weeks later, they tied the knot.

Three weeks later, they walked down the aisle.

General

Three weeks later, they *got married*.

▶ '결혼하다'는 영어로 **marry**라고 한다. **marry**는 타동사라서 '**A**가 **B**와 결혼하다'라고 말하려면 **A marry B** 또는 **A get married to B**라고 한다. 표제문은 주어가 '그들'이기 때문에 **to B** 없이 **get married**라고 말하면 된다.

get hitched (to)
(~와) 결혼하다

hitch는 '연결하다/묶다'라는 뜻이다. 그래서 수동태인 get hitched to는 '~에 줄로 묶이다'가 된다. 결혼은 서로에게 묶이는 것이란 의미가 담겨 있다.

You'd be lucky to get hitched to her. She's a keeper.
그녀와 결혼하면 복 터진 거지. 놓치면 안 될 사람이야.

keeper 놓치면 안 되는 사람/물건

tie the knot
매듭을 묶다

중세 시대의 결혼식에서 커플의 두 손을 끈으로 묶던 관습에서 유래된 표현이다.

My grandfather and grandmother tied the knot again on their 50th anniversary.
우리 할머니와 할아버지는 결혼 50주년에 다시 결혼식을 올렸다.

anniversary 기념일

walk down the aisle (with)
(~와) 복도를 걸어 내려가다

여기서 aisle(통로)은 결혼식장의 중앙에 있는 길을 뜻하는데 여기를 걸어가는 것은 결혼을 의미한다. 따라서 이 표현은 식장에 걸어서 입장하지 않는 약식 결혼에 대해 말할 때는 쓰지 않는다.

There's something I want to get off my chest before I walk down the aisle with you.
너하고 결혼하기 전에 털어 놓고 싶은 게 있어.

get ~ off one's chest ~을 털어 놓다

나 결혼 생활에 **문제가 좀 있어.**

Idiomatic

My marriage is on the rocks.

My marriage is on shaky ground.

My marriage is falling apart.

My marriage is going down the tubes.

General

My marriage is *going through difficulties*.

My marriage is *in trouble*.

▶**go through**는 '~을 겪다'라는 의미의 구어 표현이다. '어려움/문제/위기'는 **difficulties**라고 해도 되고 **difficult time/tough time/crisis/test**로 바꿔도 된다. 이 단어들 모두 사전적 뜻 외에 '어려운 상황이나 위기'라는 뉘앙스로도 쓰기 때문이다. 또는 **in trouble**(곤경에 빠진)도 자주 쓴다.

on the rocks
바위 위에

결혼은 흔히 여행이나 항해에 비유한다. 여행 중에 바위가 많은(rocky) 길을 만나거나 배가 항해를 하다 암초(rocks)에 부딪힌다면 어려움을 겪을 것이다. 이런 상황으로 '관계에 불화가 생겨 어려움을 겪고 있다'를 표현한 것이다. 참고로 이 표현은 '(술/음료에) 얼음을 넣은'이란 뜻으로도 자주 쓴다.

I'm telling you, Joy is making a big mistake, going down the aisle with that scumbag. That marriage will most likely end up on the rocks.
내가 장담하는데, 조이가 저 쓰레기 같은 인간하고 결혼하는 건 큰 실수하는 거야.
저 결혼은 결국 문제가 생길 가능성이 매우 높아.

scumbag 인간 쓰레기 *end up* 궁극적으로 ~한 상태가 되다

on shaky ground
흔들리는 땅 위에

말 그대로 땅이 흔들리는 것처럼 관계가 흔들린다는 뜻이다. shaky 자리에 반대어인 solid(단단한)를 넣으면 관계가 굳건하다는 뜻이 된다. 사람 사이의 관계 외에도 조직의 기반이 약하거나 주장의 근거가 부실하다는 뜻으로도 쓴다.

Our partnership is already on shaky ground.
우리 동업자 관계는 이미 흔들리고 있습니다.

fall apart
조각으로 떨어져 나가다

건물/기계/인간관계/정신 상태 등이 산산조각이 난다는 뜻이다. 결혼을 주어로 쓰면 '파경에 이르다'라는 의미다.

The family is falling apart.
가족 관계가 무너지고 있다.

She's falling apart.
그녀는 정신적으로 무너지고 있어.

go down the tubes
배수관 아래로 내려가다

이 표현은 사람 사이의 관계가 물처럼 배관(tubes)을 타고 흘러가 버린다는 뜻이다. tubes를 drain(배수 구멍)이나 toilet(변기)으로 바꿔도 된다. 참고로 '투자금/경력/프로젝트 등이 망하다/실패로 끝나다'라는 뜻으로도 쓴다.

Should I let my relationship with him go down the tubes or give it one last chance?
그 남자와의 관계가 끝나게 내버려 둬야 할까 아니면 마지막으로 한 번 더 노력해야 할까?

Everything I've worked for my whole life is going down the drain as we speak.
내가 평생을 바쳐 이루려 했던 것이 지금 이 순간에 헛수고가 되어 가고 있어.

give ~ one last chance ~에 한 번 더 노력하다
as we speak 우리가 말하는 지금

Get this, too!

- **on the outs** 사이가 벌어진
- **fall out with ~** ~와 사이가 벌어지다
- **have a falling-out (with)** (~와) 사이가 벌어지다

그는 조지와 **화해했다.**

Idiomatic

He made up with **George.**

He made things right with **George.**

He patched it up with **George.**

He mended fences with **George.**

He made peace with **George.**

He buried the hatchet with **George.**

General

He *reconciled* with George.

▶ '화해하다'는 **reconcile**이라고 한다. 이 단어는 일반 대화에서도 쓸 수는 있지만 격식체 표현이라 딱딱한 느낌이 있다. 관계에 따라 화해 표현이 다른데, 부부나 연인 사이라면 **They're back together.**(그들은 다시 합쳤다.)라고 하는 게 더 일반적이다. 또는 **They decided to give their marriage[relationship] another chance.**(그들의 결혼[관계]에 한 번 더 기회를 주기로 했다.)처럼 표현해도 좋다. 친구 사이에서 화해한다고 할 때는 관용표현을 참고하자.

make up (with)

(~를 가지고) 위로 만들다

이 표현은 '무너진 관계를 다시 위로 쌓아서 만들다'라고 생각하면 된다. 앞에 kiss를 붙여서 You two, kiss and make up, yet?(너희 둘 아직 화해 안 했어?)처럼 쓰기도 한다. 연인 관계뿐 아니라 여러 관계에서 쓴다.

A　What's going on between you and Lizzie?
B　We had an argument over something, and things kind of got out of hand. But we **made up**.

A　너하고 리지 사이에 뭔 일이 있는 거야?
B　어떤 일로 말다툼을 하다가 상황이 심각해졌어. 그런데 화해했어.

get out of hand 통제 불가능해지다

make things right (with/between)

(~와의) 일을 옳게 만들다

things는 현재 상황이나 관계를 의미한다. 보통 앞으로 관계를 회복하고 싶다고 말하는 맥락에서 쓴다.

I know you hate me, but I want to **make things right between** us.
네가 나를 미워하는 거 알아. 하지만 난 우리 관계를 풀고 싶어.

patch it up (with)

(~와의) 그것에 헝겊을 덧대다

patch는 '헝겊/천 조각'이라는 뜻의 명사이자 '~에 헝겊을 덧대다'라는 뜻의 동사다. patch ~ up은 그렇게 덧대어서 '~을 수리하다'라는 뜻이다. 관용적으로 망가진 관계를 '수습하다/복원하다'라는 뜻이며, 부상을 당한 사람을 '치료하다'라는 뜻으로도 쓴다. 다양한 관계에 사용할 수 있으며, it은 things로 바뀌도 된다.

Your first priority is to **patch it up with** your father. Holding a grudge for such a long time isn't healthy.
네가 가장 먼저 할 일은 아버지와 화해하는 거야. 그렇게 오랜 시간 원망하는 건 건강한 일이 아니야.

priority 우선 사항
hold a grudge 원한을 가지다

mend fences (with)

(~와) 담장을 수리하다

허물어지거나 부서진 관계를 담장에 빗댄 표현으로 보통 의견 충돌/말싸움으로 소원해진 관계에서 화해한다는 뜻으로 쓴다.

I've come to mend fences with you. What do you say we forgive and forget, and put all this behind us?

너하고 화해하러 왔어. 서로 용서하고 잊어버리고, 이 일을 모두 없던 일로 하는 거 어때?

put ~ behind 사람 ~을 없던 일로 하다

make peace (with)

(~와) 평화를 만들다

단어 그대로 싸우던 사람끼리 '화해하다'라는 뜻이다. 또 받아들이기 힘든 현실을 '받아들이다'라는 뜻도 있다. 후자의 경우 He made peace with his wife's death.(그는 아내의 죽음을 받아들이게 됐다.)처럼 쓴다.

I promised my mother on her deathbed that I'd find a way to make peace with my brother.

저는 어머니의 임종 자리에서 형과 화해할 방법을 찾겠다고 약속했어요.

on one's deathbed ~의 임종 자리에서

bury the hatchet (with)

(~와) 도끼를 묻다

인디언 부족들이 싸움을 멈추고 화해할 때 무기로 쓰던 도끼를 땅에 묻던 관습에서 유래된 표현이다.

I came to bury the hatchet, not to pick another fight with you.

난 너랑 화해하러 온 거지 또 싸우러 온 게 아냐.

pick a fight with ~에게 싸움을 걸다

그녀는 맥스와 **헤어졌다.**

Idiomatic

She broke up with Max.

She broke it off with Max.

General

She *ended her relationship* with Max.

She *left* Max.

She *split (up) with* Max.

They *separated*.

▶ '헤어지다'는 **end a relationship**(관계를 끝내다)이나 **leave**(~를 떠나다)라고 한다. 관계를 '쪼개는' 것이라고 생각해서 **split (up) with**(~와 갈라서다)라고 할 수도 있다. 두 사람이 주어일 때는 **They split up.**(그들은 갈라섰다.)처럼 말한다. 또는 동사 **separate**(분리되다/분리하다)로 표현해도 된다. 다만, **separate**는 주로 '별거하다'라는 의미로 쓴다. 참고로 **split**는 연인뿐 아니라 밴드가 해체하거나 사업 파트너가 갈라서는 등의 일반적 상황에서도 쓸 수 있다.

break up (with)

(~와) 깨지다

break up은 뭉쳐 있던 것이 부서진다는 뜻으로, 연인 관계에 쓰면 '헤어지다'라는 말이 된다. 또 이 표현은 The crowd broke up.(군중이 해산했다.)이나 The band broke up.(그 밴드는 해체했다.)처럼 해산/해체를 뜻하기도 한다.

A Lucy told me you and Jason **broke up.** Is that true?

B Yes. I dumped him because I caught him cheating on me.

A 너 제이슨이랑 헤어졌다고 루시가 그러던데. 사실이야?

B 그래. 내가 차버렸어. 몰래 다른 사람을 만나다 나한테 들켰거든.

dump (연인)을 차다 *catch* ~을 붙잡다
cheat on ~ 몰래 바람을 피우다

break it off (with)

(~와) 그것을 부러뜨리다

break ~ off 역시 '~을 부러뜨리다/관계를 끝내다'라는 뜻이다. 가운데에 it을 넣어 break it off라고 해도 '관계를 깨다'라는 뜻을 전달할 수 있다. 앞서 소개한 break up과 비교하면 break it off는 한쪽이 관계를 깼다는 뜻이 더 강하다.

A I heard Bill and you are engaged to be married.

B No. We're not together anymore. I **broke it off.**

A 너 빌하고 약혼했다면서.

B 아니야. 우린 이제 안 만나. 내가 그만 보자고 했어.

engaged 약혼한

친한 친구로서 당연히 **도와야지.**

Idiomatic

Best friends look out for each other.

We're best friends. I'll always have your back.

General

As your best friend, it's only natural I try to *help* you *out*.

▶ '도와주다'는 **help**라고 하거나 뒤에 **out**을 붙여서 **help ~ out**이라고 한다. '～하는 것이 당연하다'는 **It's natural (that)**이라고 한다. 또는 **It goes without saying (that)**이라고 해도 좋다. **that** 다음에 나오는 내용은 당연해서 말할 필요가 없다는 뜻이다.
위에 소개된 관용표현은 미드나 영화 대사에서 자주 볼 수 있는데, 일상에서도 아주 많이 쓴다.

look out for ~

~를 위해 위험 요소를 살펴보다

look out은 '주위에 위험/위협 요소가 있는지 살펴보고 주의하다/보살피다'라는 뜻이다. watch out도 비슷한 뜻이다. 그래서 미끄러운 길을 걸어가는 사람에게 조심하라고 할 때 Watch out! 또는 Look out!이라고 한다. look out for는 '~를 위해 관심을 갖고 보살피다/살펴보다'라는 뜻이면서 동시에 '~를 조심하다'라는 뜻이기도 하다. 그래서 전후 상황을 보고 어떤 의미인지 판단해야 한다. 가령, You better look out for Jack.이라는 문장이 경계해야 할 사람에 대해 이야기하는 거라면 '너 잭을 조심하는 좋겠어'라고 해석한다.

Don't yell at me. I'm just trying to look out for you.

나한테 소리치지 마. 난 그냥 너를 보살피려는 것뿐이야.

My brother has always been my protector. We look out for each other.

저희 형은 언제나 저의 보호자예요. 우리는 서로 보살피죠.

have *someone's* back

~의 등을 갖고 있다

누구의 등(back)을 갖고 있다는 것은 뒤에서 그 사람을 항상 지켜보면서 도움이 필요할 때 언제든 나설 준비가 되어 있다는 의미다. 앞서 나온 look out for는 '어려움이 없도록 보살펴 주다'라는 뜻이고, have someone's back은 '어려울 때 도우려는 준비가 되어 있다/~의 편이다'로 약간 차이가 있다. have를 watch로 바꿔 쓰기도 한다.

A   Bill, thank you for sticking up for me back in there. Without you, I wouldn't have had the courage to stand up to Ryan.
B   Don't mention it, Jean. **I have your back** in this place.

A   빌, 저 안에서 내 편을 들어줘서 고마워. 네가 아니면 라이언에게 맞설 용기를 내지 못했을 거야.
B   진, 그 정도 가지고 뭘. 여기서 난 언제나 네 편이야.

stick up for ~의 편을 들다 *stand up to* ~에 맞서다

- **put *oneself* on the line** 남을 위해 위험을 무릅쓰다
- **go out on a limb** 위험을 무릅쓰다/소수 의견을 소신껏 말하다
- **stick *one's* neck out** 위험을 무릅쓰다

난 그 사람을 **저버리지** 않을 거야.

Idiomatic

I'm not going to walk out on him.

I'm not going to turn my back on him.

I'm not going to leave him in the lurch.

I'm not going to leave him high and dry.

I'm not going to hang him out to dry.

I'm not going to bail out on him.

General

I'm not going to _abandon_ him.

▶ 곤경에 처하거나 도움이 필요한 사람을 '저버리다'라는 뜻을 가진 영어 단어는 **abandon**이다. 이것을 관용표현으로는 주로 '~를 두고 떠난다'라는 식으로 표현한다.

walk out on ~

~ 위로 걸어 나가다

이 표현은 주로 연인/배우자/자녀/사업 파트너처럼 책임을 져야 하는 상대를 버리고 떠난다는 의미다. 상대방을 내버려 두고 '걸어 나가는' 글자 그대로의 상황에서도 쓸 수 있다. on 뒤로는 버려지는 '대상'이 나온다. walk를 run으로 바꿔도 되는데, 이 표현은 경우에 따라 모임/공동 작업에서 다른 사람을 두고 떠난다는 의미가 되기도 한다.

You're not my father. You walked out on your family.
당신은 내 아버지가 아니에요. 가족을 버리고 나갔으니까.

I'm sorry to run out on you, but I have to pick up Josie.
나만 빠져나가서 미안한데, 조시를 데리러 가야 해요.

pick ~ up 자동차로 ~를 데리러 가다

turn *one's* back on ~

~에 등을 돌리다

'등을 돌려 외면한다'는 뜻을 가진 이 표현은 ① 도움이 필요한 사람을 모른 체하거나 ② 알고 지내던 사람을 무시한다는 뜻을 가지고 있다.

You can't turn your back on Julia. She's your sister, your only flesh and blood.
네가 줄리아를 모른 체하면 안 되지. 피와 살을 나눈 유일한 네 언니잖아.

I couldn't turn my back on an innocent person who was wrongfully accused.
나는 잘못 기소된 무고한 사람을 저버릴 수가 없었어.

flesh (사람/동물의) 살

leave ~ in the lurch

~를 요동치는 곳에 남겨두다

lurch는 프랑스 보드게임인 Lourche에서 유래된 단어로 '흔들림/요동침'이라는 뜻이다. 즉, 이 표현은 침몰할 듯 흔들리는 곳에 사람을 남겨두는 것으로 '~를 어려운 상황에 빠뜨리다/어려운 상황에 버리고 가다'라는 뜻을 나타낸다.

My secretary quit out of the blue, leaving me in the lurch.
내 비서가 갑자기 그만두는 바람에 곤란하게 됐어.

out of the blue 갑자기

leave ~ high and dry
~를 높고 마른 곳에 남겨 두다

바다보다 높고(high) 마른(dry) 곳에 남겨진 배는 물이 없어 이동할 수도 없다. 그래서 이 표현은 '어떻게 할 수 없는 상황에 방치하거나 내버려 두다'라는 뜻으로 쓴다. be[get] left high and dry처럼 수동태로 쓰면 어려운 상황에 처했다는 말이 된다.

I'm through working with you. I'm sorry if this leaves you high and dry.
난 더 이상 너랑 같이 일 못 하겠다. 내가 그만둬서 곤란한 상황이면 미안해.

My flight was canceled at the last minute, leaving me high and dry.
항공편이 출발 직전에 취소되어서 저는 어떻게 할 수 없는 상황이 됐어요.

at the last minute ~ 직전에/마지막 순간에

hang ~ out to dry
~를 마르게 밖에 걸어 놓다

세탁한 옷이 마르게 빨랫줄에 걸어 놓는 것을 옷 입장에서 보면 야외에 방치된 것과 같다. 따라서 이 표현은 ① 다른 사람을 곤경에 처하게 내버려두거나 ② 다른 사람과의 약속을 깬다는 의미로 사용한다. 수동태 be[get] hung out to dry는 그런 일을 당했다는 뜻이 된다.

I booked a room two months ahead. Then, two days before arriving, they canceled the reservation. They basically hung me out to dry.
저는 두 달 전에 방을 예약했어요. 그런데 도착 이틀 전에 그들이 예약을 취소했습니다. 한마디로 저를 곤란하게 해 놓고 모른 척한 거죠.

bail out on ~
~에서 탈출하다

bail out은 '(추락하는 비행기에서) 탈출하다'라는 뜻인데 비유적으로 '~를 두고 혼자만 탈출하다'라는 의미로 쓴다. ① 상대방을 버리고 혼자만 어려운 상황에서 벗어나는 경우나 ② 뭔가 같이 하다 혼자 빠지는 경우 ③ 어떤 계획을 세웠다가 못 하겠다고 빠지는 경우에 쓴다. 참고로 bail ~ out은 '(재정적으로) ~를 도와주다'라는 뜻이므로 이것과 구분해서 써야 한다.

A **I'm sorry I can't do this.**
B **Wait. You can't bail out on me now. You made a promise, and you have to keep it.**

A 미안한데 전 못 하겠어요.
B 잠깐. 이제 와서 날 두고 빠지면 안 됩니다. 약속했으면 지켜야죠.

난 그 사람을 **배신하지** 않을 거야.

Idiomatic

I'm not going to turn on him.

I'm not going to sell him out.

I'm not going to throw him under the bus.

I'm not going to stab him in the back.

General

I'm not going to *betray* him.

I'm not going to *double-cross* him.

▶ '배신하다'라고 하면 떠오르는 동사는 **betray**다. 구어에서는 같은 의미로 **double-cross**도 자주 쓴다. **double-cross**에는 '(같은 편 사람을 믿게 한 뒤) 배신하다'라는 뉘앙스가 있다. 영어에서는 상대방에게 등을 돌리거나 등 뒤에서 공격하는 것으로 배신을 표현하는 경우가 많은데, 그런 점이 관용표현에도 잘 나타난다.

turn on ~

~에 대하여 돌아서다

상대방에게 등을 돌리고 돌아서는 것은 곧 배신을 의미한
다. 그래서 '그가 나를 배신했다'는 He turned on me.라
고 하고, turn을 강하게 발음한다. me의 순서를 바꿔서
He turned me on.이라고 하면 '그가 나를 성적으로 흥
분시켰다'가 되므로 주의하자.

**You're my best friend, and you turned on me. Do you have any idea
how that feels?**

가장 친한 친구인 네가 나를 배신하다니. 그게 어떤 기분인지 넌 알기나 해?

**He's an opportunist. When the going gets tough, he'll turn on you in a
heartbeat.**

그는 기회주의자야. 상황이 좋지 않으면 망설임 없이 너를 배신할 사람이야.

the going 상황
in a heartbeat 순식간에/망설이지 않고

sell ~ out

~을 팔아 치우다

한국어에도 '사람을 팔아 넘기다'라는 말이 있다. 이 표현은 그와 유사한 뜻으로 개인
적 이득을 위해 주위 사람을 밀고하거나, 비밀 정보를 누설하는 등 배신하는 것을 의
미한다.

**Can we trust her with this information? How can we be sure she won't
sell us out?**

그녀를 믿고 이 정보를 줘도 될까? 그녀가 우리를 배신하지 않을 거라고 어떻게 확신하지?

He sold his business partner out to the IRS to save his own skin.

그는 자신이 살고자 국세청에 사업 파트너를 밀고했습니다.

trust ~ with... ~를 믿고 …를 주다/맡기다
save one's (own) skin 자기만 화를 면하려 하다

throw ~ under the bus

~를 버스 밑으로 던지다

해석만 봐도 이 표현이 대충 어떤 의미인지 감이 올 것이다. 누군가를 버스 밑으로 던진다는 것을 '자신의 이익을 위하여 다른 사람을 배신한다'는 의미로 쓴 표현이다.

When the fitness club raised their membership fee, some members complained that they threw their loyal customers under the bus.

그 헬스클럽이 멤버십 요금을 인상했을 때 일부 회원은 충성심 높은 고객을 저버렸다며 불만을 터트렸다.

He is notorious for throwing his subordinates under the bus whenever something goes wrong.

그는 일이 잘못되면 부하들을 희생양으로 삼는 것으로 악명이 높다.

notorious 악명 높은 *subordinate* 부하

stab ~ in the back

~의 등을 칼로 찌르다

이 표현은 '등에 비수를 꽂다'라는 한국 표현의 영어 버전이라고 보면 된다. stabbed in the back(배신 당한)이라는 수동태로도 잘 쓴다. 여기에서 backstab(모함하다)이라는 동사가 유래되었다.

He used to be the senator's right-hand man, but he stabbed her in the back by joining her opponent's camp.

그는 그 상원의원의 오른팔이었는데 반대 후보 캠프에 합류해서 의원을 배신했다.

If we go ahead with this, she'll feel stabbed in the back by us.

우리가 이 일을 진행하면 그녀는 우리에게 배신 당했다고 느낄 겁니다.

opponent 상대편

그는 내게 **복수를 하려고** 벼르고 있어.

Idiomatic

He's out to get back at me.

He's determined to get even with me.

He's determined to even the score with me.

He's out to settle a score with me.

He's on the warpath against me.

General

He's determined to *get revenge on* me.

He's out to *make* me *pay* (for it).

▶ '…에 대하여 ~에게 복수하다'는 **get[take] revenge on[against] ~ for…**라고 한다. 미드에 자주 등장하는 표현으로 **make ~ pay**도 있다. 이 표현은 '~에게 대가를 치르게 하다'라는 뜻이다. 무엇에 대한 복수인지 말하려면 뒤에 **for**를 붙인다.

get back at ~

〜에게 되돌아가다

get back은 '되돌아가다'라는 뜻이지만 뒤에 at을 붙이면 '〜에게 복수하다'라는 말이 된다. 전치사 at은 대상/표적을 나타낸다. 누군가에게 되돌아가서 복수한다고 생각하면 표현과 뜻을 연결하기 쉽다.

A This is a good chance to **get back at** Kendall and bring his company down.

B I'm not so sure about it. I want to make him pay for what he did as much as you do, but not by breaking the law.

A 이건 켄달에게 복수해서 그 회사를 망하게 할 절호의 기회야.

B 글쎄, 난 잘 모르겠어. 나도 너만큼이나 켄달이 한 짓에 대해 대가를 치르게 하고 싶지만, 법을 어기는 건 아닌 것 같아.

bring ~ down ~을 망하게 하다

get even with ~

〜와 등등해지다

even the score with ~

〜와 동점으로 만들다

even은 '(수/양/점수 등이) 동등한/같은'이라는 뜻의 형용사이자 '평등하게 하다'라는 뜻의 동사다. 상대방이 나에게 한 것을 똑같이 갚아 주는 게 복수기 때문이다. 한쪽으로 기운 저울의 균형을 맞추는 것처럼 말이다.

Don't believe him. He's lying to **get even with** me for the brush-off I gave him the other day.

그 사람 말을 믿지 마. 지난번에 내가 자길 거절했다고 나한테 앙갚음하려고 거짓말하는 거야.

Mark my word, Bill. I'm going to **even the score with** you, whatever it takes.

빌, 내 말을 명심해. 어떤 수를 써서라도 너한테 반드시 복수할 테니까.

give ~ the brush-off ~를 무시하다/거절하다
mark 주의해서 듣다

settle a score with ~

~와의 빚을 청산하다

여기서 score는 '점수'가 아니라 '갚아야 할 빚'을 뜻한다. '갚아야 할 빚'이 꼭 돈을 의미하지는 않는다. 그래서 settle a score는 '빚을 갚거나 청산하다/앙갚음하다'라는 뜻이다. score to settle with 형태로 써도 된다. 이미 언급된 원한을 앙갚음하겠다고 할 때는 settle the score라고 the를 붙여 말한다.

The D.A. has a grudge against me, and he has started the investigation to settle the score with me.

그 검사는 나한테 앙심을 품고 있어. 그래서 복수하려고 수사를 시작한 거야.

I know you've got a score to settle with Casey. Fine, but don't do anything stupid that could land you in jail.

네가 케이시한테 복수하고 싶은 거 알아. 좋아. 그렇지만 자칫 감옥에 갈지도 모르는 바보 같은 짓은 하지 마.

D.A.(=district attorney) 미국 지방 검사 *grudge* 원한
land ~ in jail ~를 교도소에 넣다

on the warpath

전쟁으로 가는 길 위에

warpath는 '인디언들이 싸움터로 나가는 길'을 뜻하는 단어로, ① 어떤 일에 대하여 매우 화를 내거나 ② (앙심을 품고) 가만 두지 않겠다고 벼른다는 의미로 쓴다. 벼르는 대상을 표현하려면 뒤에 against를 붙인다.

John has been on the warpath ever since he was fired from the company.

존은 그 회사에서 해고 당한 이후 이를 갈고 있다.

I just got off the phone with Bob. He's still on the warpath. He's determined to go ahead with the lawsuit.

방금 밥과 통화를 했는데, 아직도 벼르고 있어요. 소송을 진행하겠다는 의지가 강해요.

determined to ~하겠다는 의지가 강한
go ahead with ~을 추진하다

PA

RT₃

능력

ABILITY

ABILITY

UNIT

7

ABILITY

능력

참 잘했어요!

Idiomatic

You did a bang-up job!

You knocked it out of the park!

You hit it out of the park!

General

***Well done*!**

***Way to go*!**

***Good job*!**

You *did* quite *well*!

You *killed it*!

▶ **Well done!/Way to go!/Good job!**은 잘했다고 칭찬하는 감탄문이다. 평서문으로는 **do well**이 '잘하다'라는 뜻이다. **kill it** 역시 '매우 잘하다'라는 뜻으로 미드에 자주 나오는 표현이다.

do a bang-up job (of -ing)
(~하는 것을) 빵 소리 나게 하다

bang은 '쾅/빵/펑' 같은 큰 소리를 나타내는 말인데, 뭔가 화려하게 일을 벌이는 뉘앙스가 있다. 여기서 나온 bang-up은 '우수한/훌륭한'이라는 뜻이고, do a bang-up job은 '일을 훌륭하게 하다'라는 말이다. bang-up 대신 good/terrific/wonderful 등을 넣어도 된다. 반대말은 do a bad[poor/terrible/lousy] job이다.

The Hollywood couple did a bang-up job of keeping their relationship under wraps.
그 할리우드 커플은 사귀는 것을 잘 숨겼다.

The police have done a lousy job of keeping everyone informed.
경찰이 사람들에게 정보를 제대로 제공하지 않았습니다.

keep ~ under wraps ~을 비밀로 하다

knock[hit] ~ out of the park
~을 쳐서 구장 밖으로 나가게 하다

park는 ballpark(야구장)를 뜻하며, 이 표현은 장외 홈런을 치는 것처럼 '~을 멋지게 해내다'라는 뜻이다. knock을 hit으로 바꿔도 좋다.

It's natural you feel nervous before a big test. But I'm sure you'll knock it out of the park.
큰 시험을 앞두고 불안한 건 자연스러운 거야. 하지만 난 네가 시험을 잘 칠 거라고 확신해.

Chef Young really hit it out of the park with her summer menu items.
영 셰프가 내놓은 여름 메뉴가 대박이 났다.

natural 자연스러운

Get this, too!

- **have what it takes to ~** ~하기 위한 소질이 있다
- **have the makings of a[an] ~** ~의 소재를 갖고 있다
- **be cut out to be ~** ~가 될 기본 소질이 있다

이건 네가 배우로 **성공할** 수 있는 기회야.

Idiomatic

This is your chance to make it in Hollywood.

This is your chance to make something of yourself as an actor.

This is your chance to get ahead in Hollywood.

This is your chance to make a name for yourself as an actor.

This is your chance to make your mark on Hollywood.

General

This is your chance to *succeed* as an actor.

This is your chance to *achieve success* in Hollywood.

This is your chance to *be successful* as an actor.

▶ '성공하다'라는 뜻의 동사 succeed는 achieve success(성공을 성취하다)나 be successful (성공적이다)처럼 표현해도 좋다.

make it
그것에 도달하다

make는 '(목표)에 도달하다'라는 의미다. 그래서 it을 목표라고 가정하면 make it은 목표에 도달해서 '성공하다'라는 뜻이고, 여기에 big을 붙여 make it big이라고 하면 '대성공을 거두다'라는 말이 된다.

A I heard through the grapevine that Jason's from a wealthy family.

B Yeah, his father has **made it** big in real estate.

A 제이슨 집안이 부자란 소문을 들었어.

B 그래. 아버지가 부동산으로 크게 성공했다더라.

hear through the grapevine 풍문으로 듣다

make something of *oneself*
자신을 가지고 무엇을 만들다

make ~ of...는 '…로 ~을 만들다'라는 뜻이다. 그래서 자기 자신(oneself)으로 뭔가를 만든다는 것이 곧 '성공하다'라는 의미가 되었다. 이 표현은 보통 to make something of yourself(네가 성공하기 위해서)나 if you want to make something of yourself(네가 성공하기를 원한다면) 형태로 쓴다. 이와 비슷한 표현으로 amount to something이 있다.

You need to have a backbone if you want to **make something of yourself** in the financial business.

금융 업계에서 성공하려면 강한 의지가 필요합니다.

backbone 강한 정신력

get ahead
앞서 나가다

경쟁에서 누군가보다 앞서 나간다는 것은 성공하는 것이라 볼 수 있다. 참고로 get ahead of others라고 하면 '다른 사람보다 앞서 나가다'가 된다.

A The only way to **get ahead** in this world is to go to college and get a good job.

B The world's changing, Dad. I don't think I need a college degree to be successful.

A 이 세상에서 성공하려면 대학에 가서 좋은 직장을 얻는 것 외에는 방법이 없어.

B 세상이 변하고 있어요, 아빠. 성공하는 데 대학 졸업장이 꼭 필요한 건 아니라고 생각해요.

degree 학위

make a name for *oneself*
자신을 위해 이름을 만들다

여기서 이름은 '세상에 알려진 이름'을 뜻한다. 자신에게 이런 이름을 만들어 주는 것은 곧 '유명해지고 알려지다'라는 말이 된다. 할리우드에 있는 유명인들 이름이 새겨진 길인 Walk of Fame을 떠올려 보자.

Last month, I crossed paths with Doris in Seattle. She's **making** quite **a name for herself** in the fashion scene.
지난달에 시애틀에서 도리스를 우연히 만났는데, 패션계에서 꽤 잘나가고 있더라고요.

The prosecutor is seeing this case as a chance to **make a name for himself.**
그 검사는 이 사건을 본인이 유명세를 탈 기회로 보고 있다.

cross paths with ~와 우연히 만나다
scene 업계

make *one's* mark
자신의 자취를 만들다

이 표현은 양궁에서 '과녁을 맞추다'라는 뜻인데, 관용적으로 어떤 업적을 이루어서 '유명해지다/성공하다/족적을 남기다'라는 의미로 쓴다. make one's mark on[in] the tech industry(기술 업계에 이름을 알리다)처럼 뒤에 전치사 on이나 in을 붙인 후 장소/분야를 넣는다.

This is the place you want to be if you really want to **make your mark** in fashion.
정말로 패션계에서 성공하려면 우리 회사에 와야죠.

I understand you want to **make your mark** on the world, but you have to go about it step by step. Remember, Rome wasn't built in a day.
세상에 이름을 알리고 싶은 네 심정은 이해하지만 하나씩 해야지. 로마가 하루아침에 세워진 게 아니잖아.

go about ~을 시작하다

Get this, too!

- **make the grade** (주로 스포츠 분야에서) 성공하다
- **pull ~ off** (어려운 일을) 해내다
- **make ~ happen** ~을 달성하다
- **get ~ done** ~을 완수하다

그녀는 **유능해**.

Idiomatic

She's on the ball.

She knows her stuff.

She knows what she's doing.

General

She's *competent*.

She's *good*.

▶ '유능하다'는 보통 형용사 **competent**(유능한)로 표현한다. 구어에서는 그냥 **good**(좋은)이라고만 해도 맥락과 상황상 의미를 전달할 수 있다.
'유능하다'는 의미를 가진 관용표현으로는 **on the ball**이나 **knows one's stuff**가 있다. 표제문에는 없지만 **worth one's salt** 역시 '유능하다'라는 뜻의 관용표현이다. 이 표현은 보통 [직업 worth one's salt] 형태로 직업/사람 뒤에 붙어서 '돈값을 하는/유능한 누구'를 말할 때 쓴다.

on the ball
공 위에서

이 표현은 공 위에 서서 균형을 유지하는 것으로 '상황 대처가 민첩한/빈틈이 없는/유능한'을 나타낸다. 관련 표현으로 Keep your eye on the ball.(눈을 공 위에 두고 유지하라.)이 있는데 운동 선수가 공에서 눈을 떼지 않듯이 '한눈팔지 않고 정신을 집중하다'라는 말이다.

A I've already taken care of it.
B Good. I'm glad at least one of us is **on the ball**.

A 그 일은 이미 내가 처리했어.
B 잘했네. 최소한 우리 중 한 명이라도 제대로 하고 있으니 다행이야.

take care of ~을 처리하다

know *one's* stuff
자기 것을 알다

stuff는 넓은 의미에서 '물건/어떤 것'을 가리키는 단어로 여기서는 '자기 분야의 지식'을 의미한다. 자기가 알아야 하는 분야를 잘 안다는 것으로 '일을 잘하다'라는 의미를 표현한다.

Your mother really knows her stuff when it comes to gardening.
어머님이 원예 쪽으로 정말 능력이 있으시네요.

Robert vouched for you. You must really know your stuff.
로버트가 당신의 실력을 보장했어요. 정말 유능하신가 봐요.

when it comes to ~에 관해서는
vouch for ~의 실력/신분을 보장하다

know what *one* is doing
자신이 하는 일을 알다

자신이 하는 일을 잘 안다는 것은 그 일을 하기에 '충분한 지식과 경험/능력이 있다'는 뜻이다. 문맥에 따라 '잘 알고 하다'라는 표현 그대로의 의미로도 쓸 수 있다.

Paul is a good lawyer. He knows what he's doing, so don't worry.
폴은 훌륭한 변호사입니다. 능력 있는 분이니까, 걱정하지 마세요.

그 사람은 **능력이 부족했다.**

Idiomatic

He didn't measure up.

He came up short.

He didn't live up to expectations.

He wasn't up to snuff.

He couldn't cut the mustard.

He couldn't hack it.

General

He *wasn't good enough*.

He *wasn't as good as we expected*.

▶ 능력이 부족하다는 것은 **not good enough**(충분히 좋지 않은)나 약간 돌려서 말하는 뉘앙스로 **not as good as we expected**(우리가 기대한 것만큼 좋지 않은)라고 한다. **good** 대신에 **competent**(능력 있는)를 써도 좋다. 그 외에 앞서 나온 '유능한'에 해당하는 표현을 부정으로 만들어 써도 된다. 참고로 **not good** 뒤에 **enough**는 습관적으로 붙여 쓴다. 그냥 **not good**이라고 하면 얕잡아 보는 뉘앙스가 될 수도 있다.

not measure up (to)

(~까지) 측정치가 미치지 못하다

measure는 '측정치가 나오다'라는 자동사로, 뒤에 up을 붙이면 '기대한 정도의 측정치가 나오다'라는 말이 된다. 보통 앞에 not을 붙여서 '(기대에 비하여) 능력이 부족하다'라는 의미로 쓴다. 이 표현은 사람/제품을 다른 사람/제품에 비교하는 의미로도 쓴다.(p.227)

All my life I've felt I don't measure up somehow.
나는 평생 내가 뭔가 모자라는 사람이라고 느꼈다.

I didn't get the job. It seems I didn't measure up to their standards.
그 자리에 취직하지 못했어. 그 회사 기준에 내가 못 미쳤나 봐.

come up short (on)

(~에서) 짧게 위로 오다

come up은 '결과가 나오다'라는 뜻이다. 이 표현은 그 결과가 짧다는(short) 것으로 '(~에서) 기대나 기준에 못 미치다/능력이 부족하다'를 의미한다. 비교 대상에 비해 떨어지거나 모자란다는 뜻으로도 쓴다.

My brother and I were always compared, and I always came up short.
나는 형과 항상 비교당했는데, 내가 항상 부족했어.

The pizza came up short on flavor.
그 피자 맛은 기대한 만큼은 아니었어.

not live up to (*someone's*) expectations

(~의) 기대까지 올라가서 살지 못하다

up to는 '어떤 기준까지 도달하다'라는 의미를 갖고 있다. live up to expectations라고 하면 '일반적인 기대감에 도달한다'는 말이고, '특정한 누군가의 기대에 부응한다'는 live up to someone's expectations라고 한다. 이 표현은 주로 '기대에 부합하지 못하다/능력이 부족하다'라는 부정적인 의미로 쓴다.

I'd heard so many good things about their brunch, but it didn't quite live up to my expectations.
거기 브런치 칭찬을 많이 들었는데, 내 기대에는 못 미쳤다.

not up to snuff
코로 피우는 담배에 이르지 못하는

snuff는 옛날 영국의 상류층에서 애용했던 코로 들이마시는 가루 담배다. 거기서 유래된 up to snuff는 '요구되는 수준만큼/기대한 만큼 좋은'이라는 뜻이다. snuff 자리에 par를 넣어도 된다. par는 골프의 규정 타수를 말하는데, 규정 타수에 든다는 것으로 '기대를 충족시키다'를 표현할 수 있다. 이 표현은 주로 not을 붙여 '기대에 못 미치는'이라는 뜻으로 쓰는 편이다.

The service was good, but the food wasn't up to snuff.
서비스는 좋았는데, 음식은 기대 이하였어.

not cut the mustard
겨자를 자를 수 없다

어원은 분명치 않지만, 겨자 나무를 자를 정도로 칼이 예리하지 못하다는 것에서 비롯되었단 설이 있다. 축약해서 not cut it(그것을 자를 수 없다)이라고 해도 '능력이 부족하다'라는 의미다. 참고로 A not cut it.은 'A로는 안 통하다/충분치 않다'라는 뜻이다. "Sorry" just doesn't cut it.('미안하다'로는 부족해.)처럼 쓴다.

You're afraid you won't be able to cut the mustard and will fail. So, you're looking for an excuse to cop out.
너는 능력이 부족해서 실패할까 두려운 거야. 그래서 빠져나갈 구실을 찾고 있는 거지.

A lot of people say Joe Bradley can't cut it as a starter, but I disagree.
많은 사람들이 조 브래들리가 선발 투수로서 능력이 부족하다고 하는데, 나는 그렇게 생각하지 않아.

cop out 회피하다 *starter* 선발 투수

not hack it
그것을 도끼로 자를 수 없다

cut과 비슷하게 '도끼로 자르다'는 뜻의 hack을 써서 not hack it이라고 해도 '능력이 부족하다'라는 뜻이다. not 부분은 아래 예문처럼 다른 식으로 표현해도 된다.

Jimmy is too old to hack it in the field.
지미는 현장에 있기에는 나이가 너무 많아.

당신이 일을 **망쳤어.**

Idiomatic

> You messed it up.

> You made a mess of it.

> You screwed it up.

> You fell down on the job.

General

> You *ruined* it.

> You *botched* it (up).

> You *bungled* it.

> You *blew* it.

▶ '망치다'는 일반적으로 **ruin**을 쓴다. 가령, '저녁 식사 분위기를 망치지 말자'는 **Let's not ruin the evening.**이라고 하고, '그 사람이 내 인생을 망쳤다'는 **He ruined my life.**라고 한다. **botch**나 **bungle**은 주로 일이나 임무/수술처럼 '주어진 일을 망치다'라는 뜻이다. **blow**는 구어에서 쓰는 속어로 '주어진 기회를 날리다'라는 의미다.

mess ~ up
make a mess of ~
~을 엉망으로 만들다

mess는 '~을 엉망으로 만들다'라는 뜻이다. 그래서 mess ~ up은 물리적으로 어질러 놓았다거나 뭔가를 '망치다/잘못 처리하다'라는 의미다. 목적어 없이 I'm sorry I messed up.(미안해, 내가 일을 망쳤어.)처럼도 쓴다. mess(혼란/엉망)를 명사로 써서 make a mess of라고 해도 된다.

I apologize if I messed things up for you.
제가 당신 일을 망쳤다면 사과드립니다.

I ordered my steak rare, and they made a mess of it.
난 스테이크를 덜 익혀 달라고 주문했는데 식당이 주문을 잘못 처리했다.

rare 덜 익은

screw ~ up
~을 나사처럼 비틀다

screw는 명사로 '나사'라는 뜻인데, 동사로 써서 screw ~ up이라고 하면 '~을 망치다'라는 뜻이 된다. 나사처럼 일이 꼬였다는 것인데 위에 나온 mess ~ up보다는 속된 말이다. 목적어 없이 screw up만 쓸 수도 있다.

I, too, want us to start a family, but having a baby right now is going to screw up a lot of things for us.
나 역시도 가족을 꾸리고 싶지만, 우리가 지금 아이를 가지면 많은 일들이 꼬여.

fall down on the job
일에서 넘어지다

해석 그대로 '맡은 일을 제대로 못 하고 넘어지다'라는 뜻이다. on the job에는 '회사에서/일을 수행하는 과정에서'라는 뜻이 있다.

You've done your part. I'm the one falling down on the job here.
너는 네 역할을 했어. 일을 제대로 하지 못하고 있는 건 나야.

The police fell down on the job by arresting the wrong person.
경찰이 엉뚱한 사람을 체포해서 일을 망쳤다.

do one's part 주어진 책임을 다하다

너도 곧 **요령을 터득하게** 될 거야.

Idiomatic

You'll **get the hang of it** soon enough.

You'll **learn the ropes** soon enough.

You'll **get into the swing of things** soon enough.

You'll **be up to speed** soon enough.

You'll **pick up** the basics soon enough.

You'll **catch on** quickly.

General

You'll *learn how to* get things done quickly.

You'll soon *get used to* it.

▶ '요령을 터득한다'는 딱 한 개의 영어 단어로 표현하기는 어렵다. 그래서 **learn how to**(~하는 방법을 배우다)나 **get used to**(~에 익숙해지다) 정도로 의미를 전달한다.

터득하다 · 배우다

get the hang of ~

~을 거는 것을 익히다

여기서 get은 '~을 깨닫다/이해하다'라는 뜻이다. 도끼의 날에 손잡이를 거는(hang) 작업을 여러 번 반복하면 요령이 생긴다. 거기서 나온 이 표현은 '~에 요령을 터득하다'라는 뜻이다.

It takes time to get comfortable using new technologies. But it gets easier once you **get the hang of** it.
새로운 기술을 원활하게 쓰기 위해서는 배우는 시간이 좀 필요합니다. 그렇지만 요령을 터득하면 점점 쉬워지죠.

I think I'm beginning to **get the hang of** parenting.
나는 이제 부모로서의 요령을 터득하기 시작한 것 같다.

learn the ropes (of)

(~의) 밧줄을 배우다

신입 선원이 돛이 달린 밧줄 묶는 법을 익히는 것에서 유래한 표현으로, 어떤 일을 처리하는 '요령을 익히다'라는 뜻으로 쓴다.

Just give her some time to **learn the ropes**, and she'll be invaluable to you in a few months.
그녀에게 요령을 익힐 시간을 좀 줘. 몇 달 안에 너한테 없어서는 안 될 존재가 될 거야.

The camp was a great way to **learn the ropes of** whitewater rafting.
그 캠프는 급류 래프팅의 요령을 배울 수 있는 아주 좋은 기회였다.

invaluable 매우 가치 있는 *whitewater* 급류

get (back) into the swing of things

왔다 갔다 하는 상황 속으로 (다시) 들어가다

그네를 탄 것처럼 어떤 상황 속에 들어갔다 나왔다 한다는 것은 곧 그 상황에 '적극적으로 참여하는' 것이고, 그러면 결국 그것을 '이해하고 익숙해질' 것이다. 그래서 이 표현은 '요령을 익히다'라는 뜻으로 쓴다. 잠시 쉬었다 다시 일을 시작할 때는 back을 넣어 말한다.

Yachting might seem scary at first. But once you **get into the swing of things**, it's quite enjoyable.
요트는 처음에는 무서워 보일 수 있지만 요령이 몸에 배면 진짜 재미있어.

I can't wait to **get back into the swing of things** and get my project going again.
빨리 업무에 복귀해서 내 프로젝트를 다시 진행시키고 싶네요.

up to speed (on)

(〜에) 원하는 속도에 도달한

up to speed는 ① 어떤 것에 대한 최신 정보를 갖고 있거나 ② 어떤 것을 잘 익혀서 최대의 효율성을 발휘하는 수준에 도달했다는 의미를 가지고 있다. 주로 be동사나 동사 get과 함께 쓴다.

Those banks that are not up to speed on AI technology will lose ground going forward.

AI 기술을 제대로 따라가지 못하는 은행은 앞으로 설 자리를 잃을 겁니다.

lose ground 설 자리를 잃다 *going forward* 앞으로

pick ~ up

〜을 주워 들다

원래 pick ~ up은 바닥에 있는 것을 집어 든다는 뜻이다. 그래서 바닥에 있는 것을 줍듯이 '정식으로는 아니지만 어깨 너머로 익히다'라는 뜻으로 쓰게 됐다. 표제문에 나온 pick up the basics는 '(어떤 일의) 기본을 익히다'라는 뜻이다.

The ability to pick up new skills fast is your ticket to a great job.

새로운 기술을 빨리 습득하는 능력은 좋은 직장을 구하는 확실한 방법이다.

I picked up some French while working in Paris.

나는 파리에서 일할 때 프랑스어를 좀 익혔다.

one's ticket to 〜을 달성하는 확실한 방법

catch on (to)

(〜을) 이해하다

부사 on은 '불이 켜진'이라는 뜻인데, 전등에 불이 켜지는 것은 비유적으로 '이해하다'라는 의미다. 그리고 catch는 지나가는 것을 '붙잡다'라는 뜻이다. 그래서 catch on은 전구에 불이 잠시 깜빡이다 환하게 켜지는 것처럼 '(처음에는 잘 이해 못했지만) 이해하다/깨닫다'라는 뜻으로 쓴다.

A **Are you asking me to bend the rules for you?**
B **You catch on fast. I'm just asking to look the other way on this.**

A 지금 당신에게는 규정을 적용하지 말라는 겁니까?
B 이해가 빠르시네요. 그냥 이 건을 모른 체하고 넘어가 달라는 말입니다.

bend the rules 규정을 편법적으로 적용하다
look the other way 묵인하다

난 열심히 **공부했어.**

Idiomatic

I hit the books hard.

I had my nose in the books.

I put my nose to the grindstone and studied hard.

General

I *studied* hard.

I *concentrated on studying*.

▶ '공부하다'는 study라고 하면 된다. 또는 '공부에 전념하다'라는 뜻으로 concentrate on studying이라고 할 수도 있다.
참고로 관용표현 have one's nose in the books와 put one's nose to the grindstone에는 표현 자체에 '열심히 한다'는 의미가 들어 있다.

hit the books
책을 때리다

[hit the ~] 구문에는 '~을 하다'라는 뜻이 있다. 그래서 hit the books는 '공부하다'라는 뜻이다. 이 구문을 활용한 표현으로 hit the road(도로 여행을 떠나다)와 hit the bottle(술을 마시다) 등이 있다.

A What do you say we hang out at the mall tonight?
B I'm sorry. I have to **hit the books** for my history exam tomorrow.

A 저녁에 쇼핑몰에 가서 놀래?
B 미안. 나 내일 역사 시험이 있어서 공부해야 해.

have *one's* nose in the books
책 안에 코를 갖고 있다

한국어로 치면 '책에 코를 박고 공부하다'와 비슷한 표현으로 '열심히 공부한다'는 뜻이다. have 대신 keep을 써도 된다. 단, the books 대신에 a book을 넣으면 '어떤 책을 열심히 읽다'라는 뜻이 되므로 잘 구분해 사용하자. with one's nose in the books(공부에 열중하고 있는) 형태로도 쓴다.

College isn't just about **having your nose in the books** and studying for exams.
대학은 단순히 시험을 보기 위해 책과 씨름하며 공부하는 곳이 아니다.

He was an oddball, spending most of his time **with his nose in the books**.
그는 좀 괴짜였어요. 책에 코를 박고 공부하는 데에만 시간을 썼어요.

not about –ing 단지 ~하는 것이 목적이 아닌 *oddball* 괴짜

put *one's* nose to the grindstone
회전하는 숫돌에 코를 대다

칼을 가는 사람이 일에 집중하느라 코가 회전 숫돌에 가까이 있는 것도 모르는 모습에서 유래된 표현이다. 그 정도로 '(쉬지 않고) 일을 열심히 하다'라는 뜻인데 상황에 따라 '공부를 열심히 하다'라는 뜻이 될 수 있다. 그 상태를 계속 유지한다고 할 때는 put 대신 keep을 쓴다.

I had to **put my nose to the grindstone** to get a good grade on the final exam.
나는 기말 시험에서 좋은 성적을 받기 위해 열심히 공부했다.

그는 시험을 잘 봤다.

Idiomatic

He aced the test.

He passed the test with flying colors.

He sailed through the test.

General

He *did well on the test*.

He *nailed the exam*.

▶'시험을 잘 보다'는 **do well on the test/exam**이라고 한다. 참고로 대부분의 상황에선 어떤 시험인지 대화하는 사람끼리 알고 있기 때문에 **a** 대신에 **the test[exam]**이라고 **the**를 붙여 쓴다. 여기 나오는 관용표현은 '(시험을 잘 봐서) 합격하다'라는 뉘앙스도 담고 있다. 구어에서 흔히 쓰는 속어로는 **nail**(못을 박다)이 있다. 이 동사는 시험뿐만이 아니라 여러 상황에서 '~을 성공적으로 하다'라는 뜻으로 쓴다. 가령, 무대에서 연설을 멋지게 마치고 내려오는 사람에게 **You totally nailed it!**이라고 말한다.

반대로 '시험을 잘 치지 못하다'는 위에 나온 표현을 부정문으로 말하거나 **bomb the test**(폭탄이 떨어진 것처럼 시험을 망치다)라고 한다. 낙제/불합격은 **fail**(~을 실패하다)이나 **flunk**(~에서 낙제 점수를 받다)라고 표현한다.

ace (a test)
(시험에서) 최고 점수를 받다

ace는 '유능한 선수/사람'을 의미하는데 '최고 점수를 받다'라는 뜻의 동사로도 쓴다. 뒤에 test[exam]을 붙이면 '시험에서 만점을 받다/시험을 잘 보다'라는 뜻이 된다. 앞에서 이미 시험을 언급했다면 그 후에는 it으로 받아서 I aced it.이라고 한다. 이 표현은 성적이 나오는 시험뿐만 아니라 blood test(혈액 검사) 같은 검사 결과에 아무런 이상이 없다는 의미로도 쓸 수 있다.

A How did you do on the exam?
B I think I **aced it.**

A 너 시험은 어땠어?
B 백 점 맞은 것 같아.

The doctor said you **aced the test.**
의사가 검사 결과 당신에게 아무런 이상이 없다고 했어요.

pass (a test) with flying colors
깃발을 날리며 (시험을) 통과하다

colors는 '깃발/국기'라는 뜻이고 복수형으로 쓴다. 신대륙 탐험을 떠났던 배가 깃발을 높이 달고 항구에 위풍당당하게 들어오던 것에서 유래된 표현으로 '성공적으로 (시험 등을) 통과하다'라는 뜻이다. 앞뒤 문맥을 보면 무엇을 통과했는지 알 수 있기 때문에 test는 보통 생략한다. 여기서 파생된 표현인 come through with flying colors는 '환자가 수술을 무사히 이겨내다/건강 검진 결과에 아무런 이상이 없다'라는 뜻이다.

A How did the driving test go?
B I **passed with flying colors.**

A 주행 시험은 어떻게 됐어?
B 당당히 합격했지.

sail through (a test)
(시험을) 항해하듯 통과하다

배가 물 위를 미끄러져 나가는 것처럼 뭔가를 '쉽게/무사히 치르다'라는 뜻의 표현이다. 특히 시험이나 검사를 '순조롭게 통과하다'라는 의미로 쓴다.

Joan **sailed through** the interview and was hired on the spot as manager.
조앤은 면접을 수월하게 통과해서 바로 그 자리에서 매니저로 채용되었다.

on the spot 즉석에서

이 노트북은 X 프로**보다 훨씬 더 좋다.**

Idiomatic

This laptop **leaves** the X Pro **in the dust**.

This laptop **puts** the X Pro **to shame**.

This laptop **runs circles around** the X Pro.

This laptop **blows** the X Pro **out of the water**.

General

This laptop is *far better than* the X Pro.

This laptop is *far superior to* the X Pro.

This laptop *beats* the X Pro *hands down*.

This laptop is *clearly a cut above* the X Pro.

▶ '더 좋은'이라는 뜻의 **better**나 **superior** 앞에 **far**를 붙이면 '훨씬'이라고 강조할 수 있다. **better** 뒤에는 **than**을 쓰지만 **superior** 뒤에는 **to**를 쓰는 것에 주의하자. 문장 끝에 **hands down**(손을 내린 상태에서)을 붙이면 '두말할 나위 없이/쉽게'라는 뜻을 나타낼 수 있다. 이 표현은 경마에서 앞선 기수가 손을 내리고 여유 있게 결승선을 지나는 데서 유래했다. 구어에서는 **A beat B**(A가 B보다 낫다)와 **be a cut above**(~보다 훨씬 낫다)도 같은 의미로 많이 쓴다.

leave ~ in the dust
~을 먼지 안에 남겨 놓다

자동차 경주에서 앞선 차가 질주하며 먼지를 일으켜 뒤의 차가 먼지를 뒤집어 쓴 상황에서 나온 표현이다. 그만큼 '~보다 훨씬 뛰어나다/~을 쉽게 이기다'라는 뜻이다.

I thought Chico's was the best place to have tacos, but this place leaves it in the dust.
난 치코스가 최고의 타코 맛집이라고 생각했는데 여기가 훨씬 더 낫네.

I've spent a lot of time stepping up my game so I can leave Brian in the dust this time.
나는 이번에 브라이언을 보기 좋게 이기려고 오랫동안 실력을 갈고 닦았어.

step up one's game 실력을 향상시키다

put ~ to shame
~을 창피하게 만들다

한국어의 '~는 저리 가라 하다'와 유사한 표현이다. 뛰어나다는 의미뿐 아니라 원래 의미인 '~를 창피하게 만들다'로도 쓴다.

She has a great way with words that puts Shakespeare to shame.
그녀는 셰익스피어 저리 가라 할 정도로 언변이 뛰어나다.

This is the best iced coffee I've had so far. It puts Starbucks to shame.
이게 내가 마셔본 아이스커피 중 최고야. 스타벅스가 울고 가겠네.

have a way with words 언변이 뛰어나다

run circles around ~
~ 주위를 맴돌다

자기를 잡으러 온 사냥개 주위를 빠르게 돌면서 농락하는 타조를 떠올리게 하는 표현으로 '~보다 더 잘하다/효율적이다'라는 뜻이다. 영국에서는 circles 대신에 rings를 쓴다.

I may be out of practice, but I can still run circles around you.
내가 요새 연습 부족이긴 하지만 그래도 너 정도는 쉽게 상대하지.

This place runs circles around most of the pizza joints I've been to in terms of quality.
이 식당은 품질 면에서 내가 가 본 대부분의 피자 식당보다 우수하다.

out of practice 연습 부족인 *in terms of* ~ 면에서

blow ~ out of the water
~을 물 밖으로 날려 버리다

어뢰로 적의 군함을 날려버리는(blow) 것에서 유래된 표현으로 ① 상대보다 뛰어나거나 ② 뭔가를 파괴하거나 ③ 누군가에게 큰 패배를 안긴다는 뜻으로 쓴다. 여기에 목적어로 all of them(그들 모두)이나 the rest of them (그들 나머지) 등이 오면 다른 모든 사람보다 뛰어나다는 말이므로 '최고'라는 최상급 표현이 된다.(p.230)

This next-generation model blows the original out of the water.
이 차세대 모델은 기존 모델보다 월등히 우수합니다.

This blows our whole plan out of the water.
이러면 우리의 모든 계획이 공중으로 날아가 버리는 거네.

The Lakers blew the Nets out of the water with a 130-92 win at home.
레이커스는 네츠를 홈 경기에서 130-92로 완전히 제압했다.

generation 세대

Get this, too!

- **right up there with ~** ~에 버금가는
- **give ~ a run for (their) money** ~에 버금가다
- **can hold *one's* own against ~** ~에 못지않다
- **be able to hold *one's* own against ~** ~에 못지않다

이 식당은 토미즈**보다 못해**.

Idiomatic

This place doesn't measure up to Tommy's.

This place doesn't hold a candle to Tommy's.

This place isn't in the same league as Tommy's.

This place pales in comparison to Tommy's.

This place doesn't (even) come close to Tommy's.

General

This place *isn't as good as* Tommy's.

This place *isn't on (a) par with* Tommy's.

This place is *no match for* Tommy's.

▶ '~ 못지않다'라는 표현인 **as good as**와 **on (a) par with**를 부정문으로 만들면 '~보다 못하다'라는 뜻이 된다. 구어로는 **no match for**(~의 상대가 안 되는 사람)란 표현도 기억해두자.

not measure up to ~

측정치가 ~에 미치지 못하다

measure up to는 '측정해 보니 ~에 다다르다/~만큼 좋다'라는 뜻인데 보통 not을 붙여 부정문으로 쓴다. not 대신에 never를 쓰면 부정의 의미가 더 강조된다. not measure up to expectations(기대에 못 미치다)처럼 뒤에 expectations를 붙이기도 한다.

I grew up, believing that I could never measure up to my sister, who excelled at everything she did.

나는 하는 것마다 다 잘하는 언니를 결코 따라가지 못할 거라고 생각하며 자랐다.

The sequel doesn't measure up to the original.

그 속편은 원작보다 못하다.

sequel 속편

not hold a candle to ~

~에 촛불을 들지 못하다

스승 옆에서 촛불을 들고 있는 견습공처럼 '누군가에 비해 능력이나 실력이 부족하다'라는 뜻이다. 참고로 표제문은 This place can't hold a candle to Tommy's.라고 해도 된다.

I'm not a bad cook, but I don't hold a candle to my mother.

내 요리 실력이 나쁘진 않지만 우리 어머니 발끝도 못 쫓아가.

When he's at the top of his game, no one can hold a candle to him.

최고의 실력을 발휘할 때의 그 사람은 따라갈 선수가 없어.

at the top of one's game 최고의 실력을 보여 주는

not in the same league as ~

~와 같은 리그에 있지 않은

말 그대로 같은 급/수준이 아니란 뜻이다. 이 표현은 보통 부정으로 말하지만 not을 빼고 '~와 비교해 손색이 없다'라는 긍정적 의미로도 쓸 수 있다.

This is a fast car, even if it's not in the same league as the Mustang GT500.

비록 무스탕 GT500 급은 아니지만 이 차도 빠른 편입니다.

You're comparing yourself to Brady? You aren't even in the same league as he.

지금 너 스스로를 브래디와 비교하는 거? 넌 그 애랑 비교도 안 돼.

pale in comparison to ~

～에게 비교하면 창백해지다

누구와 비교하면(in comparison to) 얼굴이 창백해질(pale) 정도로 '～에 비교 대상이 아니다/～에 비하면 초라하다'라는 뜻이다. pale next to(～ 옆에서 창백해지다)라고도 한다.

What I'm asking you to do for me pales in comparison to the sacrifices I've made for you.

내가 너한테 해 달라고 부탁하는 건 그간 내가 널 위해 한 희생에 비하면 아무것도 아니지.

The water park pales next to the one at Disney, but we still had a blast.

그 워터파크는 디즈니에 있는 것과는 비교가 안 되지만, 그래도 우리는 아주 신나게 놀았다.

sacrifice 희생
have a blast 아주 즐거운 시간을 갖다

not (even) come close to ~

～에 가까이에도 오지 못하다

비교하는 것에 가까이 오지도 못할 정도로 '～와 비교 자체가 안 된다/～이 훨씬 낫다'라는 뜻이다. even을 넣으면 뜻이 더 강조된다. 문맥에 따라 That doesn't even come close to an answer.(그것은 답변이라고 할 수 없다.)처럼 '～라고 할 수 없다/～와 거리가 멀다'라는 뜻으로도 쓴다.

I've eaten in many five-star restaurants, but their food doesn't even come close to what my dad can cook.

여러 5성급 식당에서 먹어 봤지만 그런 곳의 음식은 우리 아빠가 해 주는 것과는 비교도 안 된다.

해산물 식당 중 여기가 **최고야**.

Idiomatic

When it comes to seafood, this place is the best of the bunch.

As far as seafood goes, this place takes the cake.

Of all the seafood restaurants, this one blows them all out of the water.

I've tried about every seafood restaurant in town, and none comes close to this place.

General

Of all the seafood restaurants in this town, this one is *the best*.

As far as seafood goes, this place is *unmatched*.

This place *beats all the other* seafood restaurants in this town.

▶the best(최고)는 격식체로는 unmatched라고 하는데, unrivaled(라이벌이 없는)나 unparalleled(상대가 없는)로 바꿔도 좋다. beat all the other(다른 모든 ~을 이기다)는 none beats(그 누구도/무엇도 ~을 이기지 못하다)라고 해도 된다.

the best of the bunch

다발 중 최고

이 표현은 비교 대상인 무리(bunch)에서 '최고'라는 말이다. best 대신에 pick을 써도 같은 뜻이다.

Of all the horror novels I've read, this is the best of the bunch. It kept me on the edge of my seat from beginning to end.

내가 읽은 공포 소설 중에는 이게 최고야. 처음부터 끝까지 가슴 졸이게 하더라.

My hair stylist is the best of the bunch. She is meticulous.

내 머리를 해 주는 미용사는 최고 실력자야. 꼼꼼해.

on the edge of one's seat 매우 긴장/흥분한 *meticulous* 꼼꼼한

take the cake

케이크를 가져가다

상으로 케이크를 주던 풍습에서 유래된 표현으로 상을 차지할 정도로 최고라는 말이다.

I've heard many ridiculous stories in my life, but this one takes the cake.

살면서 말도 안 되는 이야기를 많이 들어 봤지만, 이건 진짜 최고다.

ridiculous 터무니없는

blow ~ out of the water

~을 물 밖으로 날려 버리다

p.225에 '~보다 우수하다'로 소개된 표현이다. 여기에 목적어로 the rest(나머지)나 all of them(그들 모두) 또는 the rest of them(그들 나머지) 등이 오면 '최고'라는 최상급 표현이 된다. 77번에 나온 표현은 모두 이런 식으로 쓸 수 있다.

I've listened to many covers of this song on Youtube, but this rendition blows the rest out of the water.

유튜브에서 이 노래 커버를 많이 들었지만 이 버전이 최고야.

rendition 표현/연주

Nothing[None] (even) comes close to ~

그 어떤 것도 ~에 가까이 오지 않다

p.228에서 소개한 not (even) come close to를 활용한 표현이다. 이 표현의 주어가 nothing이나 none일 경우 '그 어떤 것도 ~와 비교가 안 되다/~이 최고다'라는 뜻이 된다.

I've been on many whale-watching tours around the world, and nothing comes close to this experience.

저는 전 세계 곳곳에서 고래를 보는 투어를 여러 번 해봤는데 이번이 최고였어요.

I've eaten pizza in over 20 states, and none even comes close to Mario's Pizza.

나는 20개가 넘는 주에서 피자를 먹어 봤는데, 마리오 피자가 그 중 최고야.

whale 고래
experience 경험/체험

PERFORMANCE

UNIT

8

PERFORMANCE

업무 수행

최선을 다하겠습니다.

Idiomatic

I'll give it my best shot.

I'll give it the old college try.

I'll leave no stone unturned.

I'll pull out all the stops.

I'll move heaven and earth.

General

I'll *do my best*.

I'll *spare no effort*.

I'll *give it all I have*.

▶ '최선을 다하다'라고 할 때 가장 많이 쓰는 표현은 **do one's best**다. 또는 **spare no effort**(노력을 아끼지 않다)나 **give it all I have**(그것에 내가 가진 모든 것을 주다)로 표현해도 좋다. 뒤에 **to**부정사를 붙여서 '어떤 일을 하기 위해' 최선을 다하는 건지 말할 수 있다.

give it *one's* best shot
그것에 자신의 최고의 한 방을 주다

여기서 shot은 '사격/한 방'이라는 뜻이다. 목표(it)에 최고의 한 방을 준다는 것으로 '최선을 다하다'를 표현했다.

Keep your chin up. You gave it your best shot.
기운 내. 너는 최선을 다했잖아.

I'm giving it my best shot to get the team into the playoffs.
저는 팀이 플레이오프에 진출하도록 최선을 다하고 있습니다.

Keep your chin up. 기운 내요.
the playoffs 플레이오프(우승 결정전) 시합

give it the old college try
그것에 오래된 대학 시도를 주다

이 표현은 의욕이 넘치는 대학 야구 선수가 과시적이거나 무모한 플레이를 한다는 뜻이다. 그래서 '무모할 정도로 최선을 다하다'라는 의미로 쓴다.

All we can do right now is to give it the old college try and hope for the best.
지금 우리가 할 수 있는 건 최선을 다하고 결과가 좋기를 바라는 거야.

hope for the best 잘 되기를 바라다

leave no stone unturned
뒤집지 않은 돌을 남겨 두지 않다

전쟁에서 패한 장군이 퇴각하면서 바위 밑에 감췄던 보물을 찾는 내용의 그리스 전설에서 유래된 표현이다. 모든 돌을 다 뒤집어 볼 만큼 '모든 수단을 다 동원하다/노력하다'라는 뜻이다.

A The big game is only a week away. How are you preparing for it?
B I'm **leaving no stone unturned** to make sure that everyone is in the best physical and mental shape and focused on winning.

A 큰 시합이 일주일 밖에 안 남았는데, 어떻게 준비하고 있나?
B 모두가 최상의 상태인 신체와 정신으로 이기는 것에 집중하도록 모든 노력을 기울이고 있습니다.

prepare 준비하다
focused on ~에 집중하는

pull out all the stops
모든 손잡이를 다 뽑다

stop은 파이프 오르간에서 파이프 소리가 나지 않도록 막는 손잡이다. 이것을 다 빼내면 모든 파이프가 움직여서 가장 큰 소리가 난다. 따라서 이 표현은 '모든 자원을 사용하다'라는 뜻이다.

We have to pull out all the stops to keep the case from going to trial.
이 사건이 재판으로 가지 않도록 모든 수단을 다 동원해야 해.

trial 재판

move heaven and earth
하늘과 땅을 움직이다

어떤 일을 성취하기 위하여 하늘과 땅이라도 움직일 정도로 노력한다는 뜻이다.

I've made a mistake, and I'll move heaven and earth to straighten it out.
내가 실수를 했어. 실수를 바로잡기 위해 뭐든지 할게.

The doctors moved heaven and earth to save the patient, but he didn't make it.
의사들은 환자를 살리려고 최선을 다했지만 환자는 끝내 소생하지 못했습니다.

straighten ~ out ~을 바로잡다 *make it* 살아남다

Get this, too!

- **go above and beyond (the call of duty)** 의무가 아닌데도 특별히 신경 쓰다
- **go out of *one's* way** 특별히 노력하다/애쓰다
- **go the extra mile** 필요/기대 이상으로 노력하다
- **go to great lengths** 엄청난 노력을 기울이다

난 그 일을 해내기 위해 **열심히 일했어.**

Idiomatic

I worked day and night to get the job done.

I knocked myself out to get the job done.

I had to put my back into it to get the job done.

General

I *worked hard* to get the job done.

I *worked like crazy* to get the job done.

I *made a lot of effort* to get the job done.

I *put a lot of effort* into getting the job done.

▶work hard(열심히 일하다)를 구어로는 work like crazy(미친 듯이 일하다)라고 할 수도 있다. 또는 명사 effort(노력)를 써서 make a lot of effort(많은 노력을 하다)라고 하거나 put a lot of effort(많은 노력을 기울이다)라고 표현해도 좋다.

work day and night
밤낮으로 일하다

어떤 문제를 해결하거나 맡은 일을 끝내기 위해 밤낮으로 열심히 일한다는 뜻이다. 한국어에도 비슷한 표현이 있기 때문에 영어 표현도 익숙하게 느껴질 것이다. 참고로 '밤낮'을 영어로는 day and night이라고 한다.

The police are working day and night to catch the kidnapper.
경찰은 유괴범을 잡기 위해 불철주야로 노력하고 있다.

Nancy worked day and night to find us the right home for our family.
낸시는 우리 가족에게 맞는 집을 구해 주느라 노력을 아끼지 않았다.

kidnapper 유괴범

knock *oneself* out
자신을 때려눕히다

KO(knock out)가 된 것처럼 뻗을 정도로 '매우 애쓰다/노력하다'라는 뜻으로, Knock yourself out.(괜한 고생인 것 같지만 원한다면 해 봐.)이라는 문장으로 자주 쓴다.

A   He said no? Let me talk to him.
B   **Knock yourself out.** He won't budge.

A   그가 거절했어? 내가 한번 이야기해 볼게.
B   얼마든지 해 봐. 그 사람은 입장 안 바꿀 거야.

budge 의견을 바꾸다

put *one's* back into it
그것 안으로 등을 넣다

물건 안으로(into) 등이(back) 들어갈 정도로 그것을 힘껏 미는 것으로 '전력을 다하다'를 나타낸 표현이다.

My masseuse did a terrific job. She really put her back into it and took out all my knots.
내 마사지사가 실력이 엄청 좋았어. 힘을 다해서 내 뭉친 근육을 다 풀어 줬어.

masseuse 여성 마사지사 *terrific* 훌륭한
take out knots 뭉친 근육을 풀다

그녀는 두 아이를 키우느라 **뼈 빠지게 일했다.**

Idiomatic

She worked her fingers to the bone to bring up her two children.

She worked her tail off to provide for her two children.

She ran herself into the ground to provide for her two children.

General

She *worked extremely hard* to raise her two children.

She *worked like a dog* to take care of her two children.

▶ '뼈 빠지게 일하다'는 work very[really/extremely] hard라고 한다. 또는 비유적으로 work like a dog(개처럼 일하다)라고 해도 좋다. dog 대신에 horse(말)나 slave(노예)를 쓰기도 한다.

work *one's* fingers to the bone
손가락에 뼈만 남도록 일하다

한국어 '손발이 닳도록 일하다'와 가장 유사한 영어 표현이다. 손에 있는 살이 닳아 없어지도록 일을 한다는 말이다.

My parents were farmers, and they worked their fingers to the bone to keep the farm up and running.
우리 부모님은 농부였는데, 농장을 운영하기 위해서 손발이 닳도록 일을 하셨다.

up and running 가동 중인

work *one's* tail off
꼬리가 떨어지게 일하다

한국 사투리에 '새빠지게 일하다'가 있다. 여기서 '새'는 '혀'를 말하는데, 영어에서는 너무 열심히 일하면 '꼬리'가 떨어져 나간다고 한다. 속어로는 tail 대신에 butt(엉덩이)을 쓰기도 한다.

A **You know my team worked our tails off to get this project up and running. And now you're killing it?**

B **Don't get yourself worked up. This decision is from upstairs.**

A 이 프로젝트를 돌리느라 우리 팀이 정말 힘들게 일했던 거 알잖아. 그런데 그걸 지금 네가 끝낸다고?

B 너무 흥분하지 마. 이건 상부에서 결정한 거야.

worked up 흥분한 *from upstairs* 상부로부터

run *oneself* into the ground
자신을 땅속으로 몰고 가다

run 자리에 drive나 work를 써도 된다. run과 drive는 '~을 몰고 가다'라는 뜻이다. 죽어서 땅에 묻힐 정도로 몸을 축내 가며 일을 많이 한다는 말이다. 비슷한 표현으로 work oneself into an early grave(일하다 이른 무덤으로 들어가다)도 있는데 이 표현을 과거 시제로 쓰면 진짜 죽은 것이 되므로 현재나 미래 시제로 쓴다.

We ran ourselves into the ground to meet the deadline.
우리는 마감일을 맞추느라 죽기 직전까지 일을 했다.

She's working herself into an early grave to keep her head above water.
그녀는 간신히 생계를 유지하려고 몸이 축날 정도로 일하고 있다.

meet ~을 충족시키다
keep one's head above water 근근이 생활하다

그만 **농땡이 부리고** 일 좀 해.

Idiomatic

No more slacking off and get back to work.

Stop goofing off and get back to work.

Quit messing around and get on with your work.

Quit fooling around and get on with your work.

General

Stop *wasting time* and get back to work.

Stop *dawdling* and get some work done.

▶ 한국어를 영어로 그대로 바꾸는 것보다 말하고자 하는 핵심 의미를 전달할 수 있는 영어 표현을 찾는 게 영어 실력을 키우는 데 도움이 된다. 예를 들어 표제문은 waste time(시간을 낭비하다)이라고 해도 일을 안 하고 빈둥거린다는 것을 표현할 수 있다. dawdle은 결정을 못하고 망설이거나 일을 꾸물댄다는 뜻이다.

slack off
느슨하게 하다

slack(느슨한)을 동사로 쓰고 뒤에 **off**를 붙이면 '딴짓하며 빈둥거리다'가 된다. 이런 사람은 slacker라고 한다. 이 표현은 일뿐만 아니라 '뭔가를 전보다 덜 열심히 하는' 상황에서도 쓸 수 있다.

If I catch any of you slacking off again, you are in big trouble.
너희들 누구라도 또 빈둥대는 걸 내가 보게 되면 큰일 날 줄 알아.

I used to run every day, but I've slacked off lately.
전에는 매일 뛰었는데 요새 좀 나태해졌어.

in trouble 곤경에 빠진

goof off
빈둥거리다

goof는 '실수하다/빈둥거리다'라는 뜻이다. 여기서 나온 goof-off는 '농땡이 부리는 사람'을 의미한다. 미국에서는 3월 22일 National Goof Off Day에 일이나 공부를 잊고 빈둥거리거나 뭔가 재미있는 일을 한다.

As a teenager, I was rebellious. I goofed off in school and got bad grades.
십대에 나는 반항아였다. 학교에서 빈둥거렸고 성적도 안 좋았다.

If there's one thing I can't stand, it's slackers who goof off at work.
내가 한 가지 도저히 못 참는 건 회사에서 빈둥대는 게으름뱅이들이다.

rebellious 반항적인 *slacker* 게으름뱅이

mess[fool] around
빈둥거리며 돌아다니다

mess around는 '빈둥거리며 시간을 보내다'라는 뜻이다. mess 대신에 fool을 써도 된다. 참고로 mess[fool] around (with)는 '(~와) 가벼운 스킨십을 하다'라는 뜻이기도 하므로 문맥을 잘 살펴야 한다.

A　Hey, got a minute? I've got some juicy gossip.
B　Sorry. I don't have time to **mess around** right now.

A　저기, 시간 있어? 나한테 흥미로운 이야기가 있는데.
B　미안, 나 지금 한가하게 놀 시간 없어.

juicy 흥미로운

난 **일을 안전하게 처리하려는** 것뿐이야.

Idiomatic

I just want to play it safe.

I just want to be on the safe side.

I just want to take no chances.

General

I just want to *do it safely*.

I just want to *avoid risk*.

▶ '안전하게 어떤 일을 하다'는 한국어를 그대로 영어로 바꿔서 **do ~ safely**라고 해도 말은 통한다. 또는 말을 뒤집어서 **avoid risk**(위험을 피하다)라고 할 수도 있다. 표제문에 나온 **take no chances**도 이런 맥락의 관용표현이다. 일상에서 매우 자주 쓰는 표현이므로 꼭 알아 두자.

play it safe
그것을 안전하게 하다

말 그대로 쓸데없는 모험을 하지 않고 '안전제일주의(safety first)'로 뭔가를 한다는 뜻이다.

They offer a truly huge variety of dishes, but I decided to **play it safe** and ordered the fish and chips.
그 식당은 진짜로 음식 종류가 엄청 다양한데, 나는 안전하게 피시 앤 칩스를 주문했다.

In this line of business, **playing it safe** won't get you very far. You need to explore new ideas.
이 사업 분야에서는 안전제일주의로 성공할 수 없습니다. 당신은 새로운 아이디어를 탐색해야 합니다.

get ~ very far ~이 크게 발전하게 하다

be on the safe side
안전한 쪽에 있다

'(만일에 대비해서) 안전하게 하다'라는 의미로, 보통 just to be on the safe side(혹시 모르니까/만약을 대비해서) 형태로 쓴다.

Reservations are not required, but I recommend you make one just to **be on the safe side**.
예약이 필수는 아니지만 만일에 대비해서 예약하실 것을 권장합니다.

His test results are all good. But I'd like to keep him overnight just to **be on the safe side**.
그분 검사 결과는 다 정상입니다. 그렇지만 혹시 모르니까 하루는 입원시켰으면 합니다.

overnight 하룻밤 동안

take no chances
어떤 위험도 취하지 않다

여기서 chance는 '잘못될 수 있는 가능성'을 의미한다. 따라서 이 표현은 '잘못될 수 있는 일을 하지 않다'라는 뜻이 된다. not take any chances 형태로도 쓴다.

I double-checked the label to make sure the toy doesn't contain any harmful chemicals. When it comes to safety for my kids, I **take no chances**.
그 장난감에 해로운 성분이 없는지 라벨을 재차 확인했습니다. 제가 아이들 안전 문제에는 철저해서요.

시작합시다.

Idiomatic

Let's get down to it.

Let's buckle down.

Let's get the show on the road.

Let's get the ball rolling.

Let's start the ball rolling.

General

Let's *begin*.

Shall we *get started*?

Let's *get cracking*.

Let's *get to work*.

▶ 일/회의 등을 '시작하다'는 영어로 **begin**이라고 한다. 구어로는 **get started**나 **get cracking** 이라고 할 수 있다. '일'에만 한정하자면 **get to work**를 많이 쓴다. 참고로 **get to work**는 문맥 에 따라 '회사에 도착하다'라는 뜻도 된다.

get down to it
그것으로 내려가다

get down to는 마음먹고 자리에 앉아(down) 어떤 일에(to) 착수한다는 표현이다. it은 work나 business로 바꿔도 된다.

It looks like everyone's present. So, let's get down to business.
모두 온 것 같은데, 그럼 시작하겠습니다.

Let's roll up our sleeves and get down to work.
자, 준비를 하고 본격적으로 일을 시작해 봅시다.

present 참석한 *roll up one's sleeves* 본격적으로 일할 준비를 하다

buckle down
버클을 채우고 앉다

안전벨트를 매고 자리에 앉는 것으로 '마음을 다잡고 열심히 일하기 시작하다'라는 의미를 나타낸다. 보통 buckle down and finish this job(마음먹고 시작해서 이 일을 끝내다)처럼 뒤에 내용을 추가해서 사용한다.

Now, stop distracting me. I need to buckle down and study for my exams.
자, 정신 산만하게 하지 마. 나 마음잡고 시험 공부해야 돼.

If you buckle down and apply yourself, there's nothing you can't accomplish.
마음을 잡고 전념하면 이루지 못할 일이 없다.

distract ~를 정신 사납게 하다
apply oneself 전념하다

get the show on the road
쇼를 도로 위에 올려놓다

서커스 같은 순회공연은 보통 도로 근처에서 시작된다. 그런 상황에 '일을 시작하다'를 비유한 표현이다. '(여행을) 떠나다/출발하다'라는 뜻으로도 쓸 수 있다.

Time to get the show on the road. Is everyone ready?
이제 일을 시작할 시간입니다. 모두 준비됐나요?

We'd better get the show on the road before it gets too dark.
너무 어두워지기 전에 빨리 출발해야겠다.

get the ball rolling
start the ball rolling
공을 굴리기 시작하다

구기 종목에서 공을 굴려 경기를 시작하는 것처럼 '일을 시작하다'라는 뜻이다. 사업/프로젝트/일/회의 등을 시작한다는 의미로 여러 상황에서 쓸 수 있다. get 자리에 start를 써도 된다. 시작하는 일이 무엇인지는 get the ball rolling 뒤에 on을 붙여서 말한다.

Your application is on file, and we'll get the ball rolling on it when the Center reopens after the holidays.
귀하의 신청서는 접수되었습니다. 연휴가 끝나고 센터가 문을 열면 신청서를 처리하도록 하겠습니다.

Let's get the ball rolling. Our first order of business is to set the date for the buyers convention in September.
시작하겠습니다. 첫 번째 안건은 9월에 있을 바이어 회의 날짜를 정하는 겁니다.

We're dropping charges against your son. I've already started the ball rolling.
당신 아들에 대한 고발을 취하할 겁니다. 제가 이미 절차를 시작했습니다.

on file 접수된/등록된 *set the date* 날짜를 정하다
drop ~을 철회하다 *charge* 고발

모든 것이 **잘 진행되고** 있습니다.

Idiomatic

Everything's **on track**.

Everything's **coming along** fine.

Everything's **moving along** fine.

Everything's **coming together** fine.

Everything's **coming up roses**.

Everything's **falling into place**.

Everything's **working out** perfectly.

General

Everything's *going great*.

Everything's *going according to plan*.

Everything's *going as planned*.

▶ '진행되다'는 영어로 **go**라고 한다. '잘' 진행된다는 것은 **well/great/smoothly** 등을 붙여서 표현할 수 있다. 잘 진행된다는 것을 '계획대로 진행되다'라고 생각한다면 **according to plan**(계획에 따라)이나 **as planned**(계획한 대로) 구문으로 표현해도 좋다.

on track
선로 위에

track이 '철도의 선로'라는 뜻이기 때문에 on track은 기차가 선로를 따라 잘 달리고 있는 상태를 말한다. 즉, '일이 예정대로 진행되고 있는/궤도에 오른'을 달리는 기차로 표현한 것이다. 그래서 on track to라고 하면 '이대로 가면 ~할 가능성이 높은'이 되고, get ~ back on track은 '~을 다시 정상화하다'라는 말이 된다. 반대로 off track(선로를 벗어난)은 '예정대로 되지 않는/(말하다) 옆길로 샌'이라는 뜻이다.

The country's now **on track** to set a record for exports.
그 나라는 지금 수출에서 신기록을 달성할 것으로 보인다.

After the divorce, I went through a real bad time, and it took me years to **get** my life **back on track**.
나는 이혼 후에 매우 힘든 시기를 보냈다. 내 삶을 제자리로 돌려놓는 데 몇 년이 걸렸다.

come[move] along
계속해서 오다/가다

along은 '가던 방향으로 계속/전진해서'라는 의미를 갖고 있다. 따라서 이 두 표현은 '일이 (잘) 진행되다'라는 뜻이다.

We've had a few hiccups, but the project is **coming along** quite nicely.
몇 가지 문제가 있었지만, 프로젝트는 꽤 잘 진행되고 있습니다.

With the convention only a week away, things are **moving along** pretty fast.
대회가 일주일밖에 안 남아서 일이 정신없이 돌아가고 있습니다.

hiccup 작은 문제

come together
한군데로 오다

흩어져 있던 퍼즐 조각이 모여 그림이 완성되어 가는 것처럼 상황/계획이 '잘 진행되다/잘 완성되어 가다'라는 말이다. 이 자체로 잘 진행된다는 뜻이지만 뒤에 nicely나 fine 등을 붙여도 된다.

Preparations are **coming together** nicely for the exhibition.
전시회 준비가 잘 진행되고 있습니다.

Our team chemistry is really **coming together**.
팀이 호흡이 점점 더 잘 맞아 가고 있다.

chemistry 궁합

come up roses
장미로 올라오다

미국에서 유행했던 옛날 노래 제목에서 나온 표현이다. 영어권에서 장미는 '희망/밝은 미래'를 상징한다. 그래서 이 표현은 '상황이 아주 잘 풀리다'라는 뜻이 된다. 거의 Everything is coming up roses.(모든 것이 잘 진행되고 있다.) 형태로 쓴다.

Everything had been coming up roses for him until he was diagnosed with cancer.
그가 암 진단을 받기 전까지는 모든 것이 잘 풀리고 있었다.

be diagnosed with ~ 병으로 진단을 받다

fall into place
제자리에 떨어지다

퍼즐 조각이 모두 제자리에 떨어지면 퍼즐이 완성되는 것처럼 '일이 예정대로 착착 잘 진행되다'라는 표현이다. 퍼즐이 다 맞으면 전체 그림을 알 수 있게 되듯이 '갑자기 이해가 되다/수수께끼가 풀리다'라는 뜻도 있다.

Once we get the funding from RCA, things will start falling into place for us.
우리가 RCA에서 투자를 받기만 하면 앞으로 우리 일은 술술 잘 풀리기 시작할 겁니다.

Once I got the hang of hitting the ball at the right angle, the rest fell into place.
공을 올바른 각도에서 때리는 요령을 익히니까 나머지는 저절로 따라왔어.

get the hang of ~하는 요령을 익히다

work out
일이 풀리다

work out은 다양한 의미를 갖고 있는 구동사인데 자동사로 쓰면 '계획한 대로 풀리다/진행되다'라는 뜻이다. pan out도 비슷한 의미다.(p.322) 이 표현의 주어로는 주로 things(일/상황)나 everything(모든 일)이 온다.

They got married after dating for six months, but things didn't work out between them.
그들은 6개월 동안 사귀고 결혼했지만 뭔가 잘 풀리지 않았다.

이 일은 우리가 **힘을 합쳐야** 합니다.

Idiomatic

We need to partner up on this.

It's imperative (that) we team up on this.

We've got to join forces on this.

It's important (that) we pull together on this.

We need to stand together on this.

We've got to stick together on this.

We have to band together on this.

We've got to close ranks on this.

We need to circle the wagons on this.

General

We need to *work together* on this.

We need to *cooperate* on this.

▶ '협력하다/힘을 합치다'는 영어로 **work together**(함께 일하다)나 **cooperate** 또는 **collaborate**라고 한다.

partner up (with)
(~와) 파트너 관계를 맺다

협력하는 관계인 partner를 동사로 쓴 표현이다. 파트너가 되기로 하면서 '협력'을 약속하는 악수를 하는 장면을 생각해 보자.

If we partner up, we can have the market cornered.
우리가 파트너가 되면, 시장을 장악할 수 있습니다.

We're looking to **partner up with** another company that has a good track record in the medical field.
저희는 의료 분야에서 실적이 좋은 다른 기업과 협력할 생각을 하고 있습니다.

corner the market 시장을 장악하다
be looking to ~할 생각이다

team up (with)
(~와) 팀을 구성하다

아마추어 농구 선수들은 경기장에 모여 즉석에서 팀을 구성하기도 한다. 이 표현은 그렇게 같은 팀이 되는 것처럼 '(~와) 한 팀이 되다/협력하다'라는 뜻이다.

If we team up, it can give us a great synergy going forward.
우리가 손을 잡으면 앞으로 큰 시너지를 낼 수 있습니다.

If you team up with us, Fusion won't stand a chance.
귀사가 우리와 힘을 합친다면 퓨전 사는 상대도 안 될 겁니다.

going forward 앞으로 *not stand a chance* 이길 가능성이 없다

join forces (with)
(~와) 힘을 합치다

힘(force)을 합쳐 협력한다는 말이다. 유사 표현인 join hands with(~와 손잡다)는 신문 기사에서 자주 볼 수 있다.

A I never thought you'd **join forces with** Ned. You used to hate his guts.
B As they say, desperate times call for desperate measures.

A 네가 네드와 손잡을 거라고는 생각도 못했어. 끔찍하게 싫어하더니.
B 어려울 때 찬밥 더운밥 가릴 수 있나.

hate someone's guts ~를 죽도록 싫어하다

pull together
함께 잡아당기다

줄다리기를 할 때 한 팀이 되어 같이 줄을 잡아당기는 것처럼 '모두 단합해서 협력하다'라는 뜻이다.

The crisis is also an opportunity for us to pull together as a community.
위기는 우리가 공동체로서 협력할 수 있는 기회이기도 합니다.

Now is a time for us to pull together and put family first.
지금은 우리가 합심해서 가족을 가장 중요하게 여길 때야.

crisis 위기
put ~ first ~을 가장 중시하다

stand together (on/against)
(~에 관해/대항해서) 같이 서다

같이 서는 것은 비유적으로 '같은 입장을 취하다/협력하다'라는 뜻이다. 어떤 문제에 대해 같은 입장인지 말할 때는 뒤에 **on**을 붙이고, 무언가에 대항하여 공동으로 맞선다고 할 때는 against를 붙인다.

If we don't stand together, they're gonna knock us down one by one.
우리가 힘을 합치지 않으면 저쪽에서 우리를 한 명씩 무너뜨릴 겁니다.

It's time to stand together against racism.
지금은 우리가 인종차별에 함께 맞설 때입니다.

knock ~ down ~를 무너뜨리다

stick together
함께 붙다

이 표현은 가족 등의 동일 집단 사람들이 어떤 문제나 도전에 직면하여 '흩어지지 않고 계속 결속하다'라는 뜻으로 쓴다.

We can win this fight if we stick together.
우리가 흩어지지 않고 뭉치면 이 싸움을 이길 수 있어.

If we had stuck together, all these terrible things wouldn't have happened.
우리가 계속 단합했다면 이런 끔찍한 일들이 일어나지 않았을 거야.

band together
끈으로 같이 묶인 것처럼 뭉치다

band는 타동사일 때 '~을 끈으로 묶다'라는 뜻인데 여기선 자동사로 썼다. 이 표현은 끈으로 연결된 것처럼 '단결하다/뭉쳐서 협력하다'라는 뜻이다.

We need to put aside our differences and band together for our common goal.
우리의 의견 차이는 접어 두고 공동의 목적을 위해 하나로 뭉쳐야 합니다.

We've decided to band together with other local restaurants to run a soup kitchen.
우리는 지역의 다른 식당들과 힘을 합쳐 무료 급식소를 운영하기로 했다.

put ~ aside ~을 접어 두다 *run* ~을 운영하다 *soup kitchen* 무료 급식소

close ranks
대열을 좁히다

이 표현은 한 집단에 속한 사람들이 집단의 이익이나 구성원을 보호하기 위하여 강하게 뭉친다는 맥락에서 사용한다. 리더를 따르면서 뭉칠 때는 The party closed ranks behind the governor.(그 정당이 주지사 뒤로 뭉쳤다.)라고 하고, 어떤 사람을 기준으로 뭉치는 경우에는 They'll close ranks around him.(그들은 그를 중심으로 뭉칠 겁니다.)라고 한다. 반대로 집단에서 떨어져 나오는 것은 break ranks라고 한다.

There's nothing like money to make people close ranks.
사람들을 하나로 뭉치게 하는 데는 돈만한 것이 없다.

He'll never break ranks with Josie and John. He has thrown his lot in with them.
그는 결코 조시와 존 무리에서 벗어나지 않을 거야. 그들과 운명을 같이하기로 했으니까.

throw one's lot in with ~와 운명을 함께하다

circle the wagons
마차를 원형으로 배치하다

미 서부 개척시대에 마차 행렬이 원형 대오를 만들어 외부 공격을 방어한 데서 비롯된 표현으로 close ranks와 비슷하게 공동의 목표를 가지고 소속 집단을 보호하기 위하여 '뭉치다/단결하다'라는 뜻으로 쓴다.

They're circling the wagons. I can't go up against them on my own.
그 사람들은 서로 보호하기 위하여 뭉치고 있어. 나 혼자 그들을 상대할 수가 없어.

go up against ~에 대항하다

그녀가 나를 **도와줬어.**

Idiomatic

She gave me a hand.

She gave me a leg up.

She bailed me out.

General

She *helped* me *(out)*.

She *did* me *a service*.

She *did* me *a favor*.

She *came to my rescue*.

▶영어로 '~를 돕다'라고 할 때 **help** 뒤에 **out**을 붙이기도 한다. **He helped me (out) with the project.**(그는 내 프로젝트를 도와줬다.)처럼 전치사 **with**를 붙여 무엇을 도왔는지 말할 수 있다. 격식체 표현인 **do ~ a service**도 '~를 돕다'라는 뜻이다. '~에게 호의를 베풀다'라는 의미로 **do ~ a favor**라고 하기도 한다. 또 '경제적/물리적 위기에서 구출하다'라는 의미로 **come to someone's rescue**(~를 구출하러 오다)라고 표현하기도 한다.

give ~ a hand
~에게 손을 주다

원래는 a helping hand(도움의 손길)인데 a hand로 줄여서 쓴다. 손을 내미는 것이 곧 도움을 주려는 것이기 때문이다. 대화에서 많이 쓰는 표현인데 동사를 lend(빌려 주다)로 바꾸면 좀 더 격식체가 된다.

Can you give me a hand getting this into the trunk of my car?
이거 제 차 트렁크에 싣는 것 좀 도와주시겠어요?

If you're cash-strapped, we can give you a hand with the rent.
네가 현금이 부족하면 우리가 월세 내는 걸 도와줄 수 있어.

cash-strapped 현금이 부족한

give ~ a leg up
~의 다리를 받쳐서 올려 주다

말을 탈 때 두 손으로 다리를 받쳐서 올려 주는 것에서 나온 표현으로 '~가 발전하도록 도움을 주다'라는 뜻이다. 글자 그대로 어디에 올라가도록 발을 받쳐 준다는 뜻도 있다.

This program is designed to give students struggling in math a leg up.
이 프로그램은 수학을 힘들어하는 학생들에게 도움을 주는 것을 목적으로 합니다.

Working in a lawyer's office gave me a leg up in understanding the basics of criminal law.
변호사 사무실에서 일하는 게 형사법 기초를 이해하는 데 도움이 되었다.

be designed to ~하는 것이 목적이다

bail ~ out
보석금을 내고 ~를 빼내다

bail(보석)을 동사로 써서 bail ~ out of jail이라고 하면 '~를 보석으로 감옥에서 빼내다'라는 말이다. 이 표현에서 of jail을 떼고 '어려움에 처한 사람을 구하다/도와주다'라는 뜻으로 쓴다. come to someone's rescue와 비슷한 의미다.

If you bail me out one last time, I promise I'll clean up my act.
이번에 마지막으로 저를 도와주시면 개과천선할 것을 약속합니다.

I bailed you out when you were down and out, and you double-cross me?
네가 가난할 때 내가 도와줬는데 나를 배신해?

clean up one's act 마음을 잡고 새사람이 되다
down and out 가난한 *double-cross* ~를 배신하다

저는 기사를 세 개 더 **써야** 됩니다.

Idiomatic

I have to grind out three more articles.

I have three more articles to bang out.

I have three more pieces to churn out.

General

I have to *write* three more pieces.

I have three more articles to *produce*.

▶ 신문 기사(**article/piece**)를 '쓰다'라고 할 때는 **write**나 **produce**(생산하다)라고 한다. **produce**는 **produce evidence**(증거를 내놓다)/**produce an heir**(후계자를 낳다)/**produce a TV show**(TV 프로그램을 연출하다)/**produce good results**(좋은 결과를 내놓다)/ **produce an album**(앨범을 제작하다) 등 무엇인가를 만들거나 내놓는다는 뜻으로 광범위하게 사용한다.

grind ~ out
~을 갈아서 내다

grind는 '~을 갈다'라는 뜻이다. 그래서 분쇄기를 grinder라고 한다. grind ~ out은 하루 종일 이런 기계를 돌리는 것처럼 '(글/노래 등)을 기계적으로 만들어내다/하다'라는 뜻이다. grind it out이라는 고정된 형태일 때는 '힘든 일을 끈질기게 계속하다'라는 뜻이다. 또 grind는 명사로 '매일 반복되는 지겨운 일'을 의미한다.

With a small staff, we're **grinding out** five editions a week.
몇 안 되는 직원으로 우리는 매주 5회 신문을 발행하고 있다.

I've been **grinding it out** for hours, trying to figure out which part of my code is causing the error.
내가 작성한 코드 중 어떤 부분이 에러의 원인인지 알아내느라 몇 시간째 진땀 빼고 있어요.

edition (간행물의) 판/호

---

bang ~ out
~을 때려서 내다

'쿵/쾅' 소리라는 뜻의 단어 bang을 동사로 써서 bang ~ out이라고 하면 '급하게 ~을 만들어내다'라는 의미를 가진다. 타자기를 급하고 세게 타닥거리며 글을 써내는 것에 빗댄 표현이다. 주로 컴퓨터 키보드로 하는 작업과 관련해 사용한다.

I **banged out** a response to the angry customer, offering a sincere apology for the mix up.
화난 고객에게 혼선에 대해 정중하게 사과하는 답변을 후다닥 썼다.

I can **bang out** a draft presentation and email it to you in two hours.
제가 2시간 내에 발표 자료 초본을 만들어서 이메일로 보내드릴 수 있어요.

response 답장 *mix-up* 혼선/혼란 *draft* 초안

---

churn ~ out
~을 휘저어 내다

churn은 우유/크림 등을 휘저어서 '버터를 만든다'는 뜻이다. 여기서 파생된 churn ~ out은 '~을 기계적으로/빨리/대량으로 만들어 내다'라는 의미로 쓴다.

He was busted for running an illegitimate business that **churned out** cheap knockoffs.
그는 값싼 모조품을 만드는 불법 회사를 운영하다 체포되었다.

After spring break, I'm back to my college life of **churning out** papers.
봄 방학이 끝나자 다시 보고서를 써내는 대학 생활로 돌아왔다.

be busted 체포/단속되다 *knockoff* 위조품

그 프로젝트의 **책임자**는 제리입니다.

Idiomatic

Jerry's calling the shots in the project.

Jerry's in the driver's seat for the project.

Jerry's at the helm of the project.

Jerry's running the show as far as the project is concerned.

General

Jerry is *in charge of* the project.

Jerry is *responsible for* the project.

Jerry is *overseeing* the project.

▶in charge of(~을 담당하는/책임자인)는 **responsible for**(~에 대하여 책임이 있는)라고 바꿔 말할 수도 있다. 또는 동사 **oversee**(~을 감독하다)로도 담당자나 책임자를 표현할 수 있다.

call the shots
샷을 부르다

당구에서 채를 잡은 사람이 몇 번 공을 어느 포켓에 넣을지 미리 말하는 것을 call my shot이라고 한다. 이 때문에 이 표현은 '어떤 일을 담당하다/결정권이 있다'라는 뜻을 갖게 되었다.

A Who's **calling the shots** on this, you or Kim?
B Technically, I'm in charge of the project, but I'm letting Kim handle the details.

A 이 일에 책임자가 누구죠? 당신인지 킴인지?
B 원칙적으로는 제가 프로젝트 담당자예요. 그렇지만 세부적인 일은 킴에게 맡겼어요.

technically 원칙적으로는

in the driver's seat
운전석에서

운전석에 앉은 사람이 차가 갈 방향을 정하게 되는 것처럼 '주도권이 있는/결정권자인'이라는 뜻이다.

Andy's no longer **in the driver's seat**. I get to decide who gets a raise and who gets a promotion.
앤디는 더 이상 결정권자가 아니야. 누가 연봉 인상을 받고 누가 승진할지는 내가 결정해.

You're the only one who can turn things around. So, get back **in the driver's seat**.
당신이 이 상황을 반전시킬 수 있는 유일한 사람입니다. 그러니까 다시 대표 자리에 복귀하세요.

turn ~ around ~을 반전시키다

at the helm
조타석에서

the helm은 배의 운전대인 키를 뜻한다. 위에 나온 운전석에 있다는 표현과 유사하게 키를 잡은 사람이 '수장인/책임자인'이라는 뜻이다.

With Jacob back **at the helm**, EDISON is going to continue to be a force to reckon with.
제이콥이 다시 책임자로 복귀하였으므로 에디슨 사는 계속해서 강력한 회사가 될 것입니다.

Things will never be the same without you **at the helm**.
당신이 총책임자 자리에서 물러난다면 많은 것이 달라질 겁니다.

force to reckon with 강력한 사람/기업

run the show
쇼를 진행하다

run은 '~을 운영하다'라는 뜻을 가진 동사다. 그래서 이 동사만으로도 '책임자'를 표현할 수 있다. 가령, Jack is running the program.이라고만 해도 '그 프로그램은 잭이 담당하고 있어요'라는 말이 된다. 또 run things(여러 일을 운영하다)는 일반적으로 어떤 곳을 경영/관리하는 책임을 맡고 있다는 뜻이다.

The FBI is **running the show** now, with the local police playing second fiddle.

지금은 지방 경찰은 보조적 역할을 하고, FBI가 지휘하고 있습니다.

Many teams are involved in the project, so there's confusion over which team is **running the show**.

많은 팀이 그 프로젝트에 관여하고 있어서 어떤 팀이 주도권을 잡을지 혼란스러운 상태야.

Susan is the one who's **running things** around here. So, this isn't really your call to make.

여기 최종 관리 책임자는 수잔이에요. 그러니까 이건 당신이 결정할 일이 아닙니다.

play second fiddle 보조 역할을 하다
confusion 혼란스러운 상태
make a call 결정하다

잭이 없는 동안 수가 잭을 **대신할 겁니다.**

Idiomatic

Sue's **filling in for** Jack while he's away.

Sue's **standing in for** Jack while he's on leave.

Sue's **taking over for** Jack while he's gone.

Sue's **filling Jack's shoes** while he's on leave.

General

Sue's *subbing for* Jack while he's on leave.

Sue's *covering for* Jack while he's gone.

Sue's *pinch-hitting for* Jack while he's away.

▶ **substitute for**(~를 대신하다)는 구어에서는 **sub for**라고 줄여 말한다. 유사 표현으로는 **cover for**가 있다. 야구의 **pinch hitter**(대타자)에서 나온 **pinch-hit for**도 급하게 대타로 일을 맡는다는 느낌으로 쓴다. '휴직하고 있는'은 **on leave**라고 하는데 휴직 상황을 언급하는 것이 명백한 맥락에서는 **gone**(가고 없는)이나 **away**(떠나 있는)라고 해도 좋다.

fill in for ~

~를 위해서 안을 메우다

stand in for ~

~를 위해서 안에 서다

빈 공간을 메우거나(fill in) 빈자리에 서는(stand in) 것으로 '임시로 대신하다'를 표현한다. 두 표현에 큰 차이는 없지만 stand in은 연극/영화/특정한 역할을 대신한다는 의미가 강하다. 그래서 명사 stand-in은 '대역 배우/대역을 하는 사람'이라는 뜻이다. 또 유사 표현으로 sit in for도 있는데 주로 회의에 대신 참석하는 경우에 쓴다.

A Thank you for **filling in for** me. I owe you one.
B No need to thank me. You covered for me last week.

A 대신 일을 맡아 줘서 고마워. 신세 졌네.
B 고마워할 필요 없어. 네가 지난주에 내 대신 일을 해 줬잖아.

Is there any chance you can **stand in for** me at Brian's bail hearing on Friday?

금요일 브라이언의 보석 심리에 내 대신 대타로 나서 줄 수 있겠어요?

owe ~에게 빚을 지다 *bail hearing* 보석 심리

take over (for/from)

(~를 위해서) 넘겨받다

take over(넘겨받다) 뒤에 [for/from 사람]을 쓰면 그 사람이 하던 일을 임시로 대신한다는 뜻이 된다. 단, take over from은 어떤 직책을 영구적으로 넘겨받는다는 의미로도 쓰기 때문에 문맥을 파악해야 한다. 가령, 아버지가 돌아가시고 사업을 넘겨받았다면 After my father passed away, I took over (from him).이라고 한다.

Steve is in the hospital. So, I'm **taking over for** him.

스티브가 병원에 있어서 제가 그 사람 일을 맡았어요.

fill *someone's* shoes

~의 신발을 채우다

다른 사람의 신발을 신는 것으로 '~를 대신하다'를 나타낸 표현이다. 보통 사임/퇴직 등으로 인해 후임으로 가게 된 경우에 쓰지만, 표제문처럼 임시로 대신 임무를 수행한다는 뜻도 된다. 연관 표현인 be in someone's shoes(~의 신발 안에 있다)는 '~의 입장이 되다'라는 뜻이다.

Warren has done a tremendous job, so **filling his shoes** is no easy task.

워렌이 일을 아주 잘했기 때문에 그 후임자가 되는 것이 쉬운 일은 아닙니다.

tremendous 대단한 *task* 과제/임무

SOLUTION

UNIT

9

SOLUTION

문제 해결

실수해서 죄송합니다.

Idiomatic

I'm sorry I slipped up.

I'm sorry I dropped the ball.

General

I'm sorry I *made a mistake*.

I'm sorry for the *blunder*.

▶ '실수하다'는 영어로 **make a mistake**(실수를 만들다)라고 한다. 구어에서는 '실수'를 **blunder**라고도 하니 알아 두자. 큰 실수일 경우에는 **mistake[blunder]** 앞에 **big**(큰)이나 **colossal**(엄청난) 같은 형용사를 붙인다. 참고로 결례가 되는 행동이나 말은 **social blunder**나 **faux pas**라고 한다.

slip up
미끄러지다

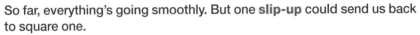

미끄러지는 것을 실수에 비유한 표현이다. 여기서 나온
slip-up이라는 명사는 '실수'라는 뜻이다.

**She made a mistake. But it's not like any of
us have never slipped up before. Don't be so
harsh on her.**
그 애가 실수를 했지. 근데 우리는 전에 절대 실수 안 한 것처럼 그러냐.
그 애한테 너무 심하게 굴지 마.

**So far, everything's going smoothly. But one slip-up could send us back
to square one.**
지금까지는 모든 것이 순조롭지만 한 번이라도 실수하면 원점으로 돌아갈 수도 있어.

be harsh on ~에게 심하게 굴다 *square one* 원점

drop the ball
공을 떨어뜨리다

구기 종목에서 공을 떨어뜨리는 것은 큰 실수다. 이 표현은 '부주의로 실수하다'라는
뜻인데, 어떤 실수인지는 뒤에 전치사 on을 붙여서 말한다.

**I'm sorry. I know I really dropped the ball on this one. What can I do to
make things right?**
미안해. 이 건은 진짜 내가 실수했어. 어떻게 해야 보상이 될까?

make ~ right ~을 바로잡다/보상하다

Get this, too!

put *one's* foot in *one's* mouth 말실수를 하다

그는 그 문제를 **덮어버리려고** 했다.

Idiomatic

He tried to **gloss over** the problems.

He tried to **paper over** the problems.

He tried to **sweep** the problem **under the rug**.

General

He tried to *cover up* the problem.

He tried to *conceal* the problem.

He tried to *whitewash* the problem.

▶'잘못/실수를 은폐하다/덮다'는 영어로 cover ~ up이나 conceal(숨기다) 또는 whitewash (문제를 적당히 덮다/감추다)라고 한다. 얼굴의 잡티를 가리는 화장품인 컨실러(concealer)가 동사 conceal에서 나온 것이다. whitewash는 원래 '하얀색으로 칠하다'라는 뜻인데, 이것을 '실수나 문제를 하얗게 칠해서 덮어버린다'는 의미로도 쓴다.

gloss ~ over
~ 위에 광택제를 바르다

어떤 문제 위에 립글로스(lip gloss) 같은 광택제를 발라서 '문제를 감추거나 별일 아닌 것처럼 눈속임한다'는 뜻으로 자주 쓰는 표현이다.

Glossing our differences **over** isn't going to make them go away.
우리의 차이점을 별일 아닌 것처럼 얼버무린다고 해서 그게 사라지지는 않아.

You're **glossing over** the fact that you aren't on top of your game these days.
넌 지금 요새 네가 최상의 경기력이 아닌 사실을 감추려고 하고 있어.

on top of one's game 최고의 실력을 보여 주는

paper ~ over
~ 위에 종이를 덧바르다

paper는 동사일 때 '종이로 가리다'라는 뜻이다. 벽에 난 구멍을 감추려고 그 위에 종이를 덧대는 것처럼 '(문제를) 숨기다/은폐하다/덮다'를 표현한 것이다. paper over the cracks(틈새 위에 종이를 바르다) 형태로 쓰기도 한다.

The economic minister tried to **paper over** the nation's snowballing debt in a press conference.
그 경제 장관은 기자회견에서 눈덩이처럼 불어나는 국가 부채 문제를 대충 덮고 넘어가려 했다.

snowball 눈덩이처럼 불어나다

sweep ~ under the rug
~을 양탄자 밑으로 쓸어 넣다

'문제/실수'를 먼지처럼 쓸어서 양탄자 밑에 넣고 덮어버린다는 표현이다.

We can't just **sweep** this problem **under the rug** and hope that it fixes itself.
이 문제를 그냥 덮어 두고 스스로 해결되기를 바랄 수는 없습니다.

Child abuse is often **swept under the rug** because children are afraid to tell somebody.
아동 학대 문제는 아동이 누군가에게 말하기를 두려워하기 때문에 은폐되는 경우가 많다.

fix ~을 해결하다 *abuse* 학대

Get this, too!

- **bury *one's* head in the sand** 현실을 부정하다/눈 가리고 아웅 하다

난 너와의 일을 **정직하게** 처리해 왔어.

Idiomatic

I've been **on the level** with you.

I've been **on the up and up** with you.

I've been **out in the open about** everything with you.

I've been **above board** with you.

General

I've been *honest* with you.

I've been *open* with you.

I've been *straight* with you.

▶ '정직한'은 **honest** 또는 구어에서는 **open**이라고 한다. **honest and open**처럼 두 표현을 함께 쓰기도 한다. 또 **straight**(곧은)도 '정직한'이란 의미로 쓸 수 있다. 정직하다는 것은 감추는 것 없이 투명하다고도 볼 수 있으므로 **transparent**(투명한)라고 해도 좋다. 열린 자세로 투명하게 속내를 다 보이고 있다는 뜻이다. '너와의 일을 정직하게 처리하다'는 **be honest with you**(너에 대하여 정직하다)만으로도 충분히 전달된다.

on the level
평면 위에

level은 표면이 '평평한'이라는 뜻으로, 영어권에서는 이런 수평 또는 직선이 '정직함'을 뜻한다.(p.385) 따라서 이 표현은 '속이지 않고 정직하다'는 뜻이다. 사람뿐만 아니라 행동도 주어로 쓸 수 있다.

A　What do you think about him?
B　I think he's **on the level.** That's what my gut's telling me.

A　그 사람은 어떤 것 같아?
B　진실한 것 같긴 해. 내 육감으로는 말이야.

Make sure everything is on the level before you sign it.
서명하기 전에 모든 것이 정직하게 되어 있는지 확인하세요.

my gut tells me 내 육감으로 느끼다
sign 서명하다

on the up and up
위의 위에

영어에서 '위쪽'은 '정직/향상' 등의 긍정적인 의미를 가지고 있고, '아래쪽'은 부정적 의미가 있다. 그래서 이 표현은 정확한 유래는 불분명하지만 '도덕적/법적으로 정직하다'라는 뜻으로 쓴다. 또한 매출액이 상승세에 있다는 뜻도 있다.

Do I have your assurance that everything's on the up and up?
모든 것이 합법적이라는 것을 보장해 줄 수 있습니까?

Many of the rental car companies in the area are scams, but this place is on the up and up.
그 지역에 있는 다수의 렌터카 업체가 사기를 치는데, 여기는 정직합니다.

assurance 장담/확실한 약속
scam 사기

out in the open (about)

(~에 관하여) 공개되어 밖으로 나와서

거래나 관계에서 숨기는 것 없이 공개하기 때문에 정직하다는 뜻이다. about 없이
써도 된다.

A   They haven't been **out in the open about** some hidden costs.
That is a violation of good faith.

B   But they're saying it was just an oversight. Let's not go overboard
about this.

A   그 사람들은 몇 가지 숨겨진 비용에서 정직하지 않았습니다. 이건 신의 원칙을 위반한 겁니다.

B   그렇지만 그쪽에서는 단순 실수라는데요. 이 일로 너무 과잉 대응하지 맙시다.

I want no more secrets between us. I want everything to be **out in the
open**.

우리 둘 사이에 더는 비밀이 없었으면 해. 모든 것을 다 정직하게 보여 주자.

violation 위반 *good faith* 신의/선의
oversight 실수 *go overboard* 지나치게 하다

---

above board

판 위에

카드 게임에서 카드를 판(board) 위에 올려놓는다는 것은 속임수를 쓰지 않고 정직
하게 게임을 한다는 뜻이다. above board는 여기서 나온 표현으로, 사람뿐 아니라
everything이나 this 같은 상황도 주어로 쓸 수 있다. aboveboard로 붙여서 표기
하면 '정직하게' 라는 부사가 된다.

Let me assure you that this is all **above board**.

모든 일이 정직하다는 것을 제가 보증합니다.

The realtor is highly professional and does everything **aboveboard**.

그 공인 중개사는 아주 전문적이고 모든 일을 정직하게 합니다.

assure 보증하다 *realtor* 부동산 중개사

나는 그 질문을 **예상하지 못했다**.

Idiomatic

I **didn't see** the question **coming**.

The question **caught** me **off guard**.

The question came **out of left field**.

The question came **out of the blue**.

He **threw** me **a curveball** with that question.

General

The question was *unexpected*.

I *was surprised by* the question.

The question *came as a surprise to* me.

▶'예상치 못한'은 **unexpected**라고 한다. 예상하지 못한 일을 당하면 '놀라게' 되므로 **be surprised by**(~에 의하여 놀라다)라고 할 수도 있고, 세련된 표현인 **come as a surprise to**(~에게 놀라움으로 다가오다)도 기억해 두자.

not see ~ coming

~이 오는 것을 보지 못하다

갑자기 날아오는 공을 보지 못했다면 공에 맞을 것을 예상하지도 못할 것이다. 그런 식으로 '상황/행동을 예상하지 못하다'라는 뜻의 표현이다. 물론 실제로 눈으로 못 본 것에도 쓸 수 있다. 연관 표현인 see ~ coming from a mile away(1마일 떨어져서 ~이 오는 것을 보다)는 '~는 충분히 예상 가능하다'라는 뜻이다.

A   Who knew Jerry was such a fabulous singer? He really knocked everyone's socks off.

B   Yeah, I **didn't see** that **coming**, either.

A   제리가 그렇게 노래를 잘 부르는 줄 누가 알았겠어? 다들 넋이 나갔더라.

B   그러게. 나도 전혀 예상 못했어.

knock someone's socks off ~를 크게 감탄하게 만들다

catch ~ off guard

경계를 풀고 있는 상태인 ~를 잡다

guard는 '감시/경계'로 on guard는 '경계하는'이라는 뜻이고, off guard는 '경계를 풀고 있는'을 의미한다. 이 표현은 경계를 풀고 있는 상태인 누군가를 잡는 것으로 '~의 허를 찌르다'를 나타낸다. 수동태 A be[get] caught off guard by B(A가 B에 의하여 허를 찔리다)로도 자주 쓴다. 비슷한 표현으로 catch ~ by surprise와 catch ~ unawares도 알아 두자.

Their progression to the semifinals caught many off guard.

그 팀의 준결승 진출은 많은 사람의 허를 찔렀다.

progression 진전 *semifinal* 준결승전
many 다수의 사람

out of left field

왼쪽 외야로부터

야구에서 왼쪽 외야수(좌익수)가 주자의 '허를 찌르며' 공을 던지는 것에서 나온 표현이다. out in left field 또는 그냥 left field라고도 한다.

The offer came totally out of left field, and I need some time to think it over.

그 제안은 전혀 예상하지 못했던 것이라 생각할 시간이 좀 필요해요.

I know this is out of left field, but are you related to Sally Field?

뜬금없는 질문일지도 모르겠지만, 혹시 너 샐리 필드와 친척이야?

think ~ over ~을 곰곰이 생각하다 *related* 친척 관계인

out of the blue

파란 하늘에서

like a bolt out of the blue(파란 하늘에서 떨어지는 번개처럼)를 줄인 표현으로 맑은 하늘에 치는 번개처럼 '갑자기/예상치 못하게'라는 말이다.

Marriage was entirely off my radar until George popped the question out of the blue.

나는 조지가 갑자기 청혼을 하기 전까지 결혼은 생각도 안 했어.

I have no idea what set her off. It was completely out of the blue.

그 애가 뭐 때문에 그렇게 화가 났는지 전혀 모르겠어. 완전히 청천벽력이었어.

off one's radar 관심 없는
pop the question 청혼하다 *set ~ off* ~를 매우 화나게 하다

throw ~ a curveball

~에게 커브 볼을 던지다

야구에서 커브 볼은 날아오다 갑작스럽게 궤적을 바꾸는 공이다. 이런 커브 볼에 '예상치 못한 행동/상황/질문'을 비유한 표현으로 앞에 throw를 붙이면 이런 공을 던진다는 말이 된다. 이 표현은 '예상치 못한 행동으로 ~을 곤란하게 하다/허를 찌르다'라는 의미로 쓴다. 표제문은 The question was a curveball.이라고 해도 된다.

Jerry threw his old man a curveball when he quit Yale.

제리는 예일대학교를 그만둬서 아버지를 당황하게 했다.

I never knew life would throw me such a curveball.

내 인생에서 그런 일을 당할 줄은 몰랐어.

one's old man ~의 아버지

괜히 **문제 일으키지** 마.

Idiomatic

Don't rock the boat.

Don't stir things up.

Don't make waves.

Don't upset the apple cart.

Keep a low profile.

General

Don't *cause trouble*.

Don't *create any problems*.

***Keep out of trouble*.**

▶trouble(문제)은 주로 동사 **cause**(야기하다)나 **make**(만들다)와 함께 쓰고, **problems**(문제)는 **cause**나 **create**(만들다/창조하다)와 함께 쓴다. 또는 **Keep out of trouble.**(문제 밖에 있어라.)라고 해도 같은 뜻을 전달할 수 있다.

rock the boat
보트를 흔들다

rock은 동사로 '좌우/앞뒤로 흔들다'라는 뜻이다. 뒤집힐 위험이 있는데도 보트를 흔드는 것으로 '쓸데없는 평지풍파를 일으키다'라는 의미를 표현한다.

I can understand why you prefer to stay the course. You don't want to rock the boat, so to speak.
왜 현재 방향을 유지하기 원하는지 이해합니다. 당신은 소위 문제를 일으키고 싶지 않은 거겠죠.

I don't mean to rock the boat, but there's something off about the packaging art.
쓸데없는 문제를 일으키려는 건 아니지만 포장지 그림이 뭔가 이상해.

stay the course 현상 그대로 유지하다
so to speak 말하자면 *off* 이상한

stir things up
일을 휘젓다

stir ~ up은 '~을 휘저어 섞다'라는 뜻인데 '쓸데없이 문제를 야기하다'라고 말할 때에도 이 표현을 쓴다. stir things up은 그 자체가 관용표현이다. stir up trouble [problems] 같이 '문제'란 뜻의 다른 단어를 넣을 수도 있다.

I'm not trying to stir things up or get anybody into trouble. I just have some questions I need answered.
난 괜한 문제를 일으키거나 누구를 곤란하게 하려는 게 아니야. 그냥 몇 가지 질문에 대답을 듣고 싶을 뿐이야.

Stirring up trouble is her way of life. It's her way of getting attention.
문제를 일으키는 게 그녀의 생활 방식이야. 그렇게 해서 관심을 끌려는 거야.

get ~ into trouble ~를 곤경에 빠뜨리다

make waves
파문을 만들다

잔잔한 호수에 돌을 던져 파문을 일으키면 물고기들이 놀랄 것이다. 이 표현은 그런 식으로 '쓸데없는 파문을 일으키다/문제를 야기하다'를 의미한다.

I'm not here to make waves. Rather, I want to lend a hand.
난 문제를 일으키러 온 게 아니야. 오히려 도움을 주고 싶어.

I don't intend to make waves between you and Jennifer. That wouldn't serve anyone's interests.
나는 당신과 제니퍼 사이에 문제를 일으킬 생각 없어. 그렇게 해서 좋을 사람은 아무도 없고.

lend a hand 도와주다 *serve someone's interests* ~에게 이득이 되다

upset the apple cart
사과 수레를 뒤엎다

고대 로마 시대부터 쓰인 표현이라고 한다. 원래는 upset the cart였는데 나중에 apple이 붙었다. 농부가 시장에 사과 수레를 끌고 가는데 누가 그 수레를 엎었다는 말이다. '일/계획에 차질을 빚게 하다/문제를 일으키다'라는 의미로 쓴다. 한국어로 치면 '산통을 깨다'와 유사하다. 사과 수레는 applecart로 붙여 써도 된다.

I hope you aren't thinking of upsetting the apple cart just because things didn't go your way.
일이 네가 원하는 대로 되지 않았다고 산통 깰 생각을 하는 건 아니길 바란다.

I'm afraid intervening at this stage would only upset the apple cart.
이 단계에서 개입하는 건 오히려 문제가 될까 봐 걱정되네요.

things go one's way 일이 원하는 대로 되다
intervene 개입하다

keep a low profile
세간의 관심을 낮게 유지하다

다른 표현과 달리 이 표현은 '사람들 눈에 띄지 않게 하다/쓸데없는 관심을 끌지 않다'라는 의미를 갖고 있다. 남의 눈에 띄지 않게 몸을 낮춘다는(low) 뜻이다. 주로 스캔들/범죄에 연루되거나 잘못을 한 사람이 괜한 시선을 끌지 않고 조용히 지낸다고 할 때 쓴다. lay low(낮게 눕다)라고 해도 같은 의미다.

It'd be better for you to keep a low profile until the scandal blows over.
스캔들이 잠잠해질 때까지 조용히 지내는 것이 좋겠어.

The smartest thing for you to do right now is to lay low for a while.
지금 가장 현명한 처사는 당분간 눈에 안 띄게 조용히 지내는 겁니다.

blow over (사태가) 잠잠해지다

- **poke the bear** 센 사람을 괜히 건드려서 문제를 일으키다
- **on thin ice** 얼음 위에 있는 것처럼 위험한
- **play with fire** 불장난처럼 위험한 일을 하다

내가 맡은 수사에 **문제가 생겼어.**

Idiomatic

I've run into a problem with my investigation.

I've hit a snag with my investigation.

I've hit a wall with my investigation.

A problem has come up with my investigation.

I've come up against a problem with my investigation.

General

A problem has *occurred* with my investigation.

I've *encountered* a problem with my investigation.

▶ '문제가 발생하다'에서 주어가 '문제'라면 occur(발생하다)와 함께 쓰고, 주어가 문제에 부딪힌 '사람'이라면 encounter a problem(문제를 만나다)이라고 한다.

run into ~

~ 속으로 뛰어들다

이 표현은 '~와 부딪히다'라는 뜻인데, 관용적으로 '~를 우연히 만나다/예상치 못한 문제에 직면하다'라는 의미로 쓴다. 뛰어가다 전봇대를 미처 보지 못해서 부딪히는 것처럼 문제에 부딪히는 것이라 생각하면 된다.

A   Did you **run into** any problems with the DOD?
B   No. Everything's smooth sailing.

A   국방부와의 협의에서 어떤 문제가 있었나요?
B   아니요. 모든 것이 다 순조롭게 진행 중입니다.

DOD(=Department of Defense) 미국 국방부
smooth sailing 아무 문제 없이 잘되는 상황

hit a snag

유목에 부딪히다

snag는 물에 떠다니는 나뭇가지인데 이런 것이 배에 부딪히면 문제가 발생할 수 있다. 그래서 이 표현은 '약간의 차질이나 심각하지 않은 문제에 부딪히다'라는 뜻이다. 위에 나온 run into를 활용해서 run into a snag이라고도 한다.

We just **hit a snag**. Get a hold of yourself.
그냥 작은 문제일 뿐이야. 좀 진정해.

If you **run into any snags** along the way, don't hesitate to give me a call.
진행하면서 어떤 문제라도 생기면 망설이지 말고 저한테 전화 주세요.

get a hold of oneself 진정하다

hit a (brick/stone) wall

(벽돌/돌) 벽을 때리다

한국어 '벽에 부딪히다'와 비슷한 표현이다. 이 표현 역시 hit 대신에 run into를 써서 run into a brick wall이라고 도 한다.

The project **hit a brick wall** when one of the investors decided to pull out.
투자사 중 한 군데가 빠지기로 결정하자 프로젝트가 벽에 부딪혔다.

pull out 철수하다

come up
위로 올라오다

위로 올라온다는 것은 곧 무언가 '발생하다'라는 뜻이다. 그래서 이 표현은 문제 상황을 주어로 써서 그 상황이 위로 올라온다는 말이 된다. 참고로 come up은 대화에서 어떤 문제가 '언급되다'라는 뜻도 있다.

I'm going to be late for our dinner tonight. Something came up at work that needs my personal attention.

나 오늘 저녁 약속에 늦을 것 같아. 회사에 일이 생겼는데 내가 직접 처리해야 돼.

personal attention 직접 신경 쓰는 것

come up against ~
~에 대하여 위로 올라오다

come up에 against를 붙이면 '~한 문제에 직면하다'라는 뜻이 된다. 즉, 이 표현은 문제에 부딪힌 사람/기관이 주어로 나오고, against 뒤에 문제 상황을 붙인다. 위에 나온 come up과 활용법이 다른 점에 유의하자.

I came up against a couple of problems at work. Looks like I'm going to pull a late night here. Don't wait up.

회사에 문제가 좀 생겼어. 밤늦게까지 일해야 할 것 같은데, 나 기다리지 말고 먼저 자.

If you come up against any problems, let us know. We'll help you out.

문제가 생기면 알려 주세요. 저희가 도울게요.

pull a late night 밤늦게까지 일하다
wait up 자지 않고 기다리다

난 일단 상황을 **파악하려는** 중이야.

Idiomatic

I'm trying to get a feel for the situation.

I'm trying to size up the situation.

I'm trying to get the lay of the land.

I'm scoping out the situation.

I'm trying to see which way the wind is blowing.

General

I'm trying to *assess* the situation.

I'm trying to *understand* the situation.

I'm *checking out* the situation.

▶ '상황을 파악하다'는 한 단어로 **assess**(평가하다)라고 한다. 상황을 파악하는 것은 곧 상황을 이해하는 것과 같기 때문에 **understand**(이해하다)라고 해도 된다. 더불어 **check ~ out**(~을 점검하다)도 이럴 때 쓴다.

get a feel for ~
~에 대한 감을 얻다

이 표현은 어떤 상황에 대한 감(feel)을 잡는다는 것으로 '대략적으로 그것을 파악/이해하다'를 나타낸다.

Why don't you take it slow for the first couple of days? Observe how others work so that you can get a feel for the workflow and team interactions.

처음 며칠은 천천히 하세요. 다른 사람들이 어떻게 일하는지 관찰해서 업무 절차나 팀원 사이의 소통 방식에 대한 감을 익히세요.

Why don't you take a walk around the campus, just to get a feel for it?

분위기를 파악할 수 있게 캠퍼스를 걸어서 돌아보면 어때요?

take it slow 천천히 하다
observe 관찰하다

size ~ up
~의 크기를 재다

size를 동사로 써서 up을 붙이면 마치 줄자로 재는 것처럼 '상황/사람을 관찰하고 평가하다'라는 뜻이 된다. **assess**와 같은 의미인 것이다.

She's always right on the money when it comes to sizing up other people.

다른 사람을 평가하는 것에 있어서 그녀는 항상 정확해.

The trade fair was a good chance to size up the competition.

그 박람회는 경쟁사를 탐색할 수 있는 좋은 기회였다.

on the money 정확한

get the lay of the land
땅의 형세를 이해하다

the lay of the land는 '대지의 형세'라는 뜻인데 비유적으로 '상황/분위기'를 뜻한다. 이 표현은 어떤 일을 시작하기 전에 '상황/분위기/일이 돌아가는 방식 등을 미리 파악하다/상황을 이해하다'라는 의미다. get 대신 learn을 써도 된다.

Given the high uncertainty in the market, the first thing we should do is to get the lay of the land.

시장이 불확실하기 때문에 우리는 제일 먼저 상황부터 파악해야 합니다.

As a newcomer, I'm focusing on learning the lay of the land for now.

저는 새로 들어온 사람이라서 지금은 분위기 파악에 중점을 두고 있습니다.

scope ~ out
~을 망원경으로 관찰하다

scope는 telescope(망원경)에 들어가는 단어인데 이것을 동사로 쓰고 out을 붙이면 망원경으로 관찰하듯 '장소를 사전 답사/물색하다' 또는 '상황을 탐색하다'라는 말이 된다. 속어로는 '어떤 사람을 관심을 갖고 쳐다보다'라는 뜻도 있다.

We're just scoping out some homes for sale.
저희는 매물로 나온 집들을 둘러보고 있어요.

You have to scope out the competition constantly and stay one step ahead.
당신은 경쟁사를 계속 관찰하고 한발 앞서야 해요.

competition 경쟁 상대

see[figure out] which way the wind is blowing
바람이 어느 방향으로 부는지 보다[파악하다]

바람이 부는 방향은 '여론/상황이 돌아가는 양상'을 뜻한다. 여기에 동사 see(~을 보다)나 figure ~ out(~을 파악하다)을 붙이면 '여론/상황이 돌아가는 것을 파악하다'라는 뜻이 된다.

When they see which way the wind is blowing, they'll come on board.
그들이 상황이 어떤 방향으로 흘러가는지 깨달으면 합류할 겁니다.

I'm going to sit on the fence until I figure out which way the wind is blowing.
저는 상황이 어떻게 돌아가는지 파악할 때까지는 사태를 관망할 생각입니다.

come on board 합류하다/동참하다
sit on the fence 관망하다

우리는 문제를 **해결할** 수 있어.

Idiomatic

We'll iron out the problem.

We'll work out the problem.

We'll sort out the problem.

We'll straighten the problem out.

We'll make the problem go away.

General

We'll *resolve* the problem.

We'll *fix* the problem.

▶ 문제를 '해결하다'라는 뜻의 동사 resolve는 구어에서는 주로 fix(수리하다)라고 한다.
참고로 사회 문제/분쟁/갈등을 해결한다고 할 때는 resolve를 쓰고, 수학 문제를 푼다고 할 때는
solve를 쓴다.

iron ~ out

~을 다리미로 펴다

work ~ out

~을 작업하다

sort ~ out

~을 분류하다

iron은 동사로 '다리미질하다'라는 뜻이고 이를 활용한 iron ~ out은 다리미로 옷의 주름을 펴듯이 '문제를 해결한다'는 뜻이다. work ~ out과 sort ~ out도 같은 뜻이다. 여기서 나온 표현으로는 iron[work] out the kinks(작은 문제/오류 등을 해결하다)가 있다. kink는 '실이나 머리카락의 비틀림/얽힘'을 의미한다.

A So, are you ready to sign and seal the deal?
B Not yet. We still have a few issues to **iron out**.

A 자, 그럼 서명해서 거래를 확정할까요?
B 아직 아닙니다. 아직 몇 가지 해결해야 할 문제가 있습니다.

I was up all night, working out the kinks on our website.
나는 우리 웹사이트에 작은 문제를 해결하느라 잠을 못 잤어.

There are still a couple of things I need to sort out at work.
제가 회사에서 해결해야 할 일이 아직 두어 가지 있습니다.

seal ~을 확정하다

straighten ~ out

~을 곧게 펴다

구불구불한 곡선 도로처럼 이리저리 꼬인 상황을 곧게 펴는(straighten) 것으로 '문제를 해결하다'를 나타낸 표현이다.

A This is all a misunderstanding. I'm innocent.
B I know. You just hang in there, OK? I'll get a lawyer and **straighten** all this **out**.

A 이건 모두 오해야. 난 죄가 없어.
B 나도 알아. 조금만 더 버텨, 알겠지? 내가 변호사를 구해서 이 문제를 전부 해결할게.

misunderstanding 오해
hang in there 버티다

make ~ go away
~이 없어지게 만들다

문제를 다른 곳으로 가 버리게(go away) 만들어서 해결한다는 말이다. 문제뿐 아니라 말 그대로 뭔가를 없어지게 한다는 뜻으로도 쓴다.

I'll do whatever it takes to make the problem go away.

모든 수단을 동원해서 문제를 해결하겠습니다.

You've got a problem on your hand. Ignoring it isn't going to make it go away.

지금 당신은 문제를 안고 있어요. 무시한다고 해서 문제가 사라지는 것이 아닙니다.

whatever it takes to ~하기 위해 필요한 모든 것
ignore ~을 무시하다

Get this, too!

- **grapple with ~** ~을 해결하려고 하다
- **wrestle with ~** ~을 해결하려고 하다
- **get on top of ~** ~을 수습/처리하다
- **take the bull by the horns** 문제/상황을 정면 돌파하다

네가 **즉흥적으로 대처해야** 돼.

Idiomatic

You'll have to wing it.

You need to take it as it comes.

You'll have to make it up as you go along.

You're going to have to do it on the fly.

You've got to think on your feet.

You're going to have to do it off the cuff.

General

You've got to *improvise*.

You're going to have to *ad-lib*.

▶improvise는 '즉흥적으로 하다'라는 뜻이다. 원고에 없는 말을 즉석에서 하는 것은 **ad-lib**라고 한다. 우리가 영어 그대로 쓰는 '애드립'이 바로 이 표현이다.

wing it
무대 옆에서 그것을 하다

wing은 무대 옆에 출연자가 대기하는 공간을 말한다. 이 표현은 원래는 급하게 대리 출연을 하게 된 사람이 이 공간에서 대본을 외운다는 말이었는데, 의미가 확장되어 '즉흥적으로 하다'라는 뜻으로 쓰게 되었다.

I forgot about the presentation. I guess I'll just wing it.
프레젠테이션에 대해 깜빡했어. 그냥 즉흥적으로 해야겠네.

There's too much at stake. We need to plan this carefully. Winging it is not an option.
많은 것이 걸려 있어요. 이 일은 세심하게 계획해야 합니다. 즉흥적인 건 선택 사항이 될 수 없어요.

at stake 중요한 것이 달린

take it as it comes
그것이 오는 대로 받다

'그때 상황을 봐서 즉석에서 결정해 행동하다'라는 뜻이다. it 대신에 life나 each day 등을 쓰기도 하고, take things as they come이라고도 한다.

We don't have to decide anything right now. We can just take it as it comes.
우리가 지금 당장 결정해야 할 필요는 없어. 돌아가는 상황을 봐서 결정해도 돼.

Experience has taught me to take things as they come.
상황을 봐서 대처하며 사는 걸 경험으로 배우게 됐어.

make it up as *one* goes along
가면서 그것을 만들어내다

make ~ up은 '~을 만들어내다/지어내다'라는 뜻이다. 그래서 이 표현은 '진행하면서 상황을 봐서 즉석에서 대응하다'라는 의미로 쓴다.

We don't know how many will turn up for the show. We'll just have to make it up as we go along.
공연에 몇 명이나 올지 모르잖아. 그때 상황 봐서 즉흥적으로 대처할 수밖에 없어.

I pulled some recipes off the Internet, but for the most part I made it up as I went along.
인터넷에서 요리법을 찾아보기는 했는데, 내가 대부분 즉석에서 만들었어.

turn up (행사에) 참석하다
pull ~ off the Internet 인터넷에서 ~을 찾아내다

on the fly
뜬 공 위에

야구에서 야수는 공이 날아가는 궤적을 보고 그때그때 수비하는 위치를 바꿔야 한다. 따라서 이 표현은 '준비 없이 즉흥적으로/즉석에서'라는 뜻이다.

I made up an excuse on the fly, but she didn't seem to buy it.
내가 즉흥적으로 변명을 했는데, 그녀는 믿지 않는 것처럼 보였어.

I'm not very good at making decisions on the fly.
저는 즉석에서 결정하는 것을 잘 못합니다.

buy ~을 믿다

think on *one's* feet
발 위에서 생각하다

청중 앞에서 원고 없이 즉석에서 연설하는 상황을 뜻하는 표현으로 '즉흥적으로 순발력 있게 상황에 대처하다'를 나타낸다.

I knew you were good at thinking on your feet, but the way you fielded tough questions was truly masterful.
너 즉흥적인 순발력이 뛰어난 거 알고 있었지만 까다로운 질문 처리하는 게 진짜 프로더라.

I thought I could think on my feet, but when I stood before the jury, my mind suddenly went blank.
난 내가 순발력이 있을 줄 알았는데 배심원 앞에 서니까 갑자기 머릿속이 텅 비더라.

field (질문을) 받아넘기다 *masterful* 능수능란한
go blank 텅 비다

off the cuff
소매에서 떨어져

예전에 연극배우/연사가 와이셔츠 소매(cuff)에 대사를 적어 놓고 훔쳐보던 것에서 유래한 표현으로 '즉석에서/임기응변으로'라는 말이다. speak off the cuff(즉석에서 생각난 것을 말하다)처럼 주로 말하는 것과 관련해서 사용하고 off-the-cuff speech(즉석 연설)처럼 형용사로 쓰기도 한다.

It was just an off-the-cuff remark, and the reporter took it out of context and reported I was going to run for mayor.
그냥 즉흥적으로 한 말인데, 기자가 맥락을 생략하고 내가 시장 선거에 나갈 거라고 보도해 버렸습니다.

remark 발언
take ~ out of context 맥락을 생략하고 ~을 해석/인용하다

우리가 경쟁사보다 **선수 칠** 기회입니다.

Idiomatic

We have a chance to beat the competition to the punch.

Now's a chance to get a jump on the competition.

This is our chance to get a head start on the competition.

General

Now, we've got a chance to *beat* the competition *to* the market.

Now's our chance to become a *first mover* in the market.

▶ '누구보다 선수 치다'는 **beat A to B**(A보다 B에 먼저 가다)라고 한다. 경쟁사보다 먼저 간다는 것은 곧 시장을 선점한다는 의미이므로 **beat ~ to the market**(시장에서 ~보다 먼저 선수치다)이라고 하면 된다. 또 어떤 상황인지 모두 아는 경우에는 **Adam beat us to it.**(아담이 우리보다 선수를 쳤다.)과 같이 **it**을 쓴다. '먼저 진출한 사람'이라는 의미로 **first mover**라는 표현을 써도 좋다.

beat ~ to the punch
~보다 먼저 주먹으로 때리다

beat A to B(A보다 B에 먼저 가다/하다)에서 B 자리에 the punch를 넣은 표현이다. 먼저 주먹으로 때린다는 것으로 '선수 치다'를 나타낸다.

A   Could I take you to lunch?
B   Thanks for the offer, but Andy **beat** you **to the punch**.
    Can I take a rain check?

A   내가 점심 살 테니 나갈래요?
B   제안은 고마운데 앤디가 먼저 선수 쳤어요. 다음에 가도 될까요?

rain check 다음 기회

get a[the] jump on ~
~에 대해 점프를 갖다

달리기 시합에서 선수들이 다른 선수보다 더 멀리 점프해서 뛰어나가려는 상황에서 유래한 표현으로 '~보다 선수 치다/먼저 시작하다/미리 피하다'라는 뜻이다. beat ~ to the punch에 비해 의도적인 느낌이 강하다. 참고로 이 표현 뒤에는 경쟁 상대보다는 '피하고 싶은 일/상황'이나 '미리 시작하려고 하는 일' 등이 더 많이 온다.

Sierra got the jump on us and closed the deal yesterday.
시에라에서 우리보다 선수를 쳐서 어제 계약을 했답니다.

I want to leave early so I can get a jump on the rush-hour traffic.
나는 출퇴근 교통체증을 피하기 위해서 일찍 출발하고 싶어.

close a deal 계약을 성사시키다 *rush-hour* 교통이 혼잡한 출퇴근 시간대

get a head start on ~
~에 대해 머리만큼 먼저 출발하다

head start는 '머리만큼 먼저 출발하기'라는 말이다. 즉, 이 표현도 '~을 일찍 시작하다/선수 치다/미리 피하다'라는 뜻이다. A give B a head start on C(A 덕분에 B가 C보다 먼저 시작하다) 형태로도 쓴다.

Why don't you go get a head start on your homework so you don't have it hanging over your head during the holidays?
연휴 동안에 숙제에 신경 쓰지 않게 미리 하지 그래?

Ramping up social media marketing gave us a head start on our competitors.
소셜 미디어 마케팅을 강화했더니 경쟁사들보다 앞서 나갈 수 있었습니다.

hang over someone's head ~의 머리를 떠나지 않다 *ramp ~ up* ~을 강화하다

이 일은 **규정대로** 처리해야 합니다.

Idiomatic

We need to play by the book **on this.**

We need to play by the numbers **on this.**

I insist that we stick to the letter of the law **on this.**

General

We have to *stick to the rules* **on this.**

I insist that we *abide by the rules* **on this.**

I insist that we *go by the rules* **on this.**

▶ stick to는 '~에 달라붙다'라는 뜻이다. 그래서 '(입장/원칙을) 고수하다/끝까지 지키다'라는 의미로도 쓴다. abide by와 go by는 '(원칙/규칙에) 따라 행동하다/그것을 준수하다'라는 의미다. by에 '~에 따라'라는 뉘앙스가 있다. 참고로 go by가 더 구어적 표현이다.

by the book
책에 따라

by the numbers
숫자에 따라

the book은 the Bible(성경)을 뜻한다. 이 표현은 증인이 성경에 손을 얹고 진실을 말할 것을 맹세하는 것에서 유래했다. 현재는 '원칙/규정에 따라'라는 의미로 사용된다. the numbers는 미국 남북전쟁 당시 총검 훈련 교재에서 군인의 위치를 숫자로 표기한 것에서 유래했다. 이 역시 현대 영어에서는 교본에 나와 있는 것처럼 '정해진 절차/규정대로'라는 의미다. 이 두 표현은 보통 do/play/go와 함께 쓴다. John is a by-the-book kind of person.(존은 원칙주의자다.)처럼 하이픈을 붙여서 형용사로 쓰기도 한다. 압도적으로 by the book의 사용 빈도가 높다.

This is a high-profile case, so the D.A.'s office is going strictly by the book.
이 건은 관심이 집중된 사건으로 검찰 측이 철저하게 원칙대로 진행하고 있습니다.

We're going to do this by the numbers. End of discussion.
이 일은 원칙대로 처리합니다. 더 이상 거론하지 마세요.

high-profile 주목을 받는

stick to the letter of the law
법에 나오는 글자에 달라붙다

법조문 글자에 그대로 달라붙는다는(stick to) 것으로 '법/규정을 있는 그대로 엄격하게 적용하다'를 표현한다. stick to 외에 follow/go by/do와도 함께 쓴다. the letter of the law는 the spirit of the law(법의 정신)와 대비되는 기계적인 법 적용의 뉘앙스를 갖고 있다.

I'm sorry, my hands are tied. I'll have to stick to the letter of the law.
미안하지만 내가 어떻게 해 줄 수가 없습니다. 규정대로 처리할 수밖에 없습니다.

The eyes of the press are on this case. So, it's important that the investigation (should) follow the letter of the law.
이 사건에 언론의 관심이 집중되어 있습니다. 따라서 법에 따라 엄격하게 수사하는 것이 중요합니다.

hands are tied 손발이 묶여 꼼짝도 못하다

벤처 창업 아이디어는 잠시 **보류하자.**

Idiomatic

Let's put the start-up idea on hold for a while.

Let's put the start-up idea on the back burner for a while.

Let's put the start-up idea on ice for a while.

General

Let's *postpone* the start-up idea for a while.

Let's *put off* the start-up idea for a while.

Let's *hold off on* the start-up idea for a while.

▶ **postpone**(연기/보류하다)은 보통 결혼/여행/회의 등의 행사를 보류한다는 뜻으로 쓰지만, 표제문처럼 아이디어나 꿈을 보류한다는 뜻으로도 쓸 수 있다. 이것을 **put ~ off**나 **hold off on** 이라는 구동사로 표현해도 좋다.

put ~ on hold
멈춤 위에 놓다

hold는 명사일 때 '대기/중지/멈춤'이라는 뜻이다. 이 표현은 이렇게 대기/보류 위에 뭔가를 놓는다는 것으로 '보류/연기하다'라는 의미를 전달한다. 결혼식/꿈/학업 등 다양한 것을 보류한다고 할 때 쓴다. 통화 중에 잠깐 기다리라고 할 때도 Can I put you on hold?라고 한다.

As a single mother, she had to put her education on hold to care for her children.
그녀는 혼자서 아이들을 돌보느라 학업을 잠시 중단해야 했다.

put ~ on the back burner
뒤쪽 버너 위에 놓다

요리할 때 당장 신경 쓰지 않아도 되는 음식을 뒤쪽 화구(burner)에 놓는 것에서 유래된 표현으로 '급하지 않아 우선순위에서 미루다/잠시 보류하다'라는 뜻이다. 동사 put 없이 쓰기도 한다.

She's put me on the back burner.
그녀에게 요새 나는 뒷전이야.

My family was my number one priority. So, everything else got put on the back burner.
가족이 나에게는 제일 중요했다. 그래서 나머지는 다 뒤로 미뤘다.

priority 우선 사항

put ~ on ice
얼음 위에 놓다

나중에 쓸 음식 재료는 얼음 위에 보관하는 것에서 비롯된 표현으로 프로젝트/아이디어/결정/계획 등을 '보류하다'라는 의미로 쓴다.

The company decided to put the project on ice because of cash-flow problems.
그 회사는 자금 문제 때문에 그 프로젝트를 보류하기로 결정했다.

cash-flow 현금 흐름/유동성

그래서 넌 그냥 **그만두겠다는** 거야?

Idiomatic

So, you're just going to call it quits?

So, you're just going to pack it in?

So, you're just going to throw in the towel?

So, you're just going to wave the white flag and quit?

General

So, you're just going to *quit*?

So, you're just going to *give up*?

So, you're just going to *admit defeat*?

▶ '그만두다'는 **quit**이라고 한다. 표제문에서 말하는 '그만두다'가 '포기하다'라는 뜻일 수 있으므로 **give up**이라고 해도 된다. **quit**은 원래 명사로는 잘 쓰지 않지만 **call it quits**는 관용표현이기 때문에 이 형태 그대로 쓴다. **admit defeat**은 '패배를 인정하다'라는 말인데 이런 식으로도 포기한다는 것을 표현할 수 있다.

call it quits
그것을 '그만'이라고 부르다

현재 상황(it)을 '그만(quit)'이라고 부른다는 것은 곧 '하던 일을 그만두다/포기하다'라는 의미다. 관용적으로 call it quits 형태로 쓴다. 미드에서 '커플이 헤어지다'라는 의미로 자주 나오는 표현이다. 그만두는 일은 뒤에 전치사 on을 붙여 표현한다.

I'm exhausted. Let's call it quits for the day.
피곤하네. 오늘 일은 여기까지만 하자.

He decided to call it quits on his boxing career.
그는 권투 선수 생활을 그만하기로 결정했다.

pack it in
그것을 안으로 싸다

한국어로 '짐을 싸다'라고 하면 뭔가 그만한다는 뜻이다. 마찬가지로 영어에서도 짐을 싸는 것으로 '하던 일을 포기/중지하다'를 표현한다.

In 2021, after he had a heart attack, he packed it in and retired.
그는 2021년에 심장마비를 겪고 나서 하던 일을 접고 은퇴했다.

Why don't you pack it in for the day? I'll take over from here.
오늘 그만 끝내지 그래요? 여기부터는 내가 맡을 테니까.

take over 일을 넘겨받다

throw in the towel
수건을 안에 던지다

throw in은 '안으로 던지다'라는 말로, 권투에서 경기를 포기할 때 수건을 링 안으로 던지는 것에서 유래한 표현이다. 어떤 일을 '포기하다'라는 뜻으로 쓴다.

When he failed to make the grade for the national meet, he threw in the towel on his dreams.
전국대회 출전할 수 있는 성적을 얻지 못했을 때 그는 꿈을 포기했다.

I'm not ready to throw in the towel, just yet. I'll regroup and try again.
난 아직 포기할 생각은 없어. 심기일전해서 다시 도전할 거야.

meet 운동 경기 *regroup* 다시 전열을 가다듬다

wave the[a] white flag
백기를 흔들다

전쟁에서 백기를 들고 투항하는 것은 곧 '패배를 인정하다/항복하다'라는 뜻이다. 이 표현 뒤에는 관용적으로 and quit/give up/back off/surrender 등을 자주 붙여 쓴다. 또 뒤에 전치사 on을 붙여 포기하는 대상을 표현할 수도 있다.

I know when it's time to dig in or to **wave the white flag** and back off.
나는 버티고 저항할 때와 패배를 인정하고 물러날 때를 압니다.

The team has decided to **wave the white flag** on this season and focus on the next.
그 팀은 이번 시즌은 포기하고 다음 시즌에 전념하기로 했다.

dig in 저항하다 *back off* 뒤로 물러나다

'PA

RT 4

상황 · 반응

SITUATION · REACTION

UNIT

10

SITUATION

상황

그 식당은 **잘되고/안되고** 있다.

Idiomatic

The restaurant is going like gangbusters.^{*잘되다}

The restaurant is on a roll.^{*잘되다}

The place has taken a turn for the worse.

The place is going from bad to worse.

The restaurant is on the skids.

The restaurant has gone to the dogs.

The restaurant is going downhill.

General

The *restaurant* is *doing* quite *well*.^{*잘되다}

The place is *getting worse* and worse.

▶ '잘되다'는 do well이나 boom(흥행하다) 또는 thrive(번성하다) 등으로 표현한다.
'잘 안되다/나빠지다'는 '잘되다'를 부정문으로 말하거나 구어 표현인 get worse를 많이 쓴다.
뒤에 and worse를 붙이면 의미가 강조된다. 또는 struggle(힘겹게 나아가다)이나 bad(나쁜)
또는 slow(느린)로도 표현할 수 있다.

like gangbusters
갱단을 단속하는 경찰처럼

gangbuster는 갱단을 단속하는 경찰이나 FBI 요원을 말한다. 라디오 수사 드라마가 요란한 사이렌 소리나 총소리로 시작한 데서 비롯되어 like gangbusters는 '맹렬하게/열정적으로/매출이 불티나게'라는 의미를 갖게 되었다.

Manchester started out slow but came on like gangbusters after scoring their first goal.
맨체스터 팀은 초반에는 부진하다가 첫 골을 넣은 후에 엄청난 경기력을 보여 주었다.

slow 저조한

on a roll
굴러가는 것 위에

roll은 '굴리다'라는 뜻이다. on a roll은 주사위 도박에서 한 사람이 계속 주사위를 굴리는 상황에서 유래했다. 그 판을 이긴 사람이 다음 판 주사위를 던지는 게임에서 혼자만 계속 주사위를 던진다는 것은 '연승하고 있는/잘나가는/발동이 걸린/리듬을 탄' 등의 의미를 나타낸다.

A   I have another good idea.
B   Well, someone's **on a roll**.

A   나 좋은 아이디어가 또 하나 있어.
B   와, 누구 씨 오늘 발동 제대로 걸렸네.

take a turn for the worse
더 나쁜 쪽으로 방향을 틀다

이 표현은 '상황이나 상태가 악화되기 시작했다'는 뜻이다. 건강 상태에 대해서도 쓴다.

Things are taking a turn for the worse.
상황이 안 좋아지고 있다.

go from bad to worse
나쁨에서 더 나쁨으로 가다

나쁜 상태에서 더 나쁜 상태로 가니까 '악화되다/쇠퇴하다'라는 뜻이다.

I feel lightheaded, and the pain in my back is going from bad to worse.
머리가 어질어질하고, 요통은 점점 더 심해지고 있어.

lightheaded 어지러운

on the skids
미끄러지는 길 위에

skid는 '미끄러지다'라는 동사이자 '벌목한 통나무를 산 아래로 쉽게 내려가게 만든 길'이라는 명사다. 그래서 이 표현은 '내려가는 길 위에' 있는 것으로 사업이나 관계 등이 '하향세에 있는/악화되고 있는'을 나타낸다. 참고로 '하향세에 접어들다'는 hit the skids라고 한다.

The rumor is that their marriage is on the skids.
소문에 따르면 그 부부는 사이가 안 좋대.

go to the dogs
개들에게 가다

여기서 개는 버려진 개를 뜻하며, 이런 개들은 주로 빈민가나 폐허가 된 지역에 많다는 것을 암시한 표현이다. 그래서 이 표현은 주로 장소/지역/시설의 '품질/가치가 떨어지다'라는 뜻으로 have gone to the dogs(나빠졌다)와 같이 현재완료형으로 쓴다.

The burger joint has gone to the dogs since the chef was changed.
그 햄버거 가게는 주방장이 바뀐 뒤로 형편없어졌어.

joint (구어) 식당/술집

go downhill
언덕 아래로 내려가다

'상태가 안 좋아지고 상황이 악화되는' 것을 언덕 아래로 내려간다는 것에 비유한 표현이다. '건강이 악화된다'는 의미로도 쓴다.

The company has been going downhill since his son took over.
아들이 경영을 넘겨받은 후로 그 회사는 계속 내리막길이다.

take ~ over ~을 넘겨받다

우리 **상황이 참 어렵게** 되었네요.

Idiomatic

We're in a tight spot.

We're in hot water.

We're in over our heads.

We're in a bind.

We're up the creek (without a paddle).

We're behind the eight ball.

General

We're *in a difficult position*.

We're *in trouble*.

▶ '어려운 상황에 처한'은 **in a difficult position**이나 **in a difficult situation**이라고 한다. **difficult** 대신에 **tough/bad/sticky**도 자주 쓴다. 또는 **in trouble**(곤란한 상황인)이라고도 하는데, 이 표현에는 어려움에 처하거나 불법적인 일을 해서 크게 탈이 났다는 뜻도 있다. 가령, 세금 문제 때문에 국세청의 조사를 받는 상황이라면 **I'm in trouble with the IRS.**(난 국세청과 문제가 좀 있어.)라고 한다.

in a tight spot
꽉 끼는 자리 안에

자리가 좁아 몸이 꽉 끼면 불편하고 곤란할 것이다. 그래서 이 표현은 '어려운 상황에 있는'이라는 뜻으로 구어에서 자주 쓴다. tight를 tough로 바꿔도 좋다.

A   I'm not asking for a handout. I'm asking for a loan, which I'll pay back with interest.
B   I'm sorry you're **in a tight spot**, but I can't help you. I'm strapped for cash myself these days.

A   제가 돈을 그냥 달라는 게 아니잖아요. 빌려달라고요. 이자까지 갚을 테니까요.
B   사정이 어려운 건 알겠지만, 제가 도와드릴 수 없습니다. 요즘 저도 돈이 궁해서요.

handout 보조금
strapped for ~이 궁한

---

in hot water
뜨거운 물속에

식인종에게 잡혀서 끓는 물에 빠지기 직전인 상황에 빗댄 표현으로 ① 다른 사람에게 야단맞거나 항의를 받거나 ② 일반적으로 곤란한 상황에 처한 것을 뜻한다.

He's **in hot water** with the SEC for using Twitter to spread fake news about his company.
그는 트위터에 자사에 대한 가짜 뉴스를 퍼뜨린 혐의로 증권거래위원회의 조사를 받는 곤경에 처했다.

I don't want to get involved in this. It could get me **in hot water** with my boss.
난 이 일에 개입하지 않겠어. 어쩌면 상사에게 문책을 받을 수도 있으니까.

SEC(=Securities and Exchange Commission) 미 증권거래위원회

---

in over *one's* head
자기 머리를 넘기는 곳 안에

머리까지 물에 잠긴 상황을 나타내는 표현으로, '자신의 능력을 넘어선 어려운 상황에 처한'이란 뜻으로 쓴다. get과 함께 쓰면 '그런 상황에 빠져들다'라는 뜻이 된다.

Promise me (that) if you feel you're **in over your head**, you'll call me.
감당하지 못하겠다고 느끼면 저한테 전화하겠다고 약속하세요.

in a bind
묶임 안에

동사 bind는 '줄로 묶다'라는 의미고 명사로 쓰면 '묶여 있는 상태'를 뜻한다. 그래서 이 표현은 줄에 묶여서 움직이지 못하는 것으로 '곤경에 빠진' 것을 나타낸다. '진퇴양난'이라는 뜻으로도 쓸 수 있다. 이와 비슷한 표현으로 in a pickle[jam](피클[잼] 안에 있는)이 있다.

A Jack, I have a big favor to ask of you.
B Sure. You've always been there for me when I'm **in a bind**.
   I'll do anything to help you.

A 잭, 나 너한테 어려운 부탁이 하나 있어.
B 응. 내가 어려울 때 네가 항상 도와줬는데, 내가 도울 수 있는 일이라면 뭐든지 할게.

be there for ~의 옆을 지키다/돕다

up the creek (without a paddle)
(노 없이) 하천 위에

하천에서(creek) 배를 타고 있는데 노가 없으면 방향을 잡지 못하고 강물에 쓸려 내려가서 곤란할 것이다. 대화에서는 보통 without a paddle을 빼고 up the creek이라고만 한다.

I left my bag in a taxi. It held my credit cards and cash, so I was **up the creek**.
택시에 가방을 두고 내렸는데 가방에 신용카드와 현금이 들어 있어서 정말 곤란했어.

behind the eight ball
8번 공 뒤에

포켓볼에서 8번 공은 마지막에 포켓에 넣어야 하기 때문에 8번 공 뒤에 다른 공이 있으면 곤란해진다. 그 점을 빗댄 표현이다.

If BCA pulls out of the consortium now, it's going to put us **behind the eight ball**.
BCA가 지금 공동 연합체에서 빠지면 우리가 매우 곤란해집니다.

pull out of ~에서 빠지다 *consortium* 공동 연합체

내가 괜히 **초 치는** 것 같아 미안하지만….

I'm sorry to put a damper on things, but…

I hate to put a crimp in your fun, but…

I don't mean to rain on your parade, but…

I'm sorry if this *ruins* your fun, but…

I don't mean to *spoil* your fun, but…

I hate to be a *spoilsport*, but…

I hate to be a *killjoy*, but…

▶ '초를 치다'라고 하면 ① 어떤 일이나 계획을 방해하거나 ② 좋은 분위기를 망치는 것을 떠올릴 수 있다. 따라서 두 경우 다 '망치다'라는 뜻의 **ruin**이나 **spoil**을 써서 표현하면 된다. 특히 ②번은 '즐거운 분위기에 찬물을 끼얹은 사람'이란 뜻의 **spoilsport**나 **killjoy**로 표현해도 좋다. 또는 좀 더 구어적인 **party-pooper**라는 표현도 활용해 보자.

put a damper on ~

~ 위에 젖은 것을 올려놓다

damp(습기/물기)에서 나온 단어인 damper는 '무엇을 축축하게 하는 것'을 말한다. 그래서 put a damper on은 '찬물을 끼얹다'와 같은 개념으로 이해하면 된다. 표제 문의 put a damper on things는 넓은 의미에서 '남의 일에 초를 치다'라는 뜻이다.

The food was amazing. But the chlorine smell coming from the pool kind of put a damper on our evening.

음식은 맛있었는데, 수영장에서 나는 약 냄새가 저녁 분위기를 좀 망쳤네.

chlorine (화학) 염소

put a crimp in ~

~에 주름을 넣다

crimp는 곱슬머리처럼 '잔물결 같은 주름'이라는 뜻이었는데 시간이 지나면서 '제약하는 것'이란 뜻으로 확장되었다. 이 표현은 셔츠에 주름이 생겨 못 입게 되는 것처럼 '방해하다/악영향을 끼치다'라는 뜻으로 쓴다. 이 표현 뒤에는 계획/하루/휴가/사업/예산 등이 주로 나온다.

We traveled to the mountain to enjoy the autumn foliage, but a rainy weekend put a crimp in those plans.

우리는 단풍을 구경하려고 그 산에 여행을 갔는데, 주말 내내 비가 와서 계획을 망쳐 버렸어.

autumn foliage 단풍

rain on *someone's* parade

~의 퍼레이드 위에 비를 내리다

열심히 준비한 퍼레이드 당일에 비가 온다면 흥이 깨질 것이다. 그래서 이 표현은 '계획/행사 등을 망치다/신난 기분에 초를 치다'라는 뜻으로 쓴다.

A   **Why do you always have to rain on my parade?**

B   **Don't get me wrong. I just want you to make sure you know what you're getting into.**

A   왜 넌 매번 내가 하는 일에 초를 치냐?

B   오해하지 마. 난 네가 지금 하려는 일이 어떤 건지 알고 있나 확인하려는 것뿐이야.

get ~ wrong ~의 말을 오해하다
get into ~한 상황에 들어가다

그들은 위기를 잘 **극복했다.**

Idiomatic

They came through **the crisis (with flying colors).**

They weathered the storm.

They took **the crisis in stride.**

General

They *overcame* **the crisis.**

They *survived* **the crisis.**

They *got over* **the crisis.**

▶ **overcome**(극복하다)은 위기/두려움/장애물 등 다양한 것을 극복한다는 의미로 쓴다. 표제문에는 '~을 견뎌내고 살아남다'라는 뜻인 **survive**를 써도 좋다. **get over** 역시 같은 의미로 일상에서 많이 쓴다. **get over**는 뒤에 나오는 내용에 따라 '벗어나다/잊어버리다' 등 다양하게 해석할 수 있다.

come through ~ (with flying colors)
(휘날리는 깃발을 갖고) ~을 통과해 오다

이 표현은 위기/시험/수술/폭풍 등을 뚫고 나와서 '잘 이겨내다'라는 뜻이다. 뒤에 well(잘)/fine(좋게)/in good shape(좋은 상태로)/with flying colors(성공적으로) 등을 붙여 쓸 수 있다.

Your mother is still in a coma, but she came through the surgery just fine, without complications.
당신의 어머님은 아직 혼수상태지만, 수술은 합병증 없이 잘 끝났습니다.

Thanks to your support, we were able to come through the crisis stronger than before.
여러분의 지원 덕분에 우리는 위기를 극복하고 전보다 더 강해질 수 있었어요.

complications 합병증

weather the storm
폭풍을 견뎌내다

그 자리에서 버티면서 폭풍을 이겨내는 것으로 '위기를 극복하다'를 표현한 것이다. weather a crisis(위기를 극복하다)나 weather a scandal(스캔들을 극복하다) 형태로도 쓴다.

A   What are we going to do?
B   I guess we'll just have to **weather the storm**. We've survived other situations like this before, and we'll survive this one, too.

A   이제 우리는 어떻게 하죠?
B   그냥 헤쳐 나가야지. 전에도 이런 상황에서 살아남았으니 이번에도 극복할 수 있을 거야.

take ~ in stride
~을 큰 걸음으로 취하다

stride는 '성큼성큼 큰 걸음으로 걷기'라는 뜻이다. 그래서 이 표현은 어려운 상황에서 흔들리지 않고 성큼성큼 걸어간다는 말이다. 안 좋은 소식/비판 등에 의연하게 대처할 때 사용한다.

A   I didn't make the cut for Harvard.
B   I'm sorry to hear that, but you seem to be **taking** it **in stride**.

A   나 하버드대학교에 합격 못했어.
B   안타깝네. 그런데도 너 꽤 멀쩡해 보이네.

make the cut 목표를 달성하다

우리는 **운 좋게** 이 멋진 술집을 발견했다.

Idiomatic

We were in luck. We found this great bar.

We lucked out when we found this nice bar.

We hit the jackpot when we found this fabulous place.

We hit pay dirt when we found this wonderful place.

General

We were *lucky* to find this great bar.

▶be lucky to는 '운 좋게 ~하다'라는 말이다. lucky 자리에 fortunate를 넣어도 된다.
반대로 '운 나쁜'은 unlucky나 unfortunate로 표현한다. 또는 부사로 unfortunately(불행히)
라고 해도 된다. 참고로 '운이 나쁜'은 관용표현인 in luck을 반대로 말해서 out of luck이라고
하면 된다.

운이좋다

in luck
행운 안에

이 표현은 '뭔가 찾거나 얻으려고 할 때 때마침 그것이 나타나서 운이 좋다'라는 의미로 자주 쓴다. 반대말은 out of luck(운 밖에 있는)이다.

A Is there anything to eat? I'm starving to death.
B You're **in luck**. I just made some tuna salad.

A 뭐 먹을 것 좀 없어? 나 배고파 죽겠어.
B 너 운이 좋네. 내가 방금 참치 샐러드를 만들었어.

We went to the Friday night show, but we were **out of luck** because the tickets were sold out.
금요일 저녁 쇼를 보러 갔는데 운 나쁘게 표가 매진됐어.

starve 굶주리다

luck out
운이 밖으로 나오다

out 때문에 '운이 다하다'로 오해하기 쉬운데 이 표현은 '운이 좋다'라는 뜻이다. 행운(luck)이 밖으로 튀어 나왔다고(out) 기억해 두자. 참고로 '운이 다하다'는 run out(다 쓰다)을 써서 My luck ran out.(내 운이 다했다.)처럼 말한다.

The BTS show was sold out, but my husband made a few calls and **lucked out** with tickets. I have no idea how he scored them.
BTS 공연이 매진되었는데, 남편이 몇 군데 전화하더니 운 좋게 표를 구했어.
그 사람이 어떻게 표를 구했는지 모르겠어.

make a call 전화를 걸다
score ~을 얻다

hit the jackpot
거액의 상금을 터뜨리다

슬롯머신에서 잭팟을 터뜨렸다면 얼마나 운이 좋은 걸까? 그래서 이 표현은 '운 좋게 대박을 터뜨리다/횡재하다'라는 뜻이다. 보통 금전적으로 큰돈을 버는 경우에 쓰지만, 뜻밖의 정보나 장소 등을 운 좋게 발견한 경우에도 쓴다.

His investment in the start-up **hit the jackpot**.
그가 그 신생기업에 투자한 것이 운 좋게 대박이 났어.

hit pay dirt

금액을 때리다

pay dirt는 '금맥'을 뜻한다. 미국에서 금광에 열광하던 골드러시 시대에 금을 발견하는 장면에서 유래된 표현으로 '운 좋게 성공/발견하다'라는 말이다. 유사한 배경을 갖고 있는 표현인 hit the mother lode 역시 hit pay dirt와 같은 뜻이다. the Mother Lode region(마더 로드 지역)이라는 황금 광맥이 있는 지역의 이름에서 유래되었다.

The company **hit pay dirt** with an app that can
detect early signs of a stroke.
그 회사는 뇌졸중 신호를 초기에 감지할 수 있는 앱으로 돈방석에 앉았다.

I think we **hit the mother lode** at the shrink's office. We found a gun
that matches the bullet we pulled out of the victim.
정신과 의사 진료실에서 운이 좋았어. 피해자에게서 나온 총알과 일치하는 총을 찾았거든.

detect 발견하다 *shrink* (속어) 정신과 의사
bullet 총알 *victim* 피해자

좋은 기회네. **잡아야지.**

Idiomatic

It's a good opportunity. Go for it.

It's a golden opportunity. If I were you,
I'd jump at it.

General

It's a great opportunity. *Grab* it.

It's a great opportunity. *Take* it.

It's a great opportunity. *Seize* it.

▶예를 들어 친구에게 큰돈을 벌 기회가 생겼다고 가정해 보자. 그런 좋은 기회를 '잡으라'고 할 때 쓰는 동사로는 **take**나 **grab** 또는 **seize**가 있다. 흔히 직접적인 명령문으로 많이 쓰지만 **If I were you, I'd grab it.**(내가 너라면 나는 그것을 잡겠어.)이라고 가정법 문장으로 권유하듯이 표현해도 좋다.

go for it
그쪽으로 가다

여기서 for는 목적지를 '향해서'라는 의미다. 이 표현은 it이라는 목적지를 향해 가는 것으로 '제안/기회 등을 받아들이다'를 나타내고 있다. 그래서 어떤 기회나 제안을 잡으라고 할 때 Go for it!(해 봬!)이라고 한다. 참고로 go for에는 Let's go for a walk. (산책 나갑시다.)처럼 '~하러 가다'나 I think I'll go for the lasagna.(나는 라자냐를 먹을까 해.)처럼 '~을 선택하다'라는 뜻도 있다.

A Do you think they'll accept the deal?
B We walked them through what they stand to gain from it.
   If they're smart, they'll **go for it**.

A 그 사람들이 거래를 받아들일 것 같아?
B 우리는 그 거래로 그들이 얻을 이득을 자세히 설명했어.
   그 사람들이 영리하다면 받아들일 거야.

walk ~ through... ~에게 …을 자세히 설명하다
stand to ~할 가능성이 크다

jump at ~
~로 뛰다

기회나 제안이 오면 '펄쩍 뛰어들어 붙잡다'라는 뜻이다. jump 대신에 pounce(와락 덤벼들다)를 쓰기도 한다.

I like traveling a lot. So, when the company offered me a job in Paris, I **jumped at** the chance.
난 여행을 아주 좋아해. 그래서 회사에서 파리 주재원 자리를 제안했을 때 얼씨구나 하고 기회를 잡았지.

When I brought up adopting a baby, Steve didn't exactly **jump at** the idea, but eventually he came around.
내가 아이 입양을 거론했을 때 스티브는 선뜻 좋다고 하지 않았어. 그렇지만 결국 동의했지.

bring ~ up ~한 이야기를 꺼내다
come around 생각을 바꾸고 동의하다

Get this, too!

- **hand ~ to... on a silver platter** …에게 ~을 은쟁반에 담아 갖다 바치다
- **fall into *one's* lap** (기회가) 무릎에 떨어지듯 굴러 들어오다

이 기회를 **놓치지** 마.

Idiomatic

Don't miss out on this opportunity.

Don't let this opportunity slip away.

Don't let this opportunity slip through your fingers.

Don't pass up this opportunity.

General

Don't _miss_ this opportunity.

You don't want to _lose_ this opportunity.

▶miss는 버스를 놓치는 것뿐 아니라 기회를 '놓치다'를 표현할 때도 쓸 수 있는 동사다. 또한 기회를 잃는 것은 곧 기회를 놓치는 것과 같기 때문에 이 경우에는 lose(~을 잃다)도 쓸 수 있다. 어떤 기회인지 설명하려면 뒤에 to부정사를 붙인다.

miss out (on)

(~을) 놓치다

miss(~을 놓치다)에 관용적으로 out을 붙여서 '놓치다'라는 뜻의 자동사로 쓴 표현이다. 놓치는 대상은 on 뒤에 붙여 말한다. 그래서 Don't miss out on(~을 놓치지 마라)은 꼭 해 보라는 권유 표현이다. miss 대신에 lose를 써서 lose out이라고도 한다.

If you're staying at the hotel, don't miss out on the walking trail behind it.

그 호텔에 묵는다면 뒤쪽 산책길에 꼭 가 보세요.

let ~ slip away

~이 미끄러져 가게 하다

let ~ slip through *one's* fingers

~이 손가락 사이로 빠져나가게 하다

두 표현 다 손에 잡고 있는 것이 미끄러져(slip) 사라지는 것을 묘사한다. 모래가 손가락 사이로 빠져나가는 것을 떠올려 보자. 이 표현은 주로 '기회/연인/범인을 놓치다'라는 뜻으로 자주 쓴다.

If you think she's the true love of your life, don't let her slip away. You'll live to regret it as I have.

그녀를 진짜 사랑한다면 놓치지 마. 나처럼 나중에 후회하게 된다.

An opportunity like this doesn't come every day. Only a fool would let it slip through their fingers.

이런 기회는 날이면 날마다 오는 게 아냐. 바보나 이런 기회를 놓치지.

live to regret 나중에 후회하다

pass ~ up

~을 넘기다

말 그대로 기회를 잡지 않고 패스해 버린다는 뜻이다. pass만 쓰면 '~을 지나가다/건네주다'라는 뜻이니 꼭 up을 붙여야 하는 것을 잊지 말자.

He'll show up. I've never known him to pass up good free food.

그 사람은 올 거야. 그 사람이 맛있는 공짜 음식을 놓치는 건 본 적이 없어.

show up 나타나다

그 전략은 **통했다.**

Idiomatic

The strategy paid off.

The strategy panned out.

The strategy hit the mark.

The strategy did the trick.

The strategy worked wonders.

The strategy worked like a charm.

General

The strategy *worked (out) well*.

The strategy turned out *successful*.

▶ work에는 '효과가 있다/통하다'라는 뜻이 있어서 표제문 같은 내용을 말할 때 일반적으로 work를 많이 쓴다. 뒤에 out이 붙으면 '잘 진행되다/통하다'라는 뜻의 구동사 work out (well) 이 된다. 전략이 통했다거나 정책이 효과가 있었다는 것은 곧 성공했다는 의미이므로 successful 로도 표현할 수 있다.

pay off
지불이 끝나다

pay는 자동사로 off와 함께 쓰면 '이익이 되다/좋은 결실을 맺다'라는 뜻을 갖는다. 부정 표현과 함께 쓰면 '통하지 않다/효과가 없다'가 된다. 참고로 pay ~ off처럼 타동사로 쓰면 '(빚)을 다 갚다/~에게 뇌물을 주다'라는 뜻이다.

The 30-minute hike paid off when I reached the waterfall. It was truly stunning.
30분을 걸어 폭포에 도달했을 때 보람을 느꼈다. 정말 멋있었다.

All the hard work paid off to get me to where I am.
그 동안 힘들게 노력한 것이 결실을 맺어 오늘의 내가 있다.

stunning 정말 아름다운

pan out
냄비에서 나오다

금광에 몰려들던 미국의 골드러시 시대에는 사람들이 금을 채취할 때 쓰는 넓적한 선광 냄비(pan)를 들고 금을 찾으러 다녔다. pan out은 이 냄비에서 금이 나왔다(out)는 것에서 유래된 표현으로, '좋은 결과가 나오다'라는 뜻으로 쓴다. 부정 표현과 함께 쓰면 '통하지 않다/효과가 없다'라는 뜻이 된다.

If the research pans out, future electric cars will run on airless tires.
그 연구가 좋은 결과를 낸다면 미래의 전기 차는 공기가 없는 타이어로 달리게 될 겁니다.

We found some leads in his house, but none of them panned out.
그의 집에서 몇 가지 단서를 발견했지만 어느 것도 도움이 되지 않았다.

lead 단서

hit the mark
과녁에 맞다

the mark는 '과녁/표적'을 뜻한다. 그래서 이 표현은 '예상이 적중하다/전략이나 시도가 기대한 결과를 낳다'라는 말이고, 주어에 맞춰 다양하게 해석한다. the mark 대신 the bull's eye(과녁의 정중앙)를 쓰기도 한다.

We need a marketing campaign that will hit the mark with young consumers.
젊은 소비자에게 어필하는 마케팅 캠페인이 필요하다.

His criticisms really hit the bull's eye.
그의 비판은 정곡을 찔렀다.

do the trick
묘책을 수행하다

trick에는 '교묘한 방법/묘책'이라는 뜻이 있다. 따라서 이 표현은 그런 묘책으로 '문제를 해결하다/원하는 결과를 얻다'라는 의미다.

I did have a good night's sleep. I think your tea therapy did the trick.
밤에 잠을 푹 잤어. 네가 알려 준 차 요법이 효과가 있었나 봐.

Their pizza slices are humungous, so one should do the trick.
거기 피자는 크기가 엄청 커. 그래서 한 조각으로도 충분해.

humungous(=humongous) (구어) 거대한

work wonders
경이로운 일을 하다

wonder는 '경이로운 일'이라는 뜻이다. 주로 약/치료법 등이 '큰 효과가 있다'고 말하거나, 어떤 사람이 '놀라운 일을 한다'고 말할 때 쓴다. work 자리에 do를 써도 된다.

I went in for a cut at the salon today, and my hairstylist worked wonders with my hair.
오늘 미용실에 머리를 자르러 갔는데, 내 미용사가 머리를 아주 멋지게 해 줬어.

My dermatologist recommended this lotion, and it did wonders for me.
피부과 의사가 이 로션을 추천했는데, 저한테 효과가 아주 좋았어요.

dermatologist 피부과 전문의

work like a charm
부적처럼 작동하다

charm은 '부적'이라는 뜻인데 일반적으로 '행운을 위해 몸에 지니는 작은 장신구'를 의미한다. 이 표현은 행운 장신구가 효과를 발휘하는 것처럼 '매우 성공적이다/효과적이다'라는 의미로 쓴다.

I use these drops whenever I get dry eyes, and they work like a charm.
난 눈이 건조해질 때마다 이 안약을 쓰는데, 효과가 정말 좋아.

The little plan I cooked up to get Stacy to go out on a date with me worked like a charm.
스테이시가 나와 데이트를 하도록 내가 짠 작은 계획이 멋지게 성공했어.

cook ~ up ~을 꾸며내다

그 마케팅 아이디어는 **실패로 끝났다.**

The marketing idea fell flat.

The marketing idea fell on its face.

The marketing idea crashed and burned.

The marketing idea went over like a lead balloon.

The marketing idea *failed*.

The marketing idea was a big *failure*.

The marketing idea *flopped*.

The marketing idea *didn't work*.

▶ 표제문은 **fail**(실패하다)이나 **fail**의 명사형인 **failure**(실패작)를 사용해 말해도 좋다. 구어에서는 **flop**(실패하다)이나 **bomb**(폭탄이 폭발하다)도 '실패하다'라는 의미로 자주 쓴다. **flop** 또한 명사로 쓸 수 있는데, **total flop**은 '대실패(작)'이라는 뜻이다. 또는 '효과가 있다/통하다'는 뜻의 **work**를 부정문으로 써서 '효과가 없었다'는 것을 표현해도 좋다.

fall flat
떨어져 납작해지다

만화에는 높은 데서 떨어져서 납작해지는 장면이 흔히 나온다. 그것에 비유한 표현으로 어떤 것이 '기대한 반응을 얻거나 효과를 내는 데 실패하다'라는 뜻으로 쓴다.

John cracked a joke, but it fell flat.
존이 농담을 했는데 아무도 웃지 않았다.

He pitched the idea to the executives, but it fell flat with them.
그는 임원들에게 아이디어를 설명했지만, 그들의 반응이 시원치 않았다.

crack (a joke) 농담을 하다 *pitch* ~을 설명하다
executive 회사의 임원

fall on *one's* face
얼굴 위로 떨어지다

앞으로 넘어지면서 얼굴이 땅에 부딪히는 것을 '보기 좋게/크게 실패하다'에 빗댄 표현이다.

This is a good chance to prove yourself to the boss. But you're hesitating to go for it because you're afraid of falling on your face.
사장님께 네 능력을 입증할 좋은 기회야. 그런데 넌 실패할까 두려워서 기회를 잡는 걸 망설이고 있다니.

prove oneself 자신의 역량을 입증하다
go for it 기회를 잡다

crash and burn
충돌해서 불에 타다

'실패'를 자동차나 비행기가 충돌해서 불이 나는 장면에 빗댄 표현으로, 어떤 것이 '크게 실패하다'라는 뜻이다. 경력이나 관계 등 다양한 내용에 쓸 수 있다.

The attempt to raise the property tax rate crashed and burned when it was voted down in Congress.
재산세율을 올리려는 시도는 의회에서 부결되면서 실패하고 말았습니다.

The actress turned to drugs after her marriage crashed and burned.
그 여배우는 결혼이 파탄 난 후 마약에 손을 댔다.

property 재산 *vote ~ down* ~을 부결시키다
turn to ~에 눈을 돌리다 *drug* 약/마약

go over like a lead balloon

납 풍선처럼 넘어가다

납으로 만든 풍선이 공중에 뜨지 못하는 것에서 유래한
표현이다. 어떤 것에 대한 '반응이 시원치 않다/통하지
않다/실패하다'라는 뜻이다. 영국에서는 go down like
a lead balloon이라고 한다.

A I advised Jennifer to stop going to the
   drama club and concentrate on getting her
   grades up.
B I'll bet that **went over like a lead balloon.** She'd rather quit school
   than quit the club.

A 제니퍼에게 연극 클럽에는 그만 가고 성적을 올리는 데 집중하라고 조언했어요.
B 콧방귀도 안 뀌었겠네요. 학교를 그만두면 그만뒀지 클럽은 절대 그만두지 않을 테니까요.

**The hybrid model went over like a lead balloon and was eventually
dropped from the product lineup.**

그 하이브리드 모델은 반응이 좋지 않아서 결국 제품 라인에서 제외되었다.

concentrate on ~에 집중하다 *bet* 장담하다
would rather 차라리 ~하다 *drop from* ~에서 떨어지다

그 계획은 **무산되었다.**

Idiomatic

The plan came to nothing.

The plan fell through.

The plan fell by the wayside.

The plan went up in smoke.

The plan bit the dust.

General

The plan *failed*.

The plan *didn't work out*.

▶ 계획이나 꿈이 아예 실행되지 못하거나 중간에 무산되는 것도 영어로는 **fail**로 표현한다.
또는 '일이 잘 풀리다'라는 뜻인 **work out**에 **not**을 붙여서 '실패하다/무산되다'를 표현해도 좋
다. **(p.250)** 이보다 더 생동감 있는 영어로 말하려면 위에 나온 관용표현을 익혀 두자.

come to nothing
아무것도 되지 않다

결과가 아무것도 아니라는(nothing) 말이다. 이 표현은 '노력이 헛수고가 되고, 계획이 실패하거나 무산된다'는 의미로 쓴다.

His dreams of becoming a great musician came to nothing.
훌륭한 음악가가 되겠다는 그의 꿈은 물거품이 되었다.

All her years of hard work came to nothing when a fire broke out in her lab.
실험실에 불이 나서 그녀가 몇 년간 기울인 노력이 허사가 되었다.

break out 발생하다 *lab* 실험실

fall through
통해서 떨어지다

'추진하던 것이 무산되다'를 깊은 웅덩이 아래로 떨어지는 것에 비유한 표현이다.

I thought I sold the house, but the buyer's financing fell through. So, the house is back on the market.
집을 팔았다고 생각했는데, 구매자의 자금 조달이 무산되어 집을 다시 시장에 내놓았다.

My modeling contract fell through.
내 모델 계약이 무산됐어.

fall by the wayside
길가에 떨어지다

성경에 나온 씨 뿌리는 자의 비유에서 유래된 표현이다. 길가에 떨어진 씨앗은 사람에게 밟히고 새들에게 먹혀서 싹을 틔우지 못한다. 이 표현은 그렇게 싹을 틔우지 못한 씨앗처럼 '도중에 포기하다/관심에서 멀어지다/경쟁에서 뒤지다'라는 의미로 쓴다.

The app is innovative in that it exposes users to great songs that have fallen by the wayside.
그 앱은 관심을 못 받았던 훌륭한 노래들을 사용자에게 노출해 주는 게 혁신적이다.

He used to be a great soccer player, but he has fallen by the wayside in recent years because of injury.
그는 훌륭한 축구 선수였지만 최근 몇 년간 부상 때문에 빛을 보지 못했다.

innovative 혁신적인 *expose* ~에게 노출시키다

go up in smoke
연기로 올라가다

물건이 불에 타면 연기가 되어 하늘로 올라간다. 이런 상황은 '연기처럼 수포로 돌아가다/깨지다/날아가다'라는 의미를 전달한다. 원래 뜻인 '불이 나다'로도 쓸 수 있다.

That's a bad move. If you want to see your career go up in smoke, go ahead. Otherwise, drop it.

그건 잘못된 결정이야. 네 경력이 다 날아가기를 원한다면, 그렇게 해. 그런 게 아니면, 그건 포기해.

The couple's get-rich-quick dreams went up in smoke when they were arrested.

그 부부의 일확천금을 노린 꿈은 그들이 체포되면서 수포로 돌아갔다.

bad move 잘못된 결정 *drop* ~을 포기하다
get-rich-quick 일확천금을 노린

bite the dust
먼지를 씹다

땅바닥에 쓰러져서 입에 흙먼지가 들어간 상황에 빗댄 표현으로, 원래는 '죽다'라는 뜻이다. 이것을 '실패하다/수포로 돌아가다/취소되다/망하다'라는 뜻으로도 쓴다.

Another long-running show bit the dust as CBC announced Adam Show will go off air next month.

아담 쇼가 다음 달로 방송이 끝난다고 CBC에서 발표하면서, 또 하나의 장수 프로그램이 막을 내렸습니다.

I quit smoking earlier this year, but I took it up again. Well, another new year's resolution bites the dust.

올해 초에 담배를 끊었는데 다시 피우기 시작했어. 또 다른 새해 결심이 무산된 셈이지.

go off air 방송이 중단되다 *take ~ up* ~을 하기 시작하다
resolution 결심

어떻게 이런 일이 일어났는지 **이해하려고** 노력 중이야.

Idiomatic

I'm trying to make sense of **how this happened.**

I'm trying to get a handle on **how this happened.**

I'm trying to get through my head **how his happened.**

I'm trying to wrap my head around **how this happened.**

General

I'm trying to _understand_ how this happened.

▶ '이해하다'는 **understand**라고 한다. 반대말인 '모르다/이해가 안 되다'는 위에 나온 표현을 부정으로 바꾸면 된다. 또는 **beyond**(~을 넘어선)나 **~ beats me**(~이 나를 이기다)/**have no idea**(아이디어가 없다)/**not have a clue**(단서가 없다)로 표현한다.

make sense (out) of ~
~에서 의미를 만들어내다

sense에는 '의미'란 뜻이 있다. 어떤 것에서 의미를 만들어내는 것은 그것을 '이해한다'는 말이 된다.

A Are you suggesting there's some foul play involved?
B No. I'm just trying to **make sense of** my father's sudden death, and there're too many questions unanswered.

A 뭔가 범죄가 개입되었다는 뜻인가요?
B 아뇨. 저는 그냥 아버지의 급작스러운 죽음을 이해하려고 노력 중이에요.
   너무 많은 의문점만 있고 답은 없거든요.

foul play 부정/범죄 행위

get a handle on ~
~에 손잡이를 얻다

손잡이가 있으면 물건을 안정적으로 들 수 있다. 그래서 이 표현은 문제나 상황에 손잡이를 붙인 것처럼 잘 '이해한다'는 뜻이다.

I'm still trying to **get a handle on** the problem we're facing, but it seems a lot more complicated than it appeared at first.
우리가 직면한 문제를 파악하려고 계속 노력 중입니다만, 처음 드러났던 것보다 훨씬 복잡한 것 같습니다.

I can't **get a handle on** the situation here. Can anybody tell me what's going on?
여기 상황이 이해가 잘 안 되는데, 무슨 일인지 누가 설명 좀 해 줄래요?

get ~ through *one's* head
~을 머릿속으로 통과시키다

말 그대로 어떤 것을 머릿속으로 통과시켜서 그것을 '이해하고 인정하게 된다'는 뜻이다.

Nothing you do will bring us back to the table. **Get** it **through your head.**
그쪽에서 어떻게 하든 우리는 다시 협상하지 않을 겁니다. 그 점을 똑바로 이해하세요.

When are you going to **get** it **through your head** that I don't want you in my life? It's over between us.
내 인생에 네가 없었으면 하는 걸 도대체 언제 이해할 거야? 우리 사이는 끝났어.

table 협상하는 탁자

wrap *one's* head around ~

머리 주위를 ~로 감싸다

머리 주위를 어떤 것으로 감싸는 것으로 '이해하다'를 비유한 구어 표현이다. 주로 부정문으로 사람/상황/개념을 이해하지 못하거나 믿기지 않아 받아들이기 힘든 경우에 쓴다. wrap 자리에 get을 넣어도 된다.

I was taken for a ride by someone I trusted. It came as such a shock to me. I'm still trying to **wrap my head around** it.
믿었던 사람에게 속았어. 너무 충격이라 아직도 그 일을 이해하려고 노력 중이야.

I'm still having trouble **getting my head around** the concept of being a virtual influencer.
난 아직도 가상 인플루언서가 된다는 개념을 이해하는 게 힘들어.

take ~ for a ride by ~을 속이다
virtual 가상의

아직도 그가 떠났다는 사실을 **받아들이기** 어려워.

Idiomatic

I'm still trying to face up to the fact that he's no longer in my life.

I still have a hard time coming to terms with the fact that he's left me.

I still have difficulty coming to grips with the fact that he's gone.

General

I still have difficulty *accepting* the fact that he's gone from my life.

I'm still trying to *deal with* the fact that he's left me.

▶ '좋지 않은 상황/현실을 받아들이다'를 표현하는 영어 동사로는 **accept**가 있다. 또 '어떤 문제를 다루다/해결하다/처리하다'라는 의미로 **deal with**를 쓸 수도 있다.

face up to ~
~쪽으로 얼굴을 위로 들다

어느 쪽으로(to) 얼굴(face)을 들고(up) 똑바로 쳐다보는 장면을 떠올려 보자. 그러면 이 표현이 왜 진실이나 문제를 피하지 않고 '인정하고 받아들이다/책임을 지다'라는 의미를 갖는지 알 수 있다.

It's time to **face up to** the reality of how climate change is threatening the very existence of mankind.
기후 변화가 인류의 존재 자체를 어떻게 위협하는지 그 현실을 인정할 때입니다.

You've got to make him **face up to** what he did.
너는 그 사람이 한 일에 그가 책임을 지게 해야 해.

very ~ 자체 *existence* 존재
mankind 인류

come to terms with ~
~와 계약 조건에 이르다

terms는 '계약 조건'이라는 뜻이다. 그래서 이 표현은 계약 조건에 합의하는 것처럼 '~한 상황이나 현실을 받아들이다'라는 의미로 쓴다. '~와 합의하다'라는 뜻도 있다.

I've **come to terms with** not being able to have a baby of my own.
내가 아이를 가질 수 없다는 걸 받아들이기로 했어.

Just give her some space and let her **come to terms with** her son's death.
일단 그녀에게 혼자 있을 시간을 주고 아들의 죽음을 받아들이게 해야죠.

give ~ space ~를 혼자 있게 해 주다

come to grips with ~
~와 서로 맞붙잡기로 오다

마주하기 싫은 현실을 붙잡고(grip) 있다는 것은 '그런 현실을 받아들이려 한다'는 뜻이다. 이 표현에는 '문제를 해결하려고 애쓴다'는 뜻도 있다.

You have to stop burying your head in the sand, and **come to grips with** reality.
눈 가리고 아웅 하지 말고 현실을 인정해야 합니다.

I'm still trying to **come to grips with** the fact that three years of my work went down the drain.
3년 동안의 작업이 물거품이 되었다는 사실을 나는 아직도 받아들일 수가 없다.

bury one's head in the sand 현실을 외면하다
go down the drain 헛수고가 되다

너 그냥 **참고 견뎌.**/난 그건 **용납 못해.**

Idiomatic

Hang in there.

You have to hang tough.

You need to stick it out.

You just have to tough it out.

You just have to ride it out.

Just try to grin and bear it.

You just have to put up with it.

I won't stand for it. *참지 않다

I'll have none of that. *참지 않다

General

You just need to *persevere*.

You just have to *endure* it.

You just have to *stand* it.

▶persevere는 '견디며 노력하다'라는 뜻이고, endure[tolerate]는 '참고 견디다'라는 뜻이다.
구어로는 take와 stand로 같은 의미를 표현한다.

hang in there

그 안에 매달려 있다

hang tough

강인하게 매달리다

이 두 표현은 어딘가에 매달린 것처럼 힘든 상황을 '버티다/견디다'라는 뜻이다. hang in there는 주로 (You) Hang in there. 처럼 명령문으로 쓴다. hang tough는 강한 정신력으로 버티는 느낌이 있다. 두 표현 다 환자를 격려하는 말로도 자주 쓴다.

You just hang in there a little bit more, OK? The rescue team is on their way.

조금만 더 힘내요. 알았죠? 구조대가 지금 가고 있어요.

We all need to hang tough together. That's what family does when things are tough.

우리 모두 정신력으로 함께 이겨내야 해. 힘들 때 가족은 그렇게 하는 거야.

stick it out

끝까지 붙어 있다

tough ~ out

~을 강인하게 이겨내다

stick it out은 어딘가에 계속 달라붙어서(stick) '참고 버틴다'는 뜻이다. tough ~ out 은 '~을 용감하게 헤쳐 나가다'라는 뜻으로, tough에 강한 정신력으로 이겨낸다는 뉘앙스가 있다. stick it out은 이 형태로만 쓰지만 tough ~ out은 견디는 대상을 목적어로 넣을 수 있다.

We had problems in our marriage for a long time, but we stuck it out for the kids.

우린 오랫동안 결혼 생활에 문제가 있었지만 아이들 때문에 참고 살았던 거야.

He got injured in the middle of the game but toughed it out to keep his team alive.

그는 경기 중 부상을 당했지만 팀을 살리기 위해 정신력으로 버텼다.

ride ~ out
~을 끝까지 타고 가다

ride는 '~을 타다'라는 뜻의 동사로, 이 표현은 어려운 상황을 타고 있지만 끝날(out) 때까지 '버틴다'는 뉘앙스를 전달한다. 가령, 태풍이 올 때 피신하지 않고 끝까지 버티는 것을 ride out the storm이라고 한다. 이 표현은 '어려운 일을 버텨 이겨내다'라는 뜻으로도 쓴다.

When you catch a cold, there's really nothing you can do about it but ride it out.
감기에 걸리면 그냥 나을 때까지 참고 견디는 것 외에는 딱히 다른 방도가 없다.

She's going about her business as usual. It seems she's decided to ride out the scandal.
그녀는 평소처럼 활동하고 있습니다. 스캔들을 버텨 내기로 한 것 같습니다.

go about one's business 자기 일을 하다

grin and bear it
그것을 웃고 참다

grin은 '싱긋 웃다'라는 뜻이고, bear는 '~을 참다'라는 뜻이다. '힘들고 불편해도 웃는 사람이 승자'라는 말과 비슷한 표현이다. grin and bear it이라는 고정된 형태로 쓴다.

We were told our flight was delayed due to some mechanical problems. All we could do was just grin and bear it.
기계적 결함으로 우리 비행기 출발이 지연됐다고 했어요. 우리는 그냥 참고 기다릴 수밖에 없었습니다.

put up with ~
~와 함께 위로 올리다

이 표현은 마음에 안 들거나 불편한 상황/사람을 '참고 인내한다'는 뜻이다. 여기에 not을 붙이면 '~을 참지 못하다/가만있지 않다'가 된다. 이 표현은 긍정문으로도 부정문으로도 많이 쓴다.

I want to thank you for putting up with me. I know I'm not an easy person to be with.
인내를 가지고 나를 대해 줘서 고마워. 나도 내가 어려운 사람인 거 알아.

Jack has pushed us around like we're pieces on a chessboard. I'm not going to put up with it anymore.
잭은 우리를 마치 장기판의 졸처럼 함부로 대했어. 나는 더 이상 참지 않을 거야.

push ~ around ~를 함부로 대하다

not stand for ~

~에 대해 서 있지 않다

'~을 참다'라는 뜻을 가진 동사 stand 뒤에 for를 붙여 stand for라고 하면 '~에 대해 참다'라는 뜻이 된다. 이 표현은 주로 '(사람/행동을) 용납하지 않겠다'는 뜻의 부정 문으로 사용한다. 어떤 것을 보고 가만히 서 있지 않겠다는 건 곧 참지 않겠다는 뜻이 기 때문이다. 참고로 동사 stand만으로도 '~을 참지 못하다'를 표현할 수 있는데 이 경우는 '상황'을 견디지 못 하겠다는 의미다. 가령, 더위를 도저히 참지 못하는 상황일 때 I can't stand the heat.라고 한다. 이때는 stand for를 쓰면 안 된다.

Jennifer is my friend. I won't stand for you insulting her.
제니퍼는 내 친구야. 네가 제니퍼를 모욕하면 내가 가만있지 않을 거야.

Divorce will ruin his life, and I'm not going to stand for it.
이혼은 그의 인생을 망가트릴 거야. 난 그걸 두고 보지 않을 거야.

insult ~를 모욕하다
ruin ~을 파괴하다

have none of (it/that)

(그것)의 어느 것도 가지지 않다

이 표현은 '제안을 받아들이지 않다/변명을 믿지 않다/행위를 용납하지 않다'라는 뜻이다. 과거의 일일 경우 would have none of라고 하고, 현재의 일일 경우에는 be having none of 형태로 쓴다. 보통 뒤에 it/that 등을 붙여서 문맥상 앞에 나온 내용을 받는다.

Steve wants to make up with Suzie, but she's having none of it.
스티브는 수지와 화해하고 싶어 하는데, 수지는 받아들이지 않고 있어요.

I tried to get her to put off the wedding, but she'd have none of it.
결혼식을 연기하자고 그녀를 설득하려 했는데 절대 안 된다고 했어요.

That's a blatant character assassination, and I'll have none of that in this court.
그건 노골적인 인신공격입니다. 이 법정에서 저는 그런 것은 절대 용납하지 않겠습니다.

put ~ off ~을 연기하다 *blatant* 노골적인
character assassination 인신공격/비방

나는 **실직** 상태다./**구직** 중이다.

Idiomatic

I'm out of work.^{*실직}

I'm at loose ends.^{*실직}

I'm between jobs.

I'm in the job market.

I'm on the job hunt.

I'm pounding the pavement, looking for work.

General

I'm *unemployed*.^{*실직}

I'm *not working* right now.^{*실직}

I'm *looking for a job*.

▶unemployed는 '실직한'이라는 뜻이다. not work(일하지 않다)는 사정상 자발적으로 일을 하지 않는 경우를 의미하기도 한다.
'구하다'는 영어로 look for라고 한다. 따라서 '구직하다'는 look for a job이 된다.

out of work
일 밖에

일 밖에(out) 있으므로 '실직한' 상태를 의미한다. work는 a job으로 바꿀 수 있는데 work 앞에는 관사를 쓰지 않는 점에 주의하자.

I've been out of work for a year now.
나는 이제 실직한 지 1년 되었다.

We'd be out of a job if we don't get this contract.
이 계약을 따내지 못하면 우리는 실업자가 될 겁니다.

at loose ends
풀어진 끄트머리에

loose end는 '밧줄의 풀어진 끄트머리'를 말하는데, 이 표현은 놀고 있는 선원에게 배의 밧줄을 확인하는 일을 시키던 관습에서 유래했다는 설이 있다. 그래서 이 표현은 '할 일이 없어/실직해서 놀고 있는'이라는 의미로 쓴다. at a loose end라고 해도 된다.

Steve has been at loose ends since he lost his last job.
스티브는 마지막 직장을 그만둔 후에 계속 놀고 있다.

I'm kind of at a loose end with the kids away at summer camp.
아이들이 여름 캠프에 가서 내가 요새 좀 한가해.

between jobs
직업 사이에

'한 직장에서 다른 직장으로 옮기는 중인'이라는 말로, 실업자를 완곡하게 표현한 것이다. '구직 중'이라고 생각하면 된다. in between jobs라고 앞에 in을 붙이는 경우도 있다.

A **What do you do for a living, if you don't mind my asking?**
B **I'm between jobs at the moment.**

A 물어봐도 실례가 안 된다면, 어떤 일을 하고 계시나요?
B 지금은 구직 중입니다.

in[on] the job market
구직 시장에

단어 그대로 해석하면 되는 표현이다. job market(구직 시장)은 다양한 구직 상황을
표현할 때 쓴다. 가령, '일자리가 많지 않다/고용 상황이 안 좋다'는 The job market
is tight.라고 한다.

I've been in the job market for two years. I've had several promising
interviews, but nothing panned out.
전 2년째 구직 중입니다. 몇 번 채용 가능성 높은 면접도 봤지만 성사된 것은 없습니다.

promising 조짐이 좋은 *pan out* 잘 풀리다

on the job hunt
일자리 사냥에

job hunt는 '구직 활동'을 뜻하는 구어 표현이다. 정식 표현은 job search라고 한다.
job hunt는 Are you job-hunting?(지금 일자리를 찾고 있나요?)처럼 동사로도 쓴다.

I'd been on the job hunt for eight months when Ericson reached out to
me.
제가 8개월째 일자리를 찾고 있을 때 에릭슨에서 연락이 왔습니다.

reach out to ~에게 연락하다

pound the pavement
포장도로를 때리다

열심히 발로 인도/포장도로(pavement)를 때리며(pound) 다닌다는 뜻의 표현이다.
'일자리를 찾기 위해 발품을 팔고 돌아다니다'라는 뜻으로 쓴다.

A I've been job hunting for several months with no luck.
I'm at my wit's end.

B You've got to be out there, **pounding the pavement.**

A 수개월째 일자리를 찾고 있는데 성과가 없어요.
더 어떻게 해야 할지 모르겠네요.

B 직접 나가서 발로 뛰며 찾아야 해요.

with no luck 헛수고인
at one's wit's end 더 방법이 없는

POSITION
REACTION

UNIT

11

POSITION
REACTION

입장
반응

우리가 **같은 의견이라** 다행입니다.

Idiomatic

I'm pleased (that) you're on board with me.

I'm glad (that) we're on the same wavelength.

I'm glad (that) we see eye to eye on this.

General

I'm glad (that) we *agree*.

I'm pleased (that) we'*re of the same mind*.

I'm glad (that) we *share the same view(s)*.

I'm glad to see (that) we *see things the same way*.

▶ '의견이 같다'는 다양하게 표현할 수 있다. **agree**(동의하다)도 있고, 격식체로 **be of the same mind[opinion]**(같은 마음[의견]이다)이나 **share the same views**(같은 견해를 공유하다)도 있다. 구어로는 **see things the same way**(상황을 같은 방식으로 보다)도 좋다. 위 표현 앞에 **not**을 붙여 부정하면 '동의하지 않다'가 되는데 **not agree**는 한 단어로 **disagree**라고 해도 된다.

on board (with)
~와 같이 탑승한

어떤 일에 동의하고 동참하는 것을 같은 비행기/배에 탑승하는 것에(on board) 비유한 표현이다. '한 배를 탔다'와 같은 말이다. Are you on board with this?(너 이 일에 동의해?)처럼 with 뒤에는 보통 동의하는 내용을 넣지만, 사람을 넣기도 한다. 또 on board는 '같은 팀에 합류한'이란 뜻이기도 하다.

I thought you were completely **on board with** this project. Or have you changed your mind?
난 네가 이 프로젝트에 완전히 동의하는 줄 알았어. 아니면 마음을 바꾼 거야?

Dad isn't really **on board with** you staying home alone during the holidays.
아빠는 연휴에 너 혼자 집에 있는 것에 사실 동의하지 않아.

on the same wavelength
같은 주파수 위에

'같은 주파수 위에' 있다는 것은 '같은 의견이나 생각을 공유한다'는 뜻이다. 주로 be 동사나 get과 함께 쓴다. 보통은 긍정문으로 쓰지만 앞에 not을 붙여 '동의하지 않다'라고 할 수도 있다.

We're a team. It's important everyone (should) be **on the same wavelength** about what we do here.
우리는 한 팀입니다. 여기서 하는 일에 관해 모두가 일치된 의견을 갖는 게 중요합니다.

I can't work with Patrick. He and I are never **on the same wavelength**.
패트릭이랑 같이 일을 못하겠습니다. 우리는 한 번도 의견이 일치한 적이 없어요.

see eye to eye (with)
(~와) 눈을 마주보다

눈을 마주보는 것으로 '동의하다'라는 의미를 전달하는 표현이다. 보통 앞에 not을 붙여 동의하지 않는다는 뜻으로 많이 쓴다.

We don't **see eye to eye** on many things, but I'd really like to have you on my side on this.
우리는 여러 문제에서 서로 의견이 다르지만 이것만큼은 당신이 내 편을 들어 줬으면 합니다.

내 **편 들어 줘서** 고마워.

Idiomatic

I appreciate your going to bat for me.

Thank you for standing behind me.

I appreciate you all rallying around me.

Thank you for sticking up for me.

Thank you for standing up for me.

General

Thank you for *supporting* me.

I appreciate your *siding with* me.

Thank you for *backing* me *(up)*.

Thank you for *defending* me.

I'm grateful you *came to my defense*.

▶ '내 편을 들다'는 **side with me**나 **take my side** 또는 **be on my side** 등으로 표현할 수 있다. 한 단어로는 **support**라고 하고, 구어에서는 **back ~ (up)**이라고 한다. 편을 든다는 것이 '옹호해 주다'일 경우는 **defend**나 **come to one's defense**라고 한다.

go to bat for
~을 위해 타석에 나서다

야구에서 나온 표현이다. 누군가를 대신해 타석에 나오는 것으로, '도움을 주고 지지한다'는 의미를 전달한다. 상황에 따라 '옹호하다'라는 뜻이 되기도 한다.

This is the least I can do for you after so many times you went to bat for me.

당신이 얼마나 여러 번 나를 위해 나서 주었는데 당신을 위해 이 정도 하는 건 아무것도 아니지요.

Bill went to bat for me to get a really good job.

빌은 내가 정말 좋은 자리에 취직하는 데 도움을 줬다.

stand behind ~
~ 뒤에 서다

누군가의 뒤에 선다는 것은 '지지하다'라는 뜻이다. stand 자리에 get을 넣어도 되는데 get behind는 '지지하기로 결정하다'라는 의미이고, stand behind는 '지지하고 있는 상태'를 표현한다. 뒤에 사람뿐만 아니라 대책/결정 같은 단어를 넣어 쓸 수도 있다.

No matter what you decide to do on this issue, I'll stand behind it.

이 문제에 관해 당신이 어떤 결정을 내리건 난 그것을 지지할 겁니다.

You can count on me to get behind you no matter what you do.

네가 무엇을 하든지 내가 네 뒤에 있을 거라는 거 믿어도 돼.

rally around ~
~ 주위에 규합하다

동사 rally 뒤에 around를 붙이면 '~을 중심으로 지지자들이 모이다'라는 뜻이다. 따라서 주어는 everyone 또는 we/they/people 같은 복수형을 쓴다. 또한 rally around a cause(단결하여 대의를 지지하다) 형태로도 자주 쓴다.

In times like this, we should rally around each other. That's what families do.

이런 시기에는 우리가 서로 도와야 합니다. 가족은 그런 거니까요.

Ed is going through a difficult time. He needs all of us to rally around him to keep his spirits up.

에드는 지금 힘든 시기를 겪고 있어. 에드가 힘낼 수 있도록 우리 모두 에드의 편이 되어 주어야 해.

keep one's spirits up ~의 기운을 북돋다

stick up for ~
stand up for ~
~을 위해 일어나다

이 표현은 비판받거나 공격당하는 사람을 옹호/지지하기 위해(for) 자리에서 일어난다는(stand up) 뜻이다. stick은 '나뭇가지'라는 뜻인데 나뭇가지처럼 곧게 벌떡 일어난다고 생각하면 된다. 이 표현은 뒤에 oneself를 자주 붙여 쓴다. 두 표현은 모두 의견이 대립하는 맥락일 때 편을 든다는 의미로 주로 사용한다. 참고로 stand up for 는 자신의 신념/권리 등을 위해 싸운다는 뜻도 있다.

Jack **stood up for** me when I got blamed for something I didn't do at work.
회사에서 내가 하지도 않은 일에 대한 책임을 뒤집어썼을 때 잭이 나를 옹호해 주었다.

You've got to **stand up for** yourself and set clear boundaries with other people. Otherwise, they'll keep pushing you around.
자신의 권리를 주장하고 다른 사람들과 영역에 관해 선을 분명히 그어야 해. 안 그러면 계속해서 너를 쉽게 보고 막 대할 거야.

have a ~ streak ~한 성격이다
push ~ around 쉽게 보고 막 대하다

이 문제는 우리가 그녀에게 **맞서야** 해.

Idiomatic

We need to stand up to her on this.

I say we take a stand against her on this.

We've got to go up against her on this.

We need to push back against her on this.

General

We need to *fight* her on this.

We need to *defy* her on this.

We need to *oppose* her on this.

▶fight는 단순히 싸운다는 의미로만 쓰는 것이 아니라 '맞서다/대항하다'라는 의미로도 쓸 수 있다. 부모나 상사에 거역하는 의미라면 **defy**를 써도 좋다. 만약 의견에 반대한다는 뜻이면 **oppose**라고 해도 괜찮다.

stand up to ~
~에 대하여 일어나다

stand up은 일어나서 행동에 나선다는 말이고, to는 대항하고자 하는 대상을 가리킨다. to 대신에 for를 써서 stand up for라고 하면 반대 의미인 '~을 옹호하다'가 된다.(p.348)

Her husband is a bully. She shouldn't let him push her around and instead stand up to him.

그녀의 남편은 진짜 깡패야. 그녀는 남편이 함부로 하도록 내버려 두지 말고 대신 맞서야 돼.

bully 깡패/악당
push ~ around ~을 막 대하다

take a stand (against)
(~에 반하는) 입장을 취하다

stand는 '입장/태도'라는 뜻으로, take a stand라고 하면 '입장/태도를 취하다'라는 말이 된다. 뒤에 against를 붙이면 '~을 반대하다/맞서다'라는 말이 되고, for를 붙이면 '~을 옹호하다'가 된다. 이 표현은 보통 뒤에 against를 붙여서 take a stand against 형태로 어떤 의견과 반대되는 자신만의 입장을 밝힐 때 쓴다.

Son, taking a stand against me on the board is going to be like cutting off your nose to spite your face.

아들아, 네가 이사회에서 나에게 맞서는 것은 네 얼굴에 침 뱉기나 마찬가지가 될 거다.

I'm not afraid of taking a stand for what I believe in.

난 내가 옳다고 믿는 것을 위해 나서는 것이 두렵지 않아.

cut off one's nose to spite one's face 제 무덤을 파다

go up against ~
~에 반대해서 올라가다

말 그대로 '~에 대항하다/반대하다'라는 말로, 누군가에게 반대하고 저항해서 맞서는 것을 뜻한다. 참고로 이 표현은 스포츠 경기의 상대방과 맞붙는 것처럼 누군가와 대결을 한다는 의미로도 쓸 수 있다.(p.354)

You don't want to go up against me on this. If you do, I promise I'll do everything I can to destroy you.

이 문제로 나랑 대적하지 않는 것이 좋을 텐데. 만약 네가 그런다면 난 모든 수단을 써서 널 파괴할 거니까.

You know, it's suicide to go up against him. He's the most powerful person in town.

그 사람에게 대항하는 건 자살 행위야. 이 지역에서 가장 권력이 큰 사람이라고.

destroy 파괴하다 *suicide* 자살 (행위)

push back (against)
(~에 대항해서) 반대로 밀다

밀려오는 시류를 반대 방향으로 밀며 대항하는 것처럼, 사람이나 정책 등에 '저항/반대하다'라는 뜻이다. 정책이나 계획에 반대하는 경우에는 전치사 on을 쓸 수도 있다. 명사로는 pushback이라고 한다. 참고로 push ~ back처럼 타동사 형태로 쓰면 '~의 날짜를 연기하다'라는 뜻이 된다.

The town plans to remove the park and construct an athletic field in its place, but many residents are pushing back against it.
그 도시는 공원을 없애고 그 자리에 운동장을 만들 계획이지만, 많은 주민들이 그에 반대하고 있다.

Initially, there was some pushback from the students who were afraid the new policy would increase their workload.
처음에는 새로운 방침으로 학습량이 늘어날 것이라 우려한 학생들로부터 약간의 반발이 있었다.

construct ~을 건설하다 *resident* 거주자
workload 업무량/작업량

Get this, too!

at odds (with) (~와) 의견이 다른

lock horns (with) (~와) 충돌하다

butt heads (with) (~와) 충돌하다

at each other's throats 서로 못 잡아먹어서 안달이 난

on a collision course (with) (~와) 충돌할 궤도 위에

그녀는 예비 선거에서 현직 의원과 **맞붙는다.**

Idiomatic

She's **taking on** a sitting congressman in the primary.

She's **going toe to toe with** a sitting congressman in the primary.

She's **going up against** an incumbent congressman in the primary.

She's **facing off against** an incumbent congressman in the primary.

General

She's *competing with* an incumbent congressman in the primary.

She's *challenging* a sitting congressman in the primary.

▶compete with(~와 경쟁하다)나 challenge(~에게 도전하다)로 표제문을 표현할 수 있다.
참고로 스포츠 경기에서 '맞붙는다'고 할 때는 play를 쓰기도 한다.

take ~ on
~을 잡아서 받아들이다

부사 on은 '입다/받아들이다'라는 뜻으로 상대방을 경쟁자로 받아들인다는 뉘앙스를 갖고 있다. 그래서 이 표현은 '~에게 도전하다/~를 상대하다'라는 뜻으로 쓴다.

Me afraid of losing to you? I can take you on any day.

내가 너에게 질까 봐 겁낸다고? 언제든지 상대해 주지.

The two companies decided to team up to take on Apple in the raging app store war.

두 회사는 치열한 앱스토어 전쟁에서 애플을 상대하기 위해 힘을 합치기로 결정했다.

team up 협력하다

go toe to toe with ~
~와 발끝을 대고 가다

권투에서는 두 선수가 서로 발끝을 마주하고 싸운다. 그런 맥락에서 나온 표현으로 '정면으로 맞서 치열하게 논쟁하다/경쟁하다/싸우다'라는 뜻이다. 유사 표현인 go one-on-one with는 '일대일로 맞서다'라는 뜻이다.

He's ruthless. If anyone dares to go toe to toe with him, he squashes him like a bug.

그는 잔인해요. 누구든 감히 그에게 도전하는 사람은 벌레처럼 짓눌러 버리죠.

I know going up against him is like David going one-on-one with Goliath. But I can beat him because I know his weaknesses.

그에게 맞서는 것은 다윗과 골리앗의 싸움이란 거 나도 알아. 그렇지만 나는 그 사람의 약점을 알고 있기 때문에 이길 수 있어.

ruthless 무자비한 *squash* ~을 뭉개다

go up against ~

~에 대항하여 올라가다

against에는 '맞서서/대항해서'라는 뜻이 있다. '좋아, 한번 해 보자'라고 일어나며 (go up) 맞서는(against) 장면을 떠올리면 된다. 경쟁 상대와 '상대하다/맞붙다'라는 뜻이다.

If you're foolish enough to go up against me in court, I'll make sure you lose everything you have.
멍청하게 법정에서 나와 붙어 보겠다면 네가 가진 모든 것을 잃게 해 주지.

This blockbuster movie is going up against a new James Bond movie this summer.
이번 여름, 이 블록버스터 영화는 새로운 제임스 본드 영화와 맞붙는다.

face off against ~

~에게 얼굴을 맞대다

권투 선수들끼리 링에서 마주 보고 서 있는 것처럼 시합이나 경쟁 등에서 '~에 대적하다/맞붙다'라는 뜻이다.

The Euro 2022 will kick off June 12 with Italy facing off against Spain.
2022년 유로 축구 대회가 이태리와 스페인 경기로 6월 12일에 개막합니다.

The guerrillas faced off against a well-equipped, battle-hardened unit of the US army.
게릴라들은 제대로 무장한데다 전투 경험이 많은 미군 부대에 맞섰다.

kick off 시작하다 *well-equipped* 우수한 장비를 갖춘
battle-hardened 전쟁에 단련된

그는 **약속을 지킬** 거야./**약속을 깼어.**

Idiomatic

He'll make good on his word.

He'll live up to his promise.

He'll follow through on his word.

He'll hold up his end of the deal.

He's a man of his word.

He's as good as his word.

He's true to his word.

He went back on his promise. *깨다

General

He'll *keep his promise*.

He'll *honor his promise*.

▶ '약속을 지키다'는 **keep one's promise[word]**라고 한다. 특정한 약속은 **promise** 단수로 말하고, 일반적인 의미에서 말할 때는 복수로 쓴다. 약간 딱딱한 동사지만 **honor**(약속을 지키다) 를 써도 괜찮다. '약속을 깨다'는 동사 **break**를 쓰거나 위에 나온 표현을 부정문으로 바꿔도 좋 다. 이럴 때 쓰는 관용표현으로는 **go back on**과 **back out (of)**가 있다.(**p.364**)

make good on ~
~에서 좋게 만들다

원래는 make를 타동사로 써서 make (a promise) good이라는 표현이었다. '약속을 좋게 만들다'는 곧 '약속을 지킨다'는 의미기 때문이다. 이것이 시간이 지나 현대 영어에서는 make good on 형태로 쓰게 되었다. 또 협박을 행동으로 옮기거나 빚을 갚는 의무를 이행한다는 의미로도 쓴다.

When are you going to make good on your promise to help me paint my house?
우리 집 페인트 칠 도와주기로 한 약속은 언제 지킬 거야?

live up to ~
~에 닿도록 위쪽으로 살다

up to는 위에 있는 기준점까지 도달한다는 의미가 있다. 따라서 live up to 뒤에 약속이 나오면 '약속을 이행하다'라는 뜻이 된다. 약속 외에도 기대/기준/책임 등을 '충족하도록 노력하다'라는 뜻도 된다.

I lived up to my promise to myself and received an MBA from UCLA in 2020.
나는 나 자신과의 약속을 지켜서 2020년에 UCLA에서 경영학 석사 학위를 받았다.
MBA(=Master of Business Administration) 경영학 석사

follow through on ~
~에 대해 끝까지 뒤따르다

follow는 '따르다'라는 뜻이고, through는 '끝까지'를 의미한다. on 뒤에는 따르려는 내용이 나온다. 따라서 이 표현 뒤에 약속이 나오면 그것을 끝까지 따라가서 지킨다는 말이 된다. 꼭 약속이 아니더라도 '협박/제안/계획/명령 등을 실행에 옮긴다'는 뜻으로도 쓴다.

You never intended to follow through on your promise, did you? You were just stringing us along.
약속을 지킬 생각이 처음부터 없었던 거지? 난 그냥 우리를 속이고 있었던 거야.
string ~ along 의도를 숨기고 ~을 호도하다

hold up *one's* end of the deal

거래에서 자기 쪽 끝을 들어 올리다

거래를 무거운 물건을 나르는 것에 비유해 각자 양쪽 끝(end)을 잘 들어 올려야(hold up) 한다는 표현이다. 이것을 '쌍방 약속에서 내 쪽 약속을 지키다'라는 뜻으로 쓴다. hold up 대신에 keep을 쓸 수도 있고, deal 대신 bargain이라고 해도 된다.

A We need to keep this transaction strictly confidential. Do I have your word?

B You do, as long as you **keep your end of the deal**.

A 이 거래는 철저하게 비밀로 해야 합니다. 약속하시는 거죠?

B 네, 그쪽에서 거래 협약을 지킨다면 말이죠.

transaction 거래 *confidential* 기밀인

man of his word
woman of her word

자기 말의 사람

자신이 한 말을 지키는 신의가 있는 사람을 뜻한다. 여기서 word는 '약속/자신이 한 말'이다. 여자에게 쓸 때는 woman of her word라고 한다.

Jackie is a **woman of her word**. When she makes a promise, she follows through on it.

재키는 자신이 한 말을 지키는 여성이다. 그녀는 약속을 하면 반드시 지킨다.

follow through on ~을 이행하다

as good as *one's* word

자기가 한 말만큼 좋은

이 word도 '자기가 한 말/약속'이라는 의미다. '어떤 사람이 자기가 한 말만큼 좋다'는 것은 '자기가 한 말이나 약속을 지킨다'는 뜻이다. A man is only as good as his word.(사람의 신의는 자신의 말을 지키는 정도에 달렸다.)라는 영어 속담도 있다.

I've been doing business with this company for years, and they're **as good as their word**.

이 회사와 수년째 거래 중인데, 정말 신뢰할 수 있는 곳입니다.

true to *one's* word

자기가 한 말에 진실한

true to는 '~에 대하여 진실된/충실한'이라는 뜻이다. 자기가 한 말에 충실하다는 건 곧 그 말을 지킨다는 뜻이 된다. 문장을 시작할 때 True to one's word라고 하면 '약속한 대로'라는 말이다. 동사 stay와 함께 stay true to one's word(자신이 한 약속을 계속 지키다) 형태로도 쓴다.

True to his word, he stepped down as CEO of his company.

약속한 대로 그는 자신의 회사 대표이사직에서 물러났다.

I'm grateful you've been **true to your word.**

약속한 대로 해 주셔서 감사합니다.

step down 물러나다

go back on (a promise/word)

(약속)에서 뒤로 가다

약속을 해 놓고 뒤로 물러난다는(go back) 것은 곧 약속을 지키지 않는다는 말이다. 그래서 부정문일 때는 '약속을 깨지 않다'라는 의미가 된다.

A Thank you for sticking by me.
B Forget it. I promised I'd never turn my back on you.
   I'm not about to **go back on that promise.**

A 계속 나를 도와줘서 고마워.
B 고맙긴. 절대 너한테 등 돌리지 않겠다고 약속했잖아.
   난 그 약속을 깰 생각 없어.

You promised you'd quit gambling, but you **went back on your word.**

도박 안 하겠다고 약속했잖아. 그런데 넌 약속을 어겼어.

stick by 계속 ~의 곁을 지키다/돕다
turn one's back on ~를 저버리다
be about to ~하려고 하다

그녀는 **원래 입장을 고수하고** 있다.

Idiomatic

She's sticking to her guns.

She's standing her ground.

She is refusing to back down.

She's digging in (her heels).

General

She's *maintaining her position*.

She's *sticking to her position*.

She *won't budge*.

▶'입장을 고수하다'는 **maintain one's position**이라고 하거나 좀 더 구어적으로는 **stick to one's position**이라고 한다. 또는 **budge**(조금 움직이다)라는 동사를 써서 **won't budge**(전혀 움직이지 않으려 하다)라고 할 수도 있다. 이 표현은 절대 양보하지 않거나 설득에 안 넘어간다는 뜻이다.

stick to *one's* guns
대포에 붙어 있다

stick to는 '~에 붙어 있다'는 뜻으로 원래 군함 대포를 쏘는 사수에게 자신의 자리를 떠나지 말라는 명령이었다. 그것이 현대 영어에서는 '자기 신념/입장을 고수하다'라는 의미가 되었다.

A What if things don't play out the way we want them to?
B They will. All we have to do is **stick to our guns** and stay strong.

A 우리가 바라는 식으로 일이 전개되지 않으면 어쩌죠?
B 될 겁니다. 우리는 그저 입장을 고수하고 흔들리지 않으면 됩니다.

play out 전개되다

stand *one's* ground
자기 땅에 서다

서부 영화에서 두 총잡이가 마주 보고 서서 움직이지 않는 것은 대결에서 물러나지 않는다는 뜻이다. 그래서 이 표현을 비유적으로 '자기 의견이나 입장을 고수하다'라는 뜻으로 쓴다. stand 대신 hold를 써도 된다.

My advice is to **stand your ground** because you have the upper hand in this legal battle.
당신의 입장을 고수하라고 조언하겠어요. 이 법정 싸움에서 당신이 유리한 위치에 있으니까요.

He threatened to call off the deal. I called his bluff and **stood my ground**.
그 사람이 거래를 취소하겠다고 협박했어. 그래서 할 테면 하라고 하면서 내 입장을 고수했어.

have the upper hand 유리한 입장이다 *call ~ off* ~을 취소하다
call someone's bluff ~에게 할 테면 해 보라고 하다

not back down (from)
(~로부터) 뒤로 물러나지 않다

어떤 위치에서 뒤로 물러난다는 것은 곧 압박이나 반대에 부딪혀서 '주장/요구/계획/입장을 철회하다'라는 뜻이다. 이 표현에 refuse to(~하는 것을 거절하다)나 not 등을 붙이면 그렇게 물러나지 않겠다는 말이 된다.

If you **don't back down from** your ridiculous demands, you leave me no other option but to go public with the whole thing.
당신이 말도 안 되는 요구를 철회하지 않는다면, 이 모든 사안을 공개할 수밖에 없습니다.

I don't back down from a fight.

난 싸움에서 물러서지 않아.

go public with ~을 공개하다

dig in (*one's* heels)

(발뒤꿈치로) 땅을 파다

고삐를 잡아끄는데도 발뒤꿈치를 땅에 대고 버티는 말의 모습에 '자기 의견이나 입장을 바꾸는 것을 거부하다'를 비유한 표현이다. 상대방의 설득에도 불구하고 입장을 고수한다는 뉘앙스가 있다. one's heels는 생략하고 dig in이라고만 해도 된다.

This is no time to dig in your heels. Let's make a compromise.

지금은 그렇게 완강하게 버틸 때가 아닙니다. 타협합시다.

The more we push them, the harder they'll dig in their heels.

우리가 밀어붙일수록 저쪽은 더욱 강경하게 입장을 고수할 겁니다.

compromise 타협

그쪽이 거래와 관련해서 **입장을 바꿨어요.**

Idiomatic

They've changed their tune about the deal.

They're now singing a different tune about the deal.

They're having second thoughts about the deal.

They did an about-face on the deal.

They're backing out of the deal.

General

They've *changed their minds* about the deal.

They've *had a change of heart* about the deal.

They're *backtracking* on the deal.

▶ '생각/입장/마음을 바꾸다'는 change one's mind나 have a change of heart라고 한다. backtrack(되돌아가다)은 결정/정책/발언 등을 바꾸거나 취소한다는 뜻으로, 과거형으로 말하면 완전히 취소한 것이 된다. 표제문처럼 그런 과정 중에 있다면 현재진행형으로 말하면 된다.

change *one's* tune (about)

(∼에 대하여) 노래를 바꾸다

sing a different tune

다른 노래를 부르다

부르던 노래를 다른 노래로 바꾼다는 것으로 '마음/태도가 바뀐 것'을 비유한 표현이다. sing은 노래하는 동작이므로 보통 -ing를 붙여 진행형으로 쓰기 때문에 과거형으로는 말하지 않는다.

Over the past year, institutional investors have **changed their tune about** cryptocurrencies.
지난 1년 동안 암호 가상 화폐에 대한 기관투자가들의 입장이 달라졌다.

You'd be **singing a different tune** if you were in her shoes.
네가 그 사람 입장이면 마음이 바뀔걸.

cryptocurrency 암호화된 가상화폐 *in someone's shoes* ∼의 입장인

have second thoughts (about)

(∼에 관해) 두 번째 생각을 갖다

처음 생각한 것에 의구심이 들면 두 번째 생각을 하게 된다. 따라서 이 표현은 처음한 생각이나 결심이 '흔들리다/달라지다'라는 뜻이다.

A You're not **having second thoughts about** joining the company, are you?

B Are you kidding? Why would I pass up an opportunity to work for one of the best tech companies in Silicon Valley?

A 너 혹시 그 회사에 입사하는 것에 대해 다시 생각해 보는 건 아니지?

B 뭔 소리야? 실리콘 밸리에서 가장 좋은 업체 중 하나에서 일할 기회를 내가 왜 걷어차겠냐?

pass up ∼을 사양하다

do an about-face (on)

(∼에 있어서) 뒤로 돌다

about-face는 '180도 돌아서 뒤를 보는 것'을 뜻한다. 관용적으로는 태도나 입장을 '180도 바꾸다'라는 말이다. That's an about-face.(그건 전과 완전히 다른 말이네.)처럼 쓰기도 한다.

You can't **do an about-face on** this now. You've made a commitment, and you have to live up to it.
너 이제 와서 태도를 그렇게 바꾸면 안 되지. 약속했으면 지켜야지.

make a commitment 약속하다

back out of ~

~에서 후진해서 빠져나오다

이 표현은 원래 I backed out of the garage.(주차장에서 후진해서 나왔다.)처럼 쓴다. 주차장을 합의/계약/약속 등으로 바꾸면 그것을 '취소/철회한다'는 말이 된다. 표제문처럼 진행형으로 쓰면 정황상 취소/철회하려는 움직임을 보인다는 뜻이다.

If you don't feel right about this wedding, it's still not too late to back out of it.

이 결혼에 확신이 없으면 지금이라도 취소하는 거 늦지 않았어.

You can still back out of the deal if you had a change of heart because it's not closed yet.

마음이 변했다면 아직 계약이 성사된 것은 아니니까 취소할 수는 있습니다.

그 사람은 **멀리하는** 게 좋아요.

Idiomatic

I suggest you **keep your distance from** him.

You'd be wise to **keep** him **at arm's length**.

It'd be a good idea for you to **give** him **a wide berth**.

I think it's best you **steer clear of** him.

If I were you, I wouldn't **touch** him **with a 10-foot pole**.

General

You'd better *avoid* him.

You'd be better off *staying away from* him.

▶ '~을 멀리하다/피하다'에 해당하는 동사로 **avoid**가 있다. 또는 부사 **away**(거리가 떨어져)를 써서 **stay[keep] away from**(~로부터 떨어져 머물다)이라고 해도 된다. 후자는 보통 Keep away from me.(내 옆에 오지 마세요.)처럼 접근하지 말라고 할 때 많이 쓴다.

keep *one's* distance from ~
~로부터 자신의 거리를 유지하다

주로 사람을 멀리하거나 피한다는 의미로 쓰지만, 장소나 음식 등을 피하거나 선택하지 않는다는 뜻으로도 쓸 수 있다.

We've decided to keep our distance from each other for a little while.
우리는 당분간 서로 거리를 두기로 했어.

They serve burgers and hot dogs. The burgers are good, but I'd **keep my distance from** the hot dogs.
거기는 햄버거와 핫도그를 팔고 있어. 햄버거는 괜찮은데 핫도그는 멀리하는 게 좋을 거야.

serve (음식 등)을 제공하다

keep ~ at arm's length
~를 팔 거리 위치에 유지하다

누군가를 팔을 뻗은 거리만큼 떼어놓는다는 말이다. 주로 사람에게 사용한다.

She's **keeping** people **at arm's length** because she's afraid of getting hurt again.
그녀는 또 마음의 상처를 입을까 봐 사람을 멀리하고 있다.

Kim's been **keeping** me **at arm's length** lately, and I don't know why.
킴이 최근에 나를 피하고 있는데 왜 그런지 모르겠어.

give ~ a wide berth
~에게 넓은 정박 거리를 주다

berth는 현대 영어에서는 배를 대는 위치를 뜻하지만, 과거에는 정박한 배가 서로 부딪히지 않도록 떼어 놓는 공간을 뜻했다. 즉, wide berth는 '배 사이를 띄운 거리가 넓다'는 뜻이다. 따라서 이 표현은 사람을 '멀리하다/피하다'라는 말이다.

If you see Andy, **give** him **a wide berth**. He's nothing but trouble.
앤디를 보면 거리를 두고 피하세요. 문제만 일으키는 사람이니까요.

I've been **giving** Jennie **a wide berth** since she broke up with my brother.
제니가 우리 오빠와 헤어진 후로 나는 제니와 거리를 두고 있어.

break up with ~와 헤어지다

steer clear of ~

~에서 떨어지게 운전하다

피하다 • 멀리하다

steer는 자동차나 배 같은 탈것을 '조종하다'라는 뜻이고, clear of는 '~이 닿지 않게 떨어져'라는 뜻이므로 이 표현은 '어떤 것 근처에 가지 않도록 피한다'는 의미다. 배의 키를 잡은 선장이 암초에 닿지 않도록 배를 조종하는 것을 떠올리면 된다. 사람이나 문제가 되는 상황을 피하는 맥락에서 사용한다.

I have plenty of reason to steer clear of her. For one thing, she lied to my face many times.

그녀를 피해야 할 이유는 너무 많아요. 한 예로 그녀는 나에게 대놓고 여러 번 거짓말을 했어요.

I'm on a gluten-free diet, so I'm trying to steer clear of anything made of white flour.

난 글루텐을 섭취하지 않는 다이어트 중이야. 그래서 흰 밀가루로 만든 음식은 피하려고 해.

lie to one's face ~의 면전에 대고 거짓말하다
flour 밀가루

not touch ~ with a 10-foot pole

~을 10피트 장대로 건드리지 않다

어떤 사물/사람과 '섞이지 않다/근처도 가지 않다/피하다'를 10피트(약 3m) 길이의 장대(pole)로도 건드리지 않는다고 비유한 것이다.

After the scandal, no one in the entertainment business would touch me with a 10-foot pole.

그 스캔들이 난 후에 연예계에서 아무도 나를 찾지 않아요.

I've never done drugs. I wouldn't touch them with a 10-foot pole.

전 마약을 해 본 적이 없습니다. 마약이라면 근처도 안 가는걸요.

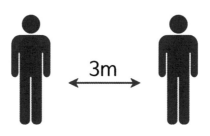

산책로를 벗어나지 말고 뱀을 **조심하세요.**

Idiomatic

Stay on the trail and be on the lookout for snakes.

Stick to the trail and be on guard against snakes.

Stick to the trail and be on the alert for snakes.

Keep to the trail and keep an eye out for snakes.

Don't go off the trail, and keep your eyes peeled for snakes.

General

Stay on the trail and *watch (out) for* snakes.

Keep to the trail and stay *vigilant for* snakes.

▶'어떤 것이 있는지 살펴보다'라는 맥락의 '조심하다'는 watch (out) for라고 한다. look을 써서 look out for라고 해도 된다. 이 두 표현은 ① 위험 요소를 주의하기 위해 주변을 살피거나 ② 필요한 것을 찾기 위해 예의 주시한다는 뜻이다. 위험을 조심한다는 의미의 형용사로는 vigilant가 있다.

on the lookout for ~

~을 대비해 망을 보는

이 표현은 look out for(~을 찾다/조심하다)에서 look out을 명사로 쓴 것으로, 망원경으로 어떤 것을 찾는 모습을 떠올리면 된다. ① 위험한 것을 조심한다는 의미와 ② 자신이 원하는 것을 찾기 위해 예의 주시하거나 살펴본다는 두 가지 의미로 쓴다.

The plaza is a great place to visit and explore, but always be on the lookout for pickpockets.

그 광장은 여기저기 돌아보기 좋은 장소지만 소매치기를 항상 조심하세요.

My husband and I are always on the lookout for great Korean restaurants. We were exhilarated when we found this hidden jewel off the beaten path.

제 남편과 저는 항상 좋은 한국 식당을 찾고 있어요. 그래서 한적한 곳에 숨겨진 이 맛집을 찾았을 때 매우 기뻤죠.

pickpocket 소매치기 *exhilarated* 짜릿한
hidden jewel 안 알려진 식당/관광지
off the beaten path 사람이 적은 곳에

on guard (against)

(~에 대하여) 가드 위에

on the alert (for)

(~에 대한) 경계 태세인

'위험을 경계하는 것'을 복싱에서 상대의 주먹을 막기 위해 가드를 올리고 있는 상태에 비유한 표현이다. alert는 '경계경보/태세'라는 단어로, on the alert (for)는 어떤 것에 경계하는 태도를 취한다는 말이다.

Like in any other city, you should be on guard against pickpockets and con artists.

다른 도시에서처럼 소매치기와 사기꾼을 조심하세요.

The road is shared by cyclists, so stay on the alert for those approaching from behind.

그 도로에는 자전거도 같이 다니니까 뒤에서 오는 자전거를 조심하세요.

con artists 사기꾼 *cyclist* 자전거 타는 사람
approach 접근

keep an eye out for ~

~을 찾기 위해 눈을 밖으로 내놓고 있다

경계해야 할 대상이나 내가 필요로 하는 것을 '한쪽 눈이 튀어나올 정도로 열심히 찾는다/살펴본다'는 의미다.

The seafood restaurant is not easy to find. Keep an eye out for the sign with the flamingo.

그 해산물 식당은 찾기가 쉽지 않아요. 눈을 크게 뜨고 플라밍고 그림이 있는 간판을 찾으세요.

I'm expecting a UPS package in the next few days. Can you keep an eye out for it?

며칠 내로 UPS 소포 올 게 있는데, 좀 신경 써서 봐 주시겠어요?

UPS(=United Parcel Service) 미국 택배 서비스

keep *one's* eyes peeled for ~

~을 찾기 위해 눈 껍질을 까놓고 있다

peel은 '과일의 껍질을 까다'라는 뜻의 동사다. 눈의 껍질을 깐다는 것은 눈을 깜빡이지도 않고 크게 떠서 '~이 어디 있는지 예의 주시하며 살펴보다/찾다'를 의미한다. peeled 대신에 open을 써도 된다.

I'm keeping my eyes peeled for cheap flights to Cancun.

나는 칸쿤으로 가는 싼 항공권을 계속 찾고 있어.

I have security patrolling the grounds. They've been instructed to keep their eyes open for anything suspicious.

경비원들에게 부지를 순찰하도록 하고 있습니다. 뭐라도 수상한 것이 있는지 살펴보라고 지시했습니다.

patrol ~을 순찰하다 *grounds* 부지/구내
instruct ~하도록 지시하다 *suspicious* 수상한

Get this, too!

- **jump to conclusions** 결론으로 성급하게 뛰어들다
- **jump the gun** 잘 알아보지 않고 행동/판단하다

이건 **비밀로** 하자.

Idiomatic

Let's play this close to the vest.

Let's keep this quiet.

Let's keep quiet about this.

Let's keep this under wraps.

Let's keep a lid on this.

General

Let's *keep* this *a secret*.

Let's *keep* this *confidential*.

Let's *keep* this *hush-hush*.

▶ '~을 비밀로 하다'는 **keep ~ a secret**이라고 한다. 형용사 **confidential**(은밀한/비밀의)로 표현해도 좋다. 비밀과 관련한 표현에는 '비밀 상태'를 유지하라는 의미에서 동사 **keep**(지키다/ 유지하다)이 들어간 게 많다. **hush-hush**는 뭔가를 드러내지 않으려고 할 때 내는 소리 '쉬쉬'와 같은 의성어다.

play ~ close to the vest
~을 조끼 가까이에 들고 플레이하다

포커 게임에서 자신의 카드를 조끼(가슴 높이) 가까이에 들고 상대방이 못 보게 하는 것에서 유래한 표현으로 '감정/의도/생각 등을 남에게 드러내지 않다'라는 뜻이다. play ~ close to one's vest 형태로도 쓰며 물결 자리에 cards나 일반적 상황을 의미하는 it/things를 넣어도 된다. 영국에서는 vest 대신 chest를 써서 play ~ close to the chest라고 하거나 hold[keep] one's cards close to the chest라고 한다.

Sandra is a D.A. who likes to play things close to the vest.
산드라는 보통 의중을 내비치지 않는 검사입니다.

Jerry tends to play it close to his vest. He's reluctant to share his thoughts or feelings with others.
제리는 비밀스러운 데가 있어요. 자신의 생각이나 감정을 남하고 공유하는 걸 꺼리죠.

D.A. (=district attorney) 미국 지방 검사
reluctant 꺼리는

keep ~ quiet
~을 조용하게 유지하다

keep quiet about
~에 대하여 조용히 있다

keep ~ quiet는 keep ~ a secret과 유사한 형태인데 형용사 quiet(조용한)를 사용해서 '비밀'을 표현한 것이다. 이것을 keep quiet about이라고 해도 된다. 두 표현 모두 어떤 일을 조용하게 비밀로 유지한다는 뜻이다.

Your mother changed her will before she died, but she asked me to keep it quiet.
당신 어머니가 돌아가시기 전에 유언 내용을 바꿨지만 비밀로 해 달라고 부탁하셨어요.

It's in your best interest to keep quiet about what happened yesterday.
어제 일어난 일은 비밀로 하는 것이 당신을 위해서 좋습니다.

will 유언
in someone's interest(s) ~에게 이로운

keep ~ under wraps
~을 포장지 밑에 두다

물건을 싸는 포장지(wraps)로 어떤 사실을 덮어서 아무도 모르게 한다는 뜻의 표현이다. 비슷한 표현으로 keep ~ under one's hat(~을 모자 아래 두다)이 있다.

She lost a son in an accident, a fact she's kept under wraps for a long time.
그녀는 자동차 사고로 아들을 잃었는데, 오랫동안 그 사실을 숨겨 왔다.

Chandler wants us to keep this plan under wraps until he's ready to go public with it.
챈들러는 공개할 준비가 될 때까지 이 계획을 비밀로 해 달라고 한다.

go public 공개하다

keep a lid on ~
~에 뚜껑을 덮어 놓다

냄비나 휴지통의 뚜껑(lid)을 닫아 놓으면 내용물을 알 수 없는 것에 비유한 표현이다. 어떤 것을 비밀로 한다는 뜻뿐 아니라 '감정/상황을 억제하다'라는 의미로도 쓴다.

I think it'd be in everyone's interest to keep a lid on this for now.
현재로서는 이 사실을 비밀로 하는 게 모두에게 좋을 것 같아.

The Fed is likely to hike interest rates to keep a lid on inflation.
인플레이션을 억제하기 위해 연방준비은행이 금리를 인상할 가능성이 있다.

The Fed (= The Federal Reserve Bank) (구어) 연방준비은행
hike ~을 대폭 인상하다

비밀을 누설하지 않도록 조심하세요.

Idiomatic

Be careful not to let the cat out of the bag.

Be careful not to let the secret slip.

Be careful not to spill the beans.

Be careful not to show our hand.

General

Be careful not to *reveal* the secret.

This is a secret. So, don't *tell* anyone about it.

▶ **reveal**은 '~을 드러내다'라는 뜻으로 비밀을 '드러낸다'고 할 때 이 동사를 쓴다. 비밀처럼 추상적인 것뿐 아니라 형체가 있는 것을 드러낸다고 할 때도 쓸 수 있다. 누설한다는 뜻의 동사를 몰라도 동사 **tell**(말하다)로 같은 의미를 표현할 수 있다.

let the cat out of the bag

자루 밖으로 고양이를 내놓다

이 표현은 새끼 돼지를 자루에 넣어 팔던 상인이 손님 몰래 돼지를 고양이로 바꾼 것에서 유래했다는 설이 있다. 고양이가 자루 밖으로 나오면 사기가 들통나는 것이니, '비밀을 의도치 않게 누설한다'는 뜻으로 쓴다. 비밀이 이미 누설된 상황에 대해서는 The cat is out of the bag.(고양이가 자루 밖으로 나왔다.)이라고 한다.

I'm not the one who let the cat out of the bag.
비밀을 누설한 사람은 내가 아닙니다.

Now that the cat's out of the bag, there's no reason for you to keep quiet about what you know.
비밀이 밝혀졌으니 이제 당신이 아는 것에 대해 입 다물고 있을 이유가 없죠.

keep quiet about ~에 대해 비밀로 하다

let ~ slip

~이 미끄러지게 하다

여기서 slip은 입 밖으로 '미끄러져 나오다'라는 뜻으로 보면 된다. 그래서 이 표현은 '자기도 모르게 실수로 ~한 내용을 흘리다/누설하다'라는 뜻이다. let it slip (that) (~라고 실수로 말하다) 형태로도 쓴다. 이 때 it은 뒤에 나오는 that절을 대신하는 가짜 목적어다.

News of the new town hall project first broke when a city official let the plan slip during an interview.
새로운 시청 공사 소식은 시 간부가 인터뷰에서 그 소식을 발설하면서 처음 알려졌습니다.

Then, I let it slip that Kyle was getting married, and Joanne turned pale as a ghost.
내가 실수로 카일이 결혼한다는 말을 흘렸는데, 조앤이 백지장처럼 창백해졌어.

break 뉴스를 알리다 *official* 간부
pale 창백한

spill the beans (about)

(〜에 대하여) 콩을 엎지르다

고대 그리스 원로원에서 위원을 선출할 때 찬반을 의미하는 흰색과 갈색 콩을 작은 단지에 넣었다고 한다. 이 단지가 실수로 엎어지면서 선거 결과가 노출되는 것에 '비밀을 누설하다/말하다'를 비유한 표현이다. 명령문인 Spill the beans.라고 하면 '어서 털어 놔'라는 말이다.

You can trust your secret with me. I'll never spill the beans.
날 믿고 비밀을 말해도 돼요. 절대 누설하지 않을 테니까.

Someone spilled the beans about our new spring line.
누군가가 우리 봄 신상품을 유출했어요.

trust ~ with... …에게 ~을 믿고 말하다

show *one's* hand

손을 보여 주다

여기서 손은 카드 게임을 하는 사람이 쥐고 있는 카드, 즉 '패'를 의미한다. 따라서 이 표현은 의도치 않게 '자신의 비밀스런 의도/계획을 다른 사람이 알게 하다'라는 뜻이다. '비밀'을 누설한다는 뜻인 다른 표현들과는 의미가 약간 다르다. 비슷한 표현으로 give oneself away(자신을 쥐 버리다)가 있는데, '(자신의 신분/위치/비밀/생각을) 의도치 않게 노출시키다'라는 뜻이다.

We'll now play the waiting game. It's a matter of time before Jackson shows his hand. He always gives himself away.
이제 우리는 기다림 전략을 쓰면 됩니다. 잭슨이 자신의 의중을 노출시키는 건 시간 문제입니다. 그는 항상 의중을 들키거든요.

They're trying to provoke you into showing your hand. Don't fall for it.
그쪽은 당신을 자극해서 의도를 노출하게끔 유도하려는 거예요. 거기에 넘어가지 마세요.

provoke ~를 자극하다 *fall for* ~에 속아 넘어가다

내가 변명 거리를 **생각해낼게.**

Idiomatic

I'll come up with some excuse.

I'll dream up some excuse.

I'll make up some excuse.

I'll trump up some excuse.

General

I'll *think up* some excuse.

I'll *invent* some excuse.

▶ **think ~ up**은 '~을 생각해내다'라는 뜻의 구동사로, 생각'해낸다는' 의미가 **up**(위로)에 담겨 있다. 관용표현도 전부 같은 의미로 **up**을 쓴다. **think ~ up**은 주로 방법/계획/아이디어/변명 등을 목적어로 쓴다. 이 표현은 한국어 해석과 영어가 유사하기 때문에 어렵지 않게 해석할 수 있다. 없는 변명을 만들어내는 거라면 **invent**(발명하다)도 쓸 수 있다.

come up with ~

~을 가지고 위로 올라오다

아이디어나 방법을 생각해낸다고 할 때 가장 빈번하게 사용하는 관용표현이다. with 뒤에는 계획/아이디어/해결책/변명 등의 단어가 자주 나온다.

A Are you sure this will work? What if it backfires?

B Hey, if you can **come up with** a better suggestion, I'm all ears. Otherwise, we go with this.

A 이 방법이 먹힐까? 혹시 역효과라도 나면?

B 야, 너한테 더 나은 제안이 있다면 얼마든지 들어줄게.
그게 아니라면 이 방법을 쓸 수밖에 없지.

I've **come up with** a plan to get revenge on them.

나는 그들에게 복수할 계획을 생각해 냈다.

We need to **come up with** more effective ways to promote our products.

우리는 좀 더 효과적으로 제품을 홍보할 방법을 생각해 내야 합니다.

backfire 역효과를 내다
be all ears 경청하다 *otherwise* 그게 아니면
go with ~을 선택하다/받아들이다 *revenge* 복수

dream ~ up

~을 꿈으로 떠올리다

think ~ up과 유사하게 '생각해내다/만들어내다'라는 뜻의 표현이다. 다만, dream(꿈꾸다) 때문에 기발한 아이디어/변명/이야기 등을 만들어낸다는 뉘앙스가 약간 있다.

Why do you keep trying to **dream up** ways to hurt him when you say you still care for him?

아직도 그 사람을 사랑한다면서 왜 계속 그 사람한테 상처를 줄 방법을 생각해내려고 해?

While on a trip to Paris, I **dreamed up** the idea of going to culinary school.

파리를 여행하는 동안 요리 학교에 다니면 어떨까 하는 생각을 했다.

care for ~를 좋아하다 *culinary* 요리의

make ~ up

~을 만들어내다

make ~ up은 주로 거짓 변명이나 없는 이야기를 '만들어내다'라는 뜻이다.

She made up a story about her father being a firefighter.
그녀는 자기 아버지가 소방관이었다는 이야기를 지어냈다.

trump ~ up

~을 꾸며내다

make ~ up과 비슷한 표현으로 수사 드라마에 자주 등장하는 trump ~ up이 있다. 이 표현은 주로 가짜 혐의/증거를 '만들어내다/날조하다'라는 의미로 쓴다. 형용사로는 trumped-up이라고 하는데, 여기서 나온 trumped-up charges는 '조작한 혐의'라는 뜻이다.

He's suing the company for wrongful termination, alleging they trumped up an excuse to fire him.
그는 회사가 자신을 해고하기 위해 가짜 핑계를 만들어 냈다고 주장하며 부당 해고 혐의로 회사에 소송을 진행 중이다.

What can I do to beat these trumped-up charges against me?
나에 대한 조작된 혐의를 벗으려면 어떻게 해야 하나요?

sue ~을 고소하다 *termination* 해고
allege ~라고 주장하다

UNIT 12

SPEAK

말하기

이 건에 대해 **의견이** 있으면 **말해 보세요.**

Idiomatic

You're welcome to weigh in on this topic.

If you want to put in your two cents on this,
please do so.

General

Please *express your opinion* if you have one.

Please *voice your opinion* if you have one.

Please *air your opinion* if you have one.

Please *speak (up)* if you have anything to add
here.

▶표제문은 **express[voice/air] one's opinion**이라고 해도 되는데 더 간단하게는 **speak**(말
하다)를 쓰면 끝난다. 여기에 **up**을 붙이면 '주저하지 않고'라는 뜻이 추가된다.

의견을 말하다

weigh in (on)

(~에 대해) 무게를 얹다

이 표현은 어떤 문제에 대해(on) 들어가서(in) 자신의 무게를 얹는(weigh) 것으로 '의견을 표명하다'를 나타낸다. 맥락에 따라 '간섭하다'라는 뜻으로도 해석될 수 있다.

As your mother, I think I have a right to weigh in on the choices you make about your future.
네 엄마로서 나는 네 미래와 관련된 선택에 대해 의견을 낼 권리가 있다고 생각해.

This is a big decision, so I want my children to weigh in.
이건 아주 중요한 결정이기 때문에 아이들 의견을 듣고 싶어.

one's two cents

~의 2센트

two cents는 '의견'이라는 뜻으로 쓰는 관용어다. 그래서 이 표현은 동사 give/add/throw in/put in과 함께 써서 '의견을 내다'라는 말이 된다. 또는 Let's have your two cents.(당신의 의견을 들어 봅시다.)처럼도 쓴다. two cents 는 two cents' worth(2센트의 가치) 형태로 쓸 수도 있다.

Excuse me, but I don't remember asking for your two cents. So, keep your opinion to yourself.
미안하지만 제가 당신 의견을 물어 본 기억이 없는데요. 그러니까 잠자코 계세요.

Not that you asked, but here's my two cents' worth. I think you're overreacting.
당신이 물어본 건 아니지만 제 의견을 말하자면요. 당신이 지금 과민 반응을 하는 것 같아요.

keep ~ to oneself ~을 혼자만 알다
overreact 과잉 반응하다

나 너한테 **솔직히 말할게.**

Idiomatic

I'll **level with** you.

I'll **shoot straight with** you.

I'll **put (all) my cards on the table.**

I'll **lay it on the line with** you.

I'm going to **call a spade a spade.**

I **won't hold back.**

General

I'll be *honest* with you.

I'm going to be *straight (up)* with you.

I'll be *upfront* with you.

I'll be *direct* with you.

▶ '말하다' 없이도 **be honest with**(~에게 솔직하다)라고 하면 솔직하게 말한다는 의미가 전달된다. **honest** 자리에 **frank/candid**를 넣어도 된다. 구어에서는 같은 의미로 **straight (up)**이나 **straightforward** 또는 **upfront**도 많이 쓴다. '솔직히 말하다'는 '거짓말을 하지 않다/진실을 말하다/직설적으로 말하다/사실을 그대로 말하다' 등 여러 해석이 가능하고, 관용표현 역시 의미가 조금씩 다르기 때문에 설명을 잘 읽고 상황에 맞게 사용하자.

level with ~
~와 수평을 이루다

level은 동사로 '수평이 되다/평평해지다'라는 뜻이다. 이렇게 동일한 위치에 있다는 것은 곧 솔직하게 말한다는 것으로 볼 수 있다. 양쪽 무게가 같아서 수평이 된 시소를 연상해 보자.

A **Level with** me, and I might be able to help.
B I don't want to drag you into it.

A 솔직히 털어놔 봐. 내가 도울 수 있을지도 모르잖아.
B 이 일에 너를 끌어들이고 싶지 않아.

drag ~ into... ~를 …에 끌어들이다

shoot straight
직선으로 쏘다

거짓 없이 솔직하게 직설적으로 말하는 것을 '총/활이 직선으로 날아가도록 쏜다'는 것에 비유한 표현이다. 여기서 파생한 straight shooter는 '말이나 행동이 정직한 사람'을 뜻한다.

Why don't you **shoot straight** with me? I know you're up to something.
나한테 솔직히 말하지 그래? 네가 뭔가 꾸미고 있는 거 알아.

Magic Auto is my go-to place for auto repairs. The owner, Jim, is a **straight shooter**. He's honest and fair with pricing.
매직 오토는 내 단골 정비소야. 주인인 짐은 솔직한 사람이지. 정직하고 수리비를 적절하게 받아.

be up to ~을 꾸미고 있다 *go-to* 단골인
fair 적정한

put (all) *one's* cards on the table
(모든) 카드를 탁자 위에 놓다

카드 게임에서 자신이 가진 패를 탁자 위에 놓고 상대방에게 다 보여 주는 것에서 유래했다. 자신의 의도나 동기를 솔직하게 말한다는 뜻이다. put 자리에 lay를 넣어도 된다.

A I think you're keeping something from me.
B All right. I'll **put all my cards on the table**, and I expect no less from you.

A 내 생각엔 너 뭔가 나한테 숨기고 있어.
B 좋아. 내 패를 모두 깔 테니까, 너도 그렇게 해 줘.

expect no less from ~에게서 똑같은 것을 기대하다

lay it on the line

그것을 선 위에 놓다

여기서 line은 포커 테이블에서 칩을 놓는 영역을 표시한 선이란 설이 있다. 그래서 원래는 '판돈을 걸다'라는 뜻이었는데 지금은 '심각한 문제에 대하여 솔직하게 말하다'라는 의미로 발전했다고 한다.

I tried to lay it on the line with them, but it didn't work.

그 사람들과 솔직하게 터놓고 대화해 보려고 했는데 잘 안 됐어.

Honest to God, that's all I know. Now it's your turn to lay it on the line.

하늘에 맹세코 그게 내가 알고 있는 전부야. 이번에는 네가 솔직히 말할 차례네.

work 잘되다

call a spade a spade

삽을 삽이라고 부르다

삽(spade)을 보고 삽이라고 한다는 것은 '있는 그대로인 사실'을 말한다는 뜻이다. 이 표현은 보통 앞에 **Let's**를 붙여서 '우리 사실대로 말하자'라고 할 때 쓴다.

A   Why are you so negative about everything? You're a killjoy.
B   I'm sorry you feel that way about me, but I **call a spade a spade.**

A   넌 왜 그렇게 모든 것에 부정적이야? 아주 찬물을 끼얹네.
B   나를 그렇게 본다니 유감인데, 나는 사실 그대로 말하는 것뿐이야.

killjoy 흥을 깨는 사람

not hold back

뒤로 잡아 빼지 않다

hold back은 뭔가를 뒤로 빼서 숨긴다는 말인데 '하고 싶은 말을 하지 않다'라는 뜻으로도 쓴다. 이것을 부정문으로 쓰면 '숨기지 않다/솔직하게 말하다'가 된다.

I can take criticism. So, don't hold back. What's wrong with my design?

비판도 받아들일 수 있어요. 그러니까 숨기지 말아요. 제 디자인, 뭐가 문제인가요?

criticism 비판/비난

제가 저희의 전망을 **설명하겠습니다.**

Idiomatic

I'll lay out our vision.

I'll spell out our vision.

I'll walk you through our vision.

I'll take you through our vision.

General

I'll *explain* our vision.

I'll *describe* our vision.

▶ '~을 설명하다'라고 할 때는 **explain**이라는 동사를 쓴다. 그 외에 격식체 동사인 **describe**(묘사하다)를 쓸 수도 있다. 참고로 '자세하게' 설명하겠다고 할 때는 **explain ~ in detail**이라고 하고, '간략하게' 설명하겠다고 할 때는 **explain ~ in outline**이라고 한다.

lay ~ out
~을 늘어놓다

이 표현은 '~을 늘어놓다'라는 뜻이다. 계획/개념 등을 목적어로 쓰면 물건을 늘어놓 듯이 '설명한다'는 말이 된다.

My team mapped out some strategies, and let me lay them out, one by one.
저희 팀에서 몇 가지 전략을 구상했습니다. 그걸 하나씩 설명해 드리겠습니다.

I'm not making anything up. I'm just laying out the facts as I see them.
제가 지어낸 것은 없습니다. 제가 보는 관점에서 사실을 설명하는 것뿐입니다.

map ~ out ~을 구상하다 *make ~ up* ~을 만들어내다

spell ~ out
~의 철자를 늘어놓다

어떤 것을 철자까지 말할 정도로 '자세히 설명한다'는 의미다. spell out의 원래 의미 인 '철자를 말해 주다'라는 뜻으로 쓸 때도 있으므로 문맥에 따라 어떤 뜻인지 판단해 야 한다.

Wait, what is "lead generation"? Can you spell it out for me?
잠깐, '리드 제너레이션'이 뭐죠? 자세히 설명해 줄 수 있나요?

Can't you see what's happening here? Do I have to spell it out for you?
너 지금 무슨 일이 일어나고 있는지 모르겠어? 내가 일일이 설명해 줘야 돼?

walk ~ through…
~를 데리고 …을 통과해 걸어가다

take ~ through…
~를 데리고 …을 통과하다

두 표현 모두 '~에게 절차/내용 등을 단계별로 자세하게 설명하다/안내하다'라는 뜻 이다.

Can you walk me through your resume?
저한테 이력서를 차례대로 설명해 주시겠어요?

I don't have time, so why don't you take me through the report, hitting the highlights?
내가 시간이 없어요. 그러니 보고서를 설명해 보세요. 중요한 부분만 발췌해서요.

hit the highlights 중요 부분만 논의하다

너한테 **알려 줄** 게 있어.

Idiomatic

I need to **fill** you **in on** something.

I want to **clue** you **in on** something.

I want to **let** you **in on** something.

I'd like to **bring** you **up to speed on** something.

I want to **tip** you **off about** something.

There's something I'd like to **run by** you.

I want to **catch** you **up on** something.

General

There's something I'd like to *tell* you *about*.

I'd want to *let* you *know* something.

I want to *update* you on something.

▶ 표제문은 위에 나온 것 외에도 **give ~ a heads-up**(~에게 사전 정보를 제공하다)과 같은 표현으로 말해도 좋다.

fill ~ in (on)

(~에 대해) ~를 채워 주다

clue ~ in (on)

(~에 대해) ~에게 귀띔해 주다

let ~ in on…

~에 대해 ~를 안으로 들여보내 주다

세 표현은 모두 '알려 주다'라는 뜻이다. fill in과 clue in은 거의 비슷한데, fill in은 일반적인 사항을 알려 준다는 뜻이고, clue in은 상대방이 모르고 있는 사실을 알려 준다는 느낌이 있다. 이 두 표현은 on 없이도 쓸 수 있다. let in on은 '비밀스런 내용을 알려 주다'라는 맥락에서만 쓴다.

My secretary will fill you in on the details.

제 비서가 자세한 내용을 당신에게 알려줄 거예요.

Why is everyone in a foul mood this morning? Please, clue me in.

오늘 왜 모두 기분이 저기압이죠? 나도 알려 줘요.

I'll let you in on a secret, but you have to promise not to tell anyone.

내가 비밀을 하나 알려 줄게. 근데 다른 사람에게 말하지 않겠다고 약속해야 돼.

foul mood 좋지 않은 기분

bring ~ up to speed on[about]…

~를 …에 대해 빠른 속도로 데려가다

이 표현은 '최근 상황을 알려 주다/보고하다'라는 뜻이다. bring 대신 get을 써도 되고, up to speed는 up to date로 바꿔도 된다. on 역시 about으로 바꿀 수 있다. 참고로 get up to speed는 '최신 내용을 익히다'라는 뜻이다.(p.218)

I called this meeting to bring you up to speed on where things are with the negotiations with the Star Group.

스타 그룹과의 협상이 현재 어떤 상황인지 여러분에게 알리기 위해 이 회의를 소집했습니다.

call ~을 개최/소집하다

tip ~ off (about/to)

(~에 대하여) ~에게 정보를 주다

tip은 '도움이 되는 정보/조언'이라는 뜻이다. 이것을 동사로 써서 '도움이 되는 정보를 알려 주다/귀띔해 주다'라는 표현이 되었다.

What tipped you off that she was a con artist?

그녀가 사기꾼이란 것을 어떻게 알아차렸나요?

con artist 사기꾼

run ~ by...

~이 …를 지나서 달리게 하다

run은 '~을 달리게 하다'고 by는 '~의 옆을 지나'라는 말이다. 어떤 집 옆(by)을 달려서(run) 지나가며 '여러 정보를 알려 주는' 신문을 던져 넣는다고 상상해 보자. 이 표현은 '알려 주다'라는 뜻으로 쓴다.

I've made some last-minute changes to the proposal, and I wanted to run them by you.

제안서에 최종 수정을 몇 개 했는데, 그걸 알려 드리려고요.

last-minute 막바지의

catch ~ up on...

~가 …을 따라가게 해 주다

자동사로 catch up on은 '뒤쳐지거나 밀린 일을 쫓아가다/따라잡다'라는 뜻이다. 그래서 '밀린 잠을 자다'는 catch up on my sleep이라고 하고, '오랜만에 만나서 회포를 풀다'는 catch up on old times라고 한다. catch를 타동사로 쓰면 다른 사람이 그렇게 하도록 해 준다는 말이 되는데, 특히 그 사람이 모르는 '최근 정보를 알려 준다'는 뜻으로 쓴다.

I want to catch you up on some things you missed while you were away.

당신이 회사에 없는 동안 있었던 일 몇 가지를 알려 줄까 해요.

그들은 나에게 **알려 주지 않았다.**

Idiomatic

They **held out on me**.

They **kept** me **in the dark**.

They **kept** me **out of the loop**.

General

They *kept* it *from* me.

They *held* it *back* from me.

They *kept* me *uninformed*.

They *didn't tell* me *about* it.

They *didn't let* me *know about* it.

▶ keep ~ from...은 '…에게 ~을 주지 않고 가지고 있다'라는 뜻인데, '알려 주지 않다'라는 의미로 쓴다. hold back(뒤로 빼서 들다)도 비슷한 표현이다. '~에 대해 알려 주다'라는 표현 tell ~ about과 let ~ about 그리고 inform ~ of을 부정문으로 만들어도 '알려 주지 않다'가 된다.

hold out on ~

~에게 버티다

hold out은 '버티다'라는 뜻이기 때문에 hold out on은 '~에게 주지 않고 버티다'라는 말이다. 이것을 관용적으로 '~에게 정보를 알려 주지 않고 숨기다'라는 뜻으로 쓴다.

Stop holding out on me. Something's going on here. So, what is it?

나한테 숨기려고 하지 마. 뭔가 일이 일어나고 있잖아. 그래서 뭔데?

I get the feeling you're holding out on me. Spill it right now.

네가 나한테 말하지 않은 게 있는 느낌이야. 빨리 실토해.

spill ~을 쏟다

keep ~ in the dark

~를 계속 어둠 속에 두다

주위에서 일어나는 일을 알 수 없도록 어둠 속에 둔다는 표현이다. in the dark는 be동사와 함께 쓰기도 한다.

He kept me in the dark about many things. In hindsight, I think he did so to keep me safe.

그는 나에게 많은 것을 알려 주지 않았어. 돌아보니 나를 보호하려고 그랬던 것 같아.

I swear I'm as much in the dark as you are about this.

맹세하는데 이 일에 대해선 나도 너만큼이나 아는 게 없어.

in hindsight 돌이켜보면

keep ~ out of the loop

~를 통신망 밖에 유지하다

loop는 훌라후프 같은 원형 고리인데 비유적으로 '통신망'이란 의미로 쓴다. 그 안에 있으면(in the loop) 상황이 어떤지 아는 것이고, 밖에 있으면(out of the loop) 상황을 모른다는 말이다. 앞에 keep을 붙여서 keep ~ out of the loop라고 하면 '~에게 상황을 계속 숨기다'라는 뜻이 된다.

Let's keep Tina out of the loop for now. The fewer people know about this, the safer we are.

당분간 티나에게는 알려 주지 맙시다. 이 일을 아는 사람이 적을수록 더 안전하니까요.

Keep me in the loop.

어떻게 돌아가는지 계속 연락 주세요.

너는 지금 **거짓말을 하고** 있어.

Idiomatic

You're lying through your teeth.

What kind of cock-and-bull story **is that?**

Don't give me that bull.

That's a lot of bull.

Nice try!

General

You're *lying*.

You're *telling a fib*.

That's a *fib*.

You're a *liar*.

You're not *fooling* **me.**

▶ '거짓말하다'는 **lie**라고 한다. 구어에서는 같은 의미로 **fib**를 명사/동사로 사용한다. 그래서 **That's a lie[fib].**(그건 거짓말이야.)이나 **You're a liar.**(당신은 거짓말쟁이야.)라고 할 수도 있다. 또 구어에서는 **fool**(속이다)을 써서 '넌 나를 속일 수 없어'라고도 하는데, 이는 곧 '거짓말하려고 하지 마라'라는 뜻이다.

lie through *one's* teeth
이를 통해 거짓말하다

이 표현은 '이가 보이게 웃으면서 거짓말한다'는 말로 거짓말의 간교함을 강조한 표현이다.

At the rental location, I presented a free coupon for an upgrade to a full-size car. The clerk said they were out of them. But I overheard another clerk giving a full-size car to someone else. The clerk who helped me lied through his teeth to me.

그 렌터카 지점에서 나는 대형 차로 업그레이드할 수 있는 무료 쿠폰을 보여 줬어. 직원이 대형 차가 다 나가고 없다고 하더라. 그런데 다른 직원이 다른 손님에게 대형 차를 주는 소리를 들었어. 나를 상대한 직원이 새빨간 거짓말을 한 거지.

present ~을 제시하다 *be out of* ~가 다 떨어지다
overhear ~을 우연히 듣다

cock-and-bull story
수탉과 수소의 이야기

영국에서 여객 마차가 말을 교체하던 중간 기착지인 the Cock과 the Bull이란 여관에서 여행객들이 나누던 이야기(story)라는 뜻의 표현이다. 현대 영어에선 '황당하거나 과장된 이야기/변명'이라는 뜻으로 쓴다. 비슷한 표현으로 song and dance(춤과 노래)가 있다. 현란한 동작으로 춤을 추고 노래하며 상대방을 속인다는 뜻이다.

She gave me some cock-and-bull story about her office being understaffed that day.
그녀가 그날 사무실에 사람이 모자랐다는 허튼 소리를 하더라.

They gave me a song and dance about what a bargain I was getting for the quality of their services.
그들은 자기네 서비스 품질에 비하면 엄청 싸게 주는 거라며 말도 안 되는 소리를 늘어놓았다.

understaffed 일손이 부족한
for ~치고는

give ~ bull
~에게 거짓말을 주다

a lot of bull
많은 거짓말

bull은 속어 bullshit의 약어로 '거짓말/헛소리'를 뜻한다. 따라서 That's a lot of bull.은 '그건 진짜 거짓말/헛소리다'라는 말이다. 참고로 bullshit이나 crap(대변/헛소리/거짓말)은 속어지만 미드에서 흔히 들을 수 있을 정도로 일상에서 많이 쓴다. 좀 더 표준적인 표현으론 nonsense가 있다.

Don't give me that bull.
그런 거짓말하지 마.

It's a lot of bull.
그건 완전히 헛소리야.

Nice try!
좋은 시도야!

말도 안 되는 말을 듣거나 터무니없는 행동을 봤을 때, '시도는 좋았지만 안 속는다'라고 말할 것이다. Nice try!는 그런 의미를 가진 반어적인 표현이다. '웃기시네/놀고 있네/그 말을 믿겠냐/애쓴다' 정도로 맥락에 어울리게 해석한다.

A   If you loan me twenty more dollars, I'll pay everything back with double interest once I get my paycheck.

B   **Nice try**, but you can only fool me once.

A   20달러만 더 빌려 주면 월급 받을 때 이자를 두 배로 쳐서 다 갚을게.
B   놀고 있네, 내가 또 속겠니.

loan ~을 빌려 주다 *fool* ~를 속이다

그가 나에게 거짓말했다고 **자백했어.**

Idiomatic

He owned up to lying to me.

He fessed up about lying to me.

He came clean about lying to me.

General

He *confessed to* lying to me.

He *admitted to* lying to me.

▶confess는 '죄/잘못을 자백하다'라는 뜻이다. 죄나 잘못뿐 아니라 '부끄러운 일을 인정하다'라는 의미도 있다. confess to 뒤에는 crime(범죄)이나 lying to me처럼 명사/명사구가 올 수 있다. admit to(~을 인정하다)나 구어 표현 cop to(~을 인정하다)도 같은 의미다. cop to는 He copped to the robbery.(그는 그 강도 혐의를 인정했다.)처럼 주로 범죄나 잘못을 인정한다는 의미로 쓴다.

own up (to)
(~에 대하여) 인정하다

own에는 '~을 소유하다'라는 뜻 외에 '인정하다/자백하다'라는 뜻도 있다. 이런 의미일 때는 주로 own up 형태로 쓰며, 무엇을 인정하는지는 뒤에 전치사 to를 붙여 말한다.

We both made mistakes, so I suggest we both own up to them.
우리 둘 다 실수를 했어요. 그러니까 서로 인정합시다.

If you don't own up to your part in all of this, how can I continue to trust you?
이 모든 일에서 당신이 일조한 바를 인정하지 않으면 내가 어떻게 계속 당신을 신뢰할 수 있겠습니까?

fess up (to/about)
(~에 대하여) 자백하다

fess는 confess(자백하다)를 줄인 단어로 구어에서 쓴다. fess up과 발음이 비슷한 mess up(일을 망치다/실수하다)을 이용한 When you mess up, fess up.(실수하면 인정하라.)이라는 표현도 있다.

I need to fess up to something. I can't take credit for the carrot cake.
나 한 가지 고백할 것이 있어. 그 당근 케이크는 내가 만든 게 아니야.

take credit for ~에 대한 공을 차지하다

come clean (about)
(~에 대하여) 깨끗해지다

여기서 come은 My wish came true.(내 소원이 이루어졌다.)에서 처럼 '~한 상태가 되다'라는 의미다. 마음속에 숨겨 둔 진실을 털어 놓는 것을 깨끗해진다고(clean) 표현한 것이다.

I'm going to come clean with Jack about how I feel about him. It's not fair to mislead him any further.
잭에게 그에 대한 내 감정을 털어놓아야겠어. 더 이상 그 사람이 오해하도록 내버려 두는 것은 옳지 않아.

The only solution to this situation is to come clean about what we did.
이 상황에 대한 유일한 해결책은 우리가 한 일을 털어놓는 겁니다.

mislead ~를 오해하게 하다

그녀는 존을 **야단쳤다**.

Idiomatic

She came down on **John** (like a ton of bricks).

She jumped all over **John**.

She jumped down **John's** throat.

She read **John** the riot act.

She raked **John** over the coals.

She chewed **John** out.

She gave **John** a talking-to.

She called **John** on the carpet.

General

She *scolded* **John**.

She *gave* **John** *a scolding*.

▶ '야단치다'는 **scold**라고 한다. 무엇에 대한 야단인지 덧붙이려면 뒤에 **for**를 넣는다. **scold**의 명사형인 **scolding**을 써서 **give ~ a (good) scolding**이라고 하면 '~를 (심하게) 야단치다'가 된다. 격식체인 **reprimand**나 **rebuke**도 '야단치다'라는 뜻이다.

come down on ~ (like a ton of bricks)
(1톤의 벽돌처럼) ~ 위로 내려오다

야단이 위에서 쏟아져 내려온다는 뜻의 표현이다. 뒤에 like a ton of bricks를 붙이면 벽돌이 마구 쏟아져 내려오는 것처럼 '매우 심하게 야단치다'라는 뜻이 된다. 상황에 따라 '처벌하다'라는 의미도 될 수 있다.

My boss came down on me like a ton of bricks for not completing my report on time.
사장님이 시간 내에 보고서를 작성하지 못한 일로 나를 심하게 질책했다.

on time 제시간에

jump all over ~
~ 위에서 마구 뛰다

누군가의 위에서 마구 점프한다는 건 곧 그 사람에게 화를 내고 야단치는 것이나 다름없다. 그래서 이 표현은 '화내며 심하게 야단치다' 또는 '비난하다'라는 뜻이다.

He jumped all over the valet for denting his car.
그는 차에 흠집을 낸 것 때문에 대리 주차 직원에게 심하게 호통을 쳤다.

valet 주차원 *dent* 움푹 들어가게 하다

jump down *someone's* throat
~의 목 위로 점프하다

이 표현은 jump all over와 비슷하게 누군가의 목 위로 점프하며 짓밟는다는 뜻이다. ① (부당하게) 화내며 심하게 야단치거나 ② 다른 사람 말에 벌컥 화내며 응답한다는 뜻으로 쓴다.

Now, listen to me before you **jump down my throat** for being late because I had good reason to.
내가 늦은 거에 대해 화내기 전에 내 말을 들어 봐. 그럴 만한 이유가 있었으니까.

read ~ the riot act
~에게 소요금지법을 읽어 주다

the Riot Act는 1700년대 영국에서 군중에게 해산을 명령할 때 쓰던 법령이다. 여기서 유래된 이 표현은 '잘못된 행동에 대해 심하게 야단치다/엄하게 주의를 주다'라는 뜻이다. be[get] read the riot act (by)처럼 '(~에게) 심하게 질책을 받다'와 같이 수동태로도 쓸 수 있다.

The judge read the riot act to the actor for violating his probation.
판사는 그 배우가 보호 관찰 조건을 위반한 것에 대해 엄하게 꾸짖었다.

probation 보호 관찰

rake ~ over the coals
~를 석탄 위로 끌고 가다

중세 시대 형벌 중에는 불붙은 석탄 위로 사람을 끌고 가는 것이 있었다고 한다. 여기서 유래한 표현으로 '실수/잘못에 대해 심하게 야단치다/비난하다'라는 뜻이다. be[get] raked over the coals (by) '(~에게) 심하게 질책을 받다'와 같이 수동태로도 쓴다.

My mother raked me over the coals last night when I came home late.
내가 어제 집에 늦게 들어가서 어머니가 심하게 야단치셨다.

chew ~ out
~를 잘근잘근 씹다

입안에 넣고 마구 씹는 것처럼 심하게 꾸짖는다는 표현이다. 유사 표현으로 ream ~ out(~를 주스 짜듯 짜내다)이 있고, be[get] chewed[reamed] out(크게 혼나다)와 같이 수동태로도 쓸 수 있다.

If you called me here to chew me out, then save your breath. I don't have to answer to you.
저를 야단치려고 부른 거면 헛수고하지 마세요. 저는 당신 부하 직원이 아닙니다.

save one's breath 헛수고하지 않다
answer to ~의 명령을 받고 일하다

give ~ a talking-to
~에게 잔소리를 주다

talk to(~와 말하다)의 명사형인 talking-to는 '심하게 꾸짖기/훈계/잔소리'를 완곡하게 나타내는 표현이다. good을 넣어 give ~ a good talking-to라고 하면 '~를 매우 심하게 혼내다'가 된다. 누군가에게 이렇게 혼났다고 말하려면 get a talking-to from(~에게 혼나다)이라고 한다.

The coach gave us a talking-to for not playing to our potential.
감독님은 우리가 전력을 다해 뛰지 않았다고 야단치셨다.

play to one's potential 가진 잠재력을 다 발휘하다

---

call ~ on the carpet
~를 카펫 위로 부르다

옛날 저택에서는 카펫이 깔린 곳이 주인의 공간을 의미했다. 그래서 이 표현은 하인이 주인에게 야단을 맞을 때 카펫 위로 불려갔던 것처럼 '윗사람이 아랫사람을 불러 야단치다'라는 의미를 전달한다. be[get] called on the carpet(불려가 야단맞다)와 같이 수동태로도 쓸 수 있다.

He called his secretary on the carpet for taking too long lunch breaks.
그는 비서를 불러 점심 시간을 너무 오래 쓴다고 야단쳤다.

break 휴식/쉬는 시간

혼나러 와!

미안해, 나 혼자 **주절거렸네.**

Idiomatic

I'm sorry. I'm running off at the mouth.

I'm sorry for shooting my mouth off.

I'm sorry. I'm talking your ear off.

I'm sorry. I've been going on and on.

General

I'm sorry. I'm *babbling* here.

I'm sorry for *rambling*.

▶ 혼자 주절거리는 것은 영어로 **babble**이나 **ramble**이라고 한다. '주절거리다'를 표현하는
관용표현을 보면 '말'과 관련된 기관인 입(**mouth**)과 귀(**ear**)과 들어간 것이 많다.

run off at the mouth

입에서 달려가 버리다

run off는 '달려가다'라는 뜻이다. '끝없이 지껄이다/신중하지 못하게 아무 말이나 막하다'를 입에서 달리기를 하는 것으로 묘사한 표현이다.

You know how Danny tends to run off at the mouth. You can't believe half of the things he says.

대니가 원래 말이 많은 거 알잖아. 그 사람 말은 반도 믿으면 안 돼.

The next time you want to run off at the mouth, criticizing someone, have your facts straight first.

다음부터 남을 비난하면서 함부로 입을 놀리려면 사실 관계부터 똑바로 확인하세요.

tend to ~하는 경향이 있다
criticize ~을 비판/비난하다
have one's facts straight 사실을 제대로 알고 있다

---

shoot *one's* mouth off

입을 쏴서 떨어져 나가다

입을 총알처럼 마구 쏴서 입이 떨어져 나갔다는 표현이다. '마구 지껄이거나 수다를 떤다'는 뜻인데 특히 '민감한 문제에 대해 별 생각 없이 떠든다'는 의미가 담겨 있다.

Connie is always shooting her mouth off, talking about things that she should not.

코니는 항상 생각 없이 수다를 떨어서 하면 안 될 말까지 막 해.

The way Jack goes around shooting his mouth off, I'm worried he'll let the cat out of the bag about our plan.

잭이 함부로 입을 놀리며 다니는 걸 보니 우리 계획을 누설해 버릴까 걱정이야.

go around 뭔가 하고 다니다
let the cat out of the bag 비밀을 누설하다

talk *someone's* ear off
~의 귀가 떨어지게 말하다

어떤 사람을 붙들고 '귀가 떨어져 나갈 정도로 오래 이야기한다'는 뜻이다. 한국어 표현인 '귀가 따갑게 떠들다'와 비슷하다.

A I'm sorry. I **talked your ear off** about my problems the other day.

B No need to apologize. I'd be happy to be a sounding board any time.

A 죄송해요. 제가 일전에 제 문제를 너무 떠들었습니다.

B 사과하실 필요 없습니다. 언제라도 의논 상대가 필요하면 말해요.

sounding board 의논 상대

go on and on
계속 끝없이 가다

go on(계속하다) 뒤에 on을 더 붙이면 '끊임없이 계속되다'라는 뜻이 된다. 주어가 사람이면 상대방이 지겨울 정도로 '끊임없이 말을 하다'라는 뜻이다.

A man who sat next to me drove me crazy by **going on and on** about all the places he went scuba-diving.

내 옆에 앉은 남자가 자기가 스쿠버 다이빙을 갔던 온갖 장소에 대해 끝없이 떠들어서 미치는 줄 알았어.

If you're just going to **go on and on** about how this isn't your fault, then, I've heard enough.

이 일이 네 잘못이 아니라는 말만 계속 반복하려는 거면, 이미 충분히 들었어.

drive ~ crazy ~를 매우 짜증나게 하다

과장이 심하시네요.

▌ Idiomatic

You're making a big deal out of **nothing.**

You're making too much out of **this.**

You're making a mountain out of a molehill.

You're blowing **things** out of proportion.

You're laying it on thick.

▌ General

You're *exaggerating*.

You're *overstating* it.

That's *stretching* it.

That's a *stretch*.

▶ '과장하다'는 **exaggerate**나 **overstate**라고 하는데 **overstate**는 타동사로만 쓰기 때문에 목적어를 붙여야 한다. 구어에서는 잡아당겨서 실제보다 늘어나게 했다는 의미로 **That's stretching it.**(그 말은 그것을 과장하는 거야.)이라고도 한다. 또는 이 동사들의 명사형인 **stretch/exaggeration**이나 **overstatement**(과장/과언)라는 단어를 써서 표현할 수도 있다.

make a big deal out of ~
~로부터 큰일을 만들다

make too much out of ~
~로부터 너무 많이 만들다

make a mountain out of a molehill
두더지 언덕을 산으로 만들다

모두 make A out of B(B에서 A를 만들어내다) 형태다. B에는 현재 상황을 넣는다. 두더지가 만든 언덕처럼 작고 별것 아닌 것으로부터 커다란 산과 같이 대단한 것을 만들어낸 양 '과장하다/대단한 일인 것처럼 호들갑 떨다' 라는 뜻이다.

A   Don't **make a big deal out of** this.
B   It's a big deal to me because my reputation is at stake.

A   이게 뭐 대단한 일인 것처럼 호들갑 떨지 마.
B   나한테는 대단한 일이야. 내 평판이 걸려 있잖아.

You're **making too much out of** what I said. It was just a passing remark.
너 지금 내가 한 말을 너무 크게 받아들이고 있어. 그냥 지나가는 말로 한 거야.

Maybe, we're **making a mountain out of a molehill** here, but in this day and age, you can't be too careful.
우리가 별일 아닌 걸 과장하고 있는지 모르지만, 요즘 같은 세상에는 무조건 조심하는 게 좋지.

at stake ~이 걸려 있는 *remark* 발언
in this day and age 요즘 같은 시대에는

blow ~ out of proportion
비율이 벗어나게 ~을 불다

어떤 상황을 실제 비율(proportion)보다 크게 부풀리는 것은 곧 과장한다는 뜻이다.

Let's not **blow** this **out of proportion**. It's a simple glitch in the software.
상황을 너무 크게 키우지 맙시다. 단순한 소프트웨어 결함이에요.

I'd take her words with a grain of salt. You know how she is prone to **blow** things **out of proportion**.
난 그 애 말은 걸러 들어. 걔가 과장 잘하는 거 너도 알잖아.

glitch 작은 결함
take ~ with a grain of salt ~의 말을 걸러 듣다
prone to ~하는 경향이 있는

lay it on thick

그것을 두껍게 바르다

여기서 it은 회반죽을 의미한다. 그래서 이 표현은 벽에 회반죽을 두껍게 바르는(lay) 것으로 '과장'을 나타낸다. '칭찬이나 아첨을 심하게 하다/이야기를 과장하다'라는 뜻으로 쓴다.

A Jackie is no match for you. You're smart and funny.
B Wow, you're really **laying it on thick**.

A 재키는 너하고는 비교가 안 되지. 넌 똑똑하고 재미있잖아.
B 야, 너 진짜 아부가 심하다.

Wendy wasn't **laying it on thick** when she said her parents are superrich. Her father owns the second largest company in Singapore.

웬디가 자기 부모님이 엄청난 부자라고 한 건 과장이 아니야. 그 애 아버지가 싱가포르에서 두 번째로 큰 기업을 소유하고 있어.

match 상대/적수
own ~을 소유하다